Carambole Biljart: Meer raaisels en legkaarte

Tafelprobleme en situasies wat jou taktiese denke en spelvaardighede sal verbeter

Allan P. Sand
PBIA Gesertifiseerde biljart-instrukteur

ISBN 978-1-62505-250-6
PRINT 7x10

ISBN 978-1-62505-393-0
PRINT 7.5x9.25

Copyright © 2019 Allan P. Sand

All rights reserved under International and Pan-American Copyright Conventions.

Published by Billiard Gods Productions.
Santa Clara, CA 95051
U.S.A.

For the latest information about books and videos, go to:
http://www.billiardgods.com

Acknowledgements

Wei Chao created the software that was used to create these graphics.

I want to specifically thank the following for help in making this book work:
Raye Raskin
Bob Beaulieu
Darrell Paul Martineau

Inhoudsopgawe

Inleiding 1
Tabel Instelling 1
Bal posisie op tafel 2
Tabelopsies 2
Hoe om te studeer 2
Uitdagings vir Pret & Wins 2

Voorbeeldpatrone 3
Sien Groep 1, stel 6 - tweede uitleg 3
Sien Groep 5, stel 11 - derde uitleg 4

Groep 1 tabel situasies 5
Groep 1, stel 1 5
Groep 1, stel 2 7
Groep 1, stel 3 9
Groep 1, stel 4 11
Groep 1, stel 5 13
Groep 1, stel 6 15
Groep 1, stel 7 17
Groep 1, stel 8 19
Groep 1, stel 9 21
Groep 1, stel 10 23
Groep 1, stel 11 25
Groep 1, stel 12 27

Groep 2 tabel situasies 29
Groep 2, stel 1 29
Groep 2, stel 2 31
Groep 2, stel 3 33
Groep 2, stel 4 35
Groep 2, stel 5 37
Groep 2, stel 6 39
Groep 2, stel 7 41
Groep 2, stel 8 43
Groep 2, stel 9 45
Groep 2, stel 10 47
Groep 2, stel 11 49
Groep 2, stel 12 51

Groep 3 tabel situasies 53
Groep 3, stel 1 53
Groep 3, stel 2 55
Groep 3, stel 3 57
Groep 3, stel 4 59
Groep 3, stel 5 61
Groep 3, stel 6 63
Groep 3, stel 7 65
Groep 3, stel 8 67
Groep 3, stel 9 69
Groep 3, stel 10 71

Groep 3, stel 11 73
Groep 3, stel 12 75
Groep 4 tabel situasies 77
Groep 4, stel 1 77
Groep 4, stel 2 79
Groep 4, stel 3 81
Groep 4, stel 4 83
Groep 4, stel 5 85
Groep 4, stel 6 87
Groep 4, stel 7 89
Groep 4, stel 8 91
Groep 4, stel 9 93
Groep 4, stel 10 95
Groep 4, stel 11 97
Groep 4, stel 12 99
Groep 5 tabel situasies 101
Groep 5, stel 1 101
Groep 5, stel 2 103
Groep 5, stel 3 105
Groep 5, stel 4 107
Groep 5, stel 5 109
Groep 5, stel 6 111
Groep 5, stel 7 113
Groep 5, stel 8 115
Groep 5, stel 9 117
Groep 5, stel 10 119
Groep 5, stel 11 121
Groep 5, stel 12 123
Groep 6 tabel situasies 125
Groep 6, stel 1 125
Groep 6, stel 2 127
Groep 6, stel 3 129
Groep 6, stel 4 131
Groep 6, stel 5 133
Groep 6, stel 6 135
Groep 6, stel 7 137
Groep 6, stel 8 139
Groep 6, stel 9 141
Groep 6, stel 10 143
Groep 6, stel 11 145
Groep 6, stel 12 147
Leë tafels vir voorbeelde 149

Inleiding

Jy het meer geleenthede om jou vaardighede uit te brei. Leer om 'n wye verskeidenheid balposisies wat in spel na spel voorkom, te hanteer. Hierdie uitlegte bied u die geleentheid om uitgebreide eksperimente te doen. Hierdie persoonlike toetssituasies bied betekenisvolle persoonlike mededingende voordele:

- Intellektuele opleiding - Evalueer die uitlegte en oorweeg hoeveel opsies beskikbaar is. Maak sketse van paaie en (CB) spoed en draai vir die oefentabel. Dit verhoog jou analitiese en taktiese vaardighede.

- Vaardigheidsbevestiging - Soos u elke konsep probeer, help u eksperiment om vas te stel of dit lewensvatbaar is (in u vaardighede) of nutteloos (te moeilik of fantasties). Hierdie vergelyking tussen geestelike beelde en fisiese pogings help om die wydte en breedte van jou vermoëns te bepaal.

- Vaardigheidsbevordering - As 'n pad belowend lyk, maar die uitvoering misluk, werk met verskillende spoed / spin om te ontdek wat werk. Verskeie opeenvolgende suksesse sal dit by jou persoonlike biblioteek van bevoegdhede voeg.

Tabel Instelling

Die papierbevestigingsringe wys die liggings vir elke bal. Plaas hulle volgens die oefening wat jy wil oefen.

Bal posisie op tafel

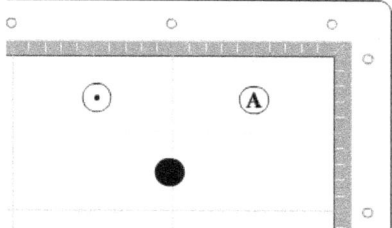

Ⓐ (CB1) (eerste biljartbal)

⊙ (CB2) (tweede biljartbal)

● (RB) (rooi biljartbal)

Tabelopsies

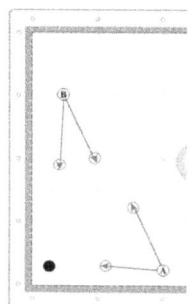

Elke tafeluitleg bied vier (4) verskillende maniere om punte te verdien:

- CB1 > RB > CB2
- CB1 > CB2 > RB
- CB2 > RB > CB1
- CB2 > CB1 > RB

Hoe om te studeer

Begin met leunstoel analise. Kyk na elke tafeluitleg en kyk na moontlike speelopsies. Stel jou voor om jou idees te probeer. Evalueer die toepaslike spoed en spin. Maak sketse en aantekeninge, soos benodig.

As alternatief, neem hierdie boek na jou biljart tafel. Plaas die papierbevestigingsringe in posisie. Bepaal die verskillende maniere waarop jy die uitleg kan speel. Probeer dan jou idees en kyk of jou verbeelding gelyk is aan jou vaardigheid. Maak notas van jou idees.

By die biljarttafel, pas jou idees toe. Op 'n gemiste skoot, maak aanpassings aan jou spoed / spins en hoeke. So word jy 'n strenger en gevaarliker biljartpeler.

Uitdagings vir Pret & Wins

Vir 'n verandering van pas, oorweeg om 'n vriendelike kompetisie tussen u vriende te skep. Kies verskeie van hierdie uitlegte en geniet die uitdaging.

Gebruik 'n round-robin formaat. Almal probeer (1, 2, 3) pogings. Wenner kry die geld, en nog 'n rondte begin.

Voorbeeldpatrone

Sien Groep 1, stel 6 - tweede uitleg

Kan jou fantasie ooreenstem met jou realiteit?

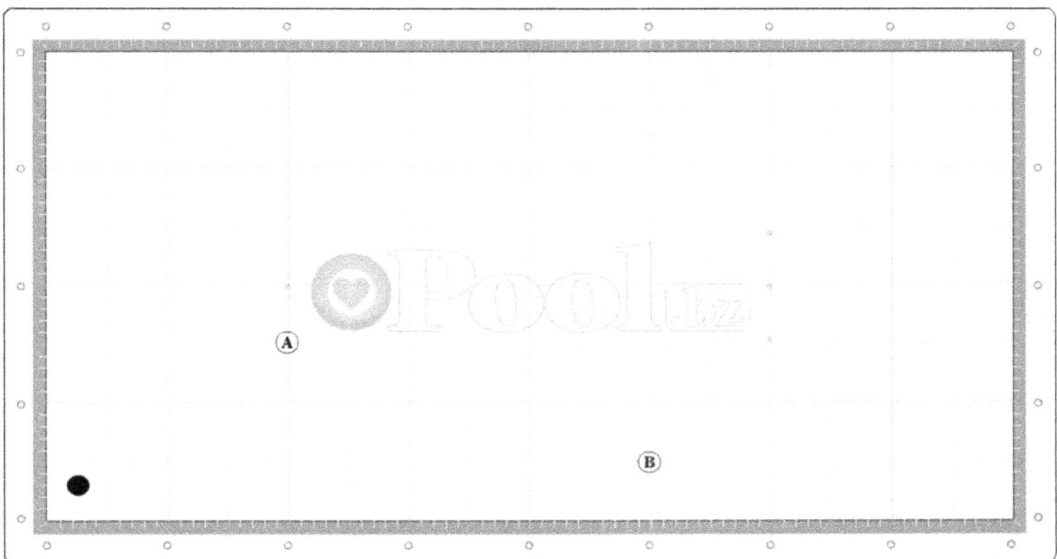

Gegewe die uitleg, het jy 4 moontlike skote om te oefen.

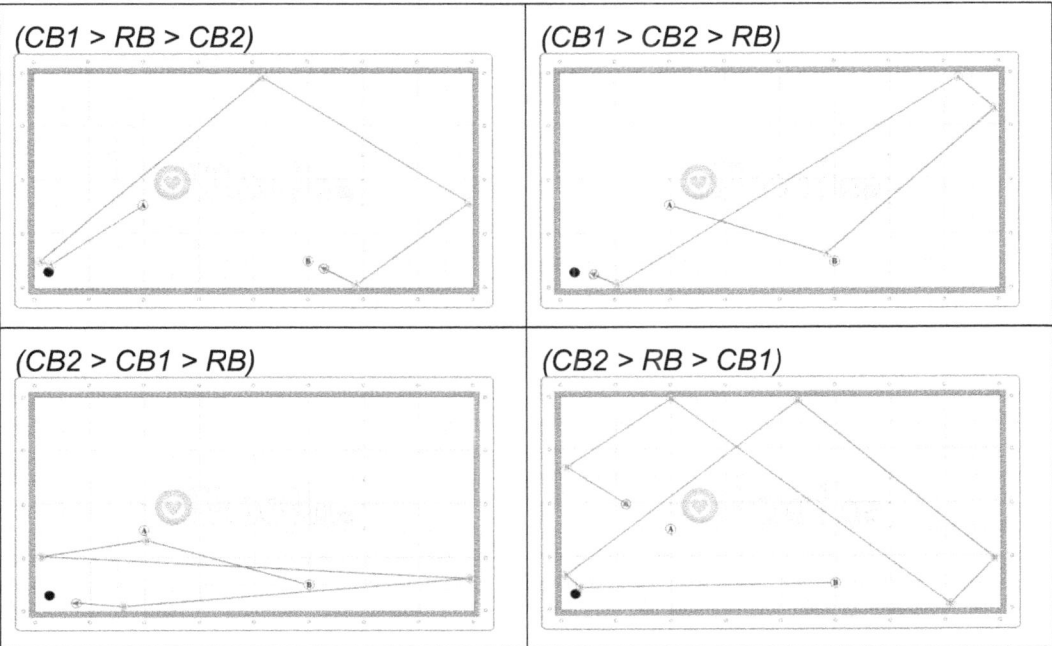

Sien Groep 5, stel 11 - derde uitleg

Elke diagram is 'n geleentheid om te eksperimenteer en toets jou verbeelding EN jou skietvaardighede.

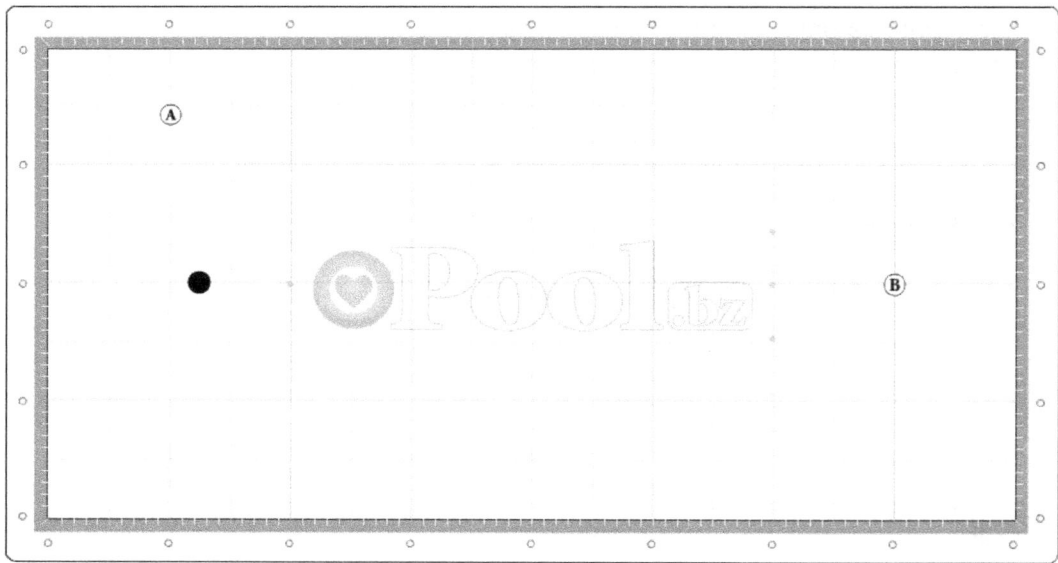

Gegewe die uitleg, het jy 4 moontlike skote om te oefen.

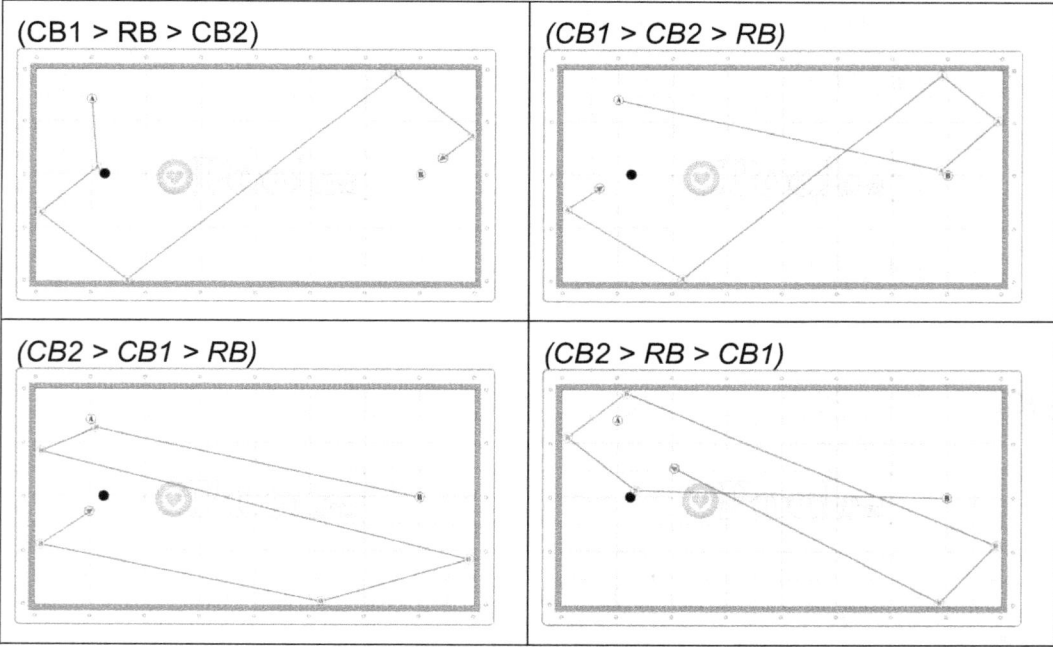

Groep 1 tabel situasies
Groep 1, stel 1

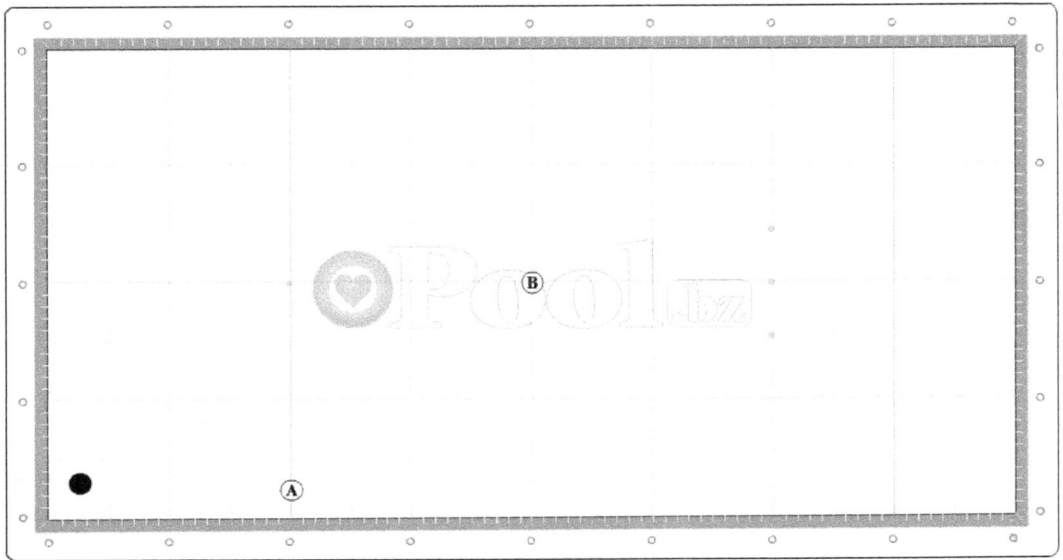

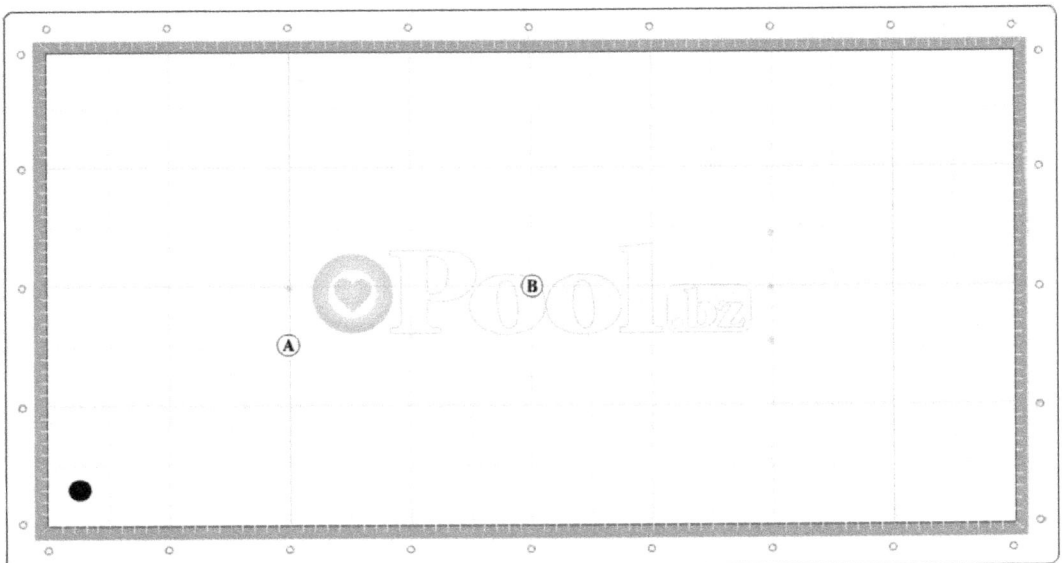

NOTAS VIR JOU IDEES:

Carambole Biljart: Meer raaisels en legkaarte

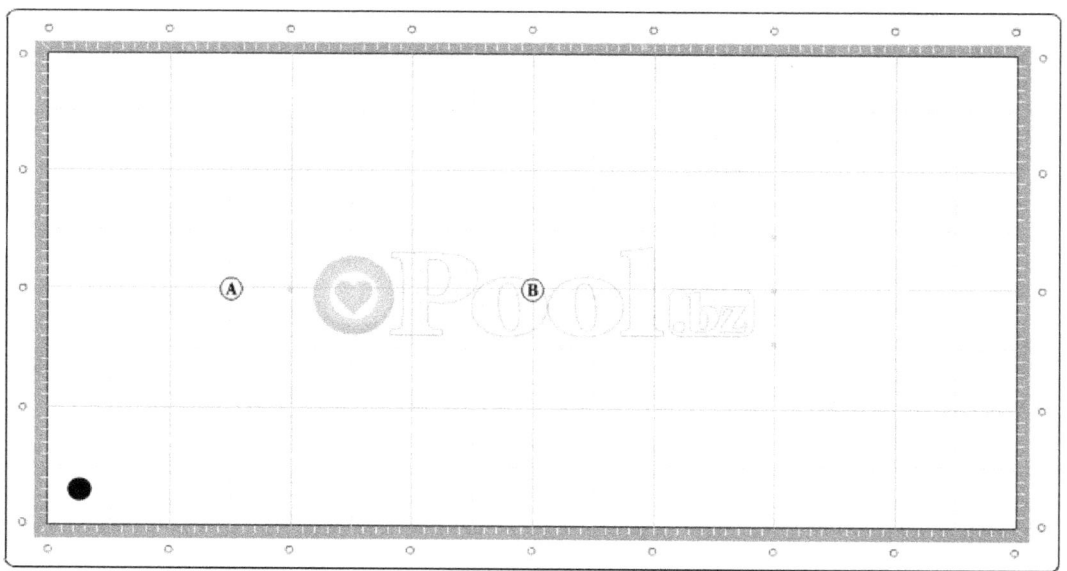

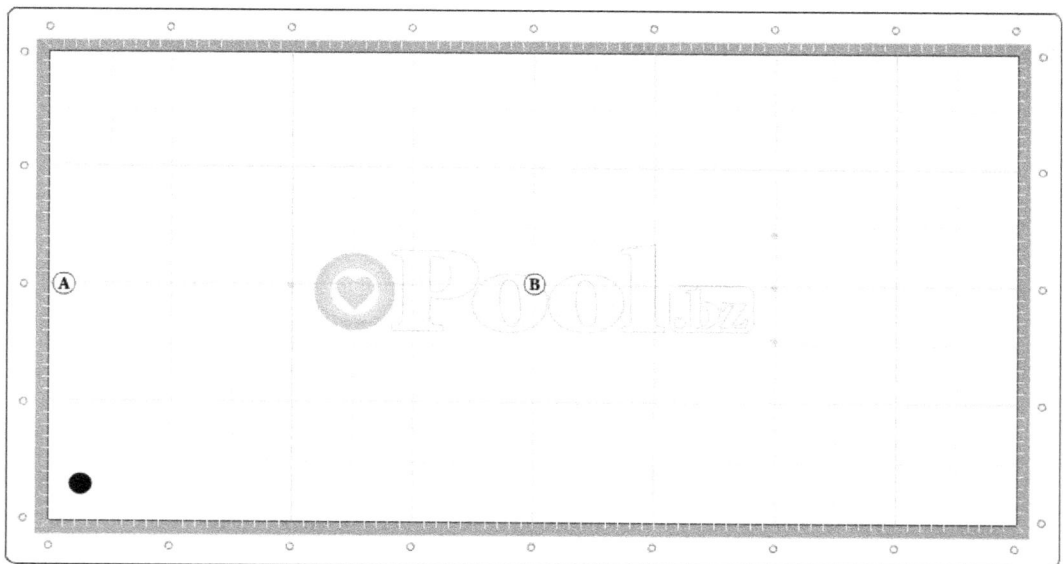

NOTAS VIR JOU IDEES:

Groep 1, stel 2

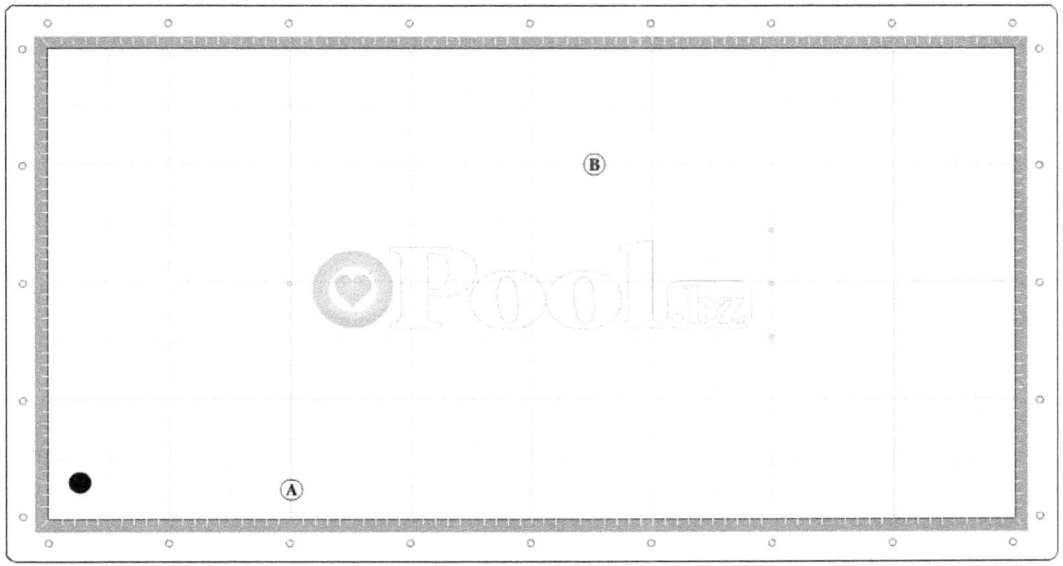

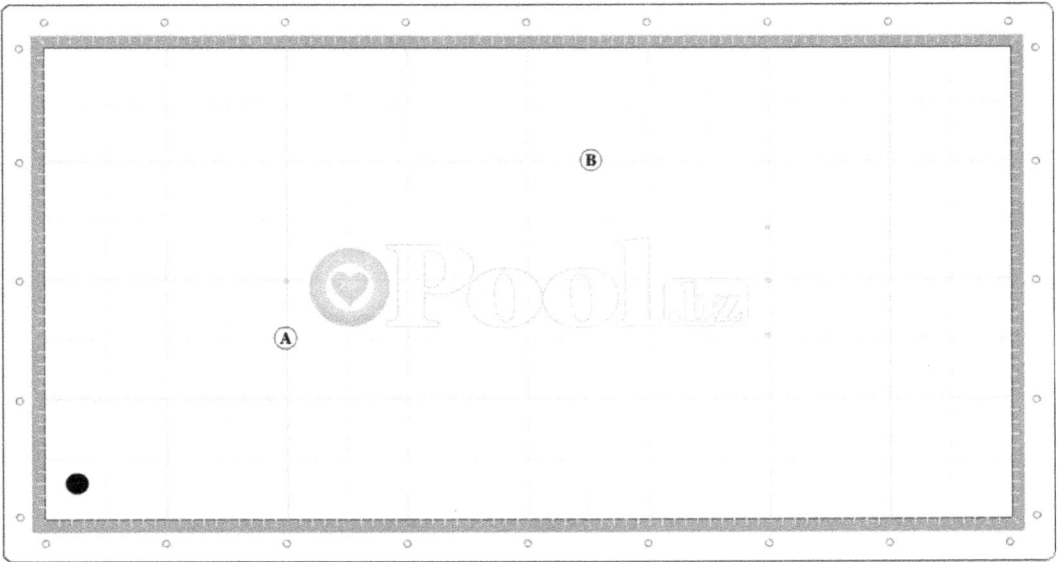

NOTAS VIR JOU IDEES:

Carambole Biljart: Meer raaisels en legkaarte

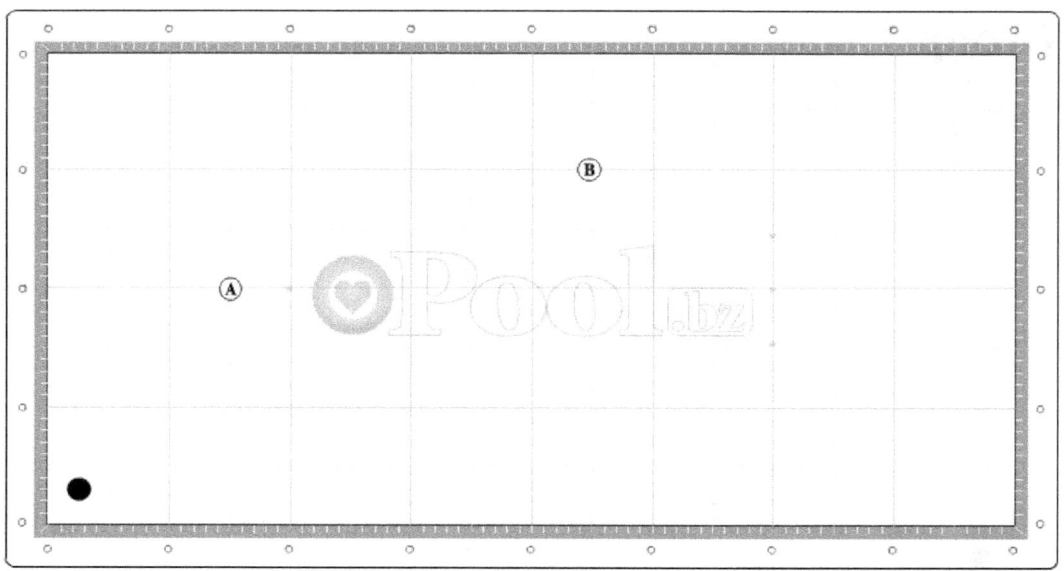

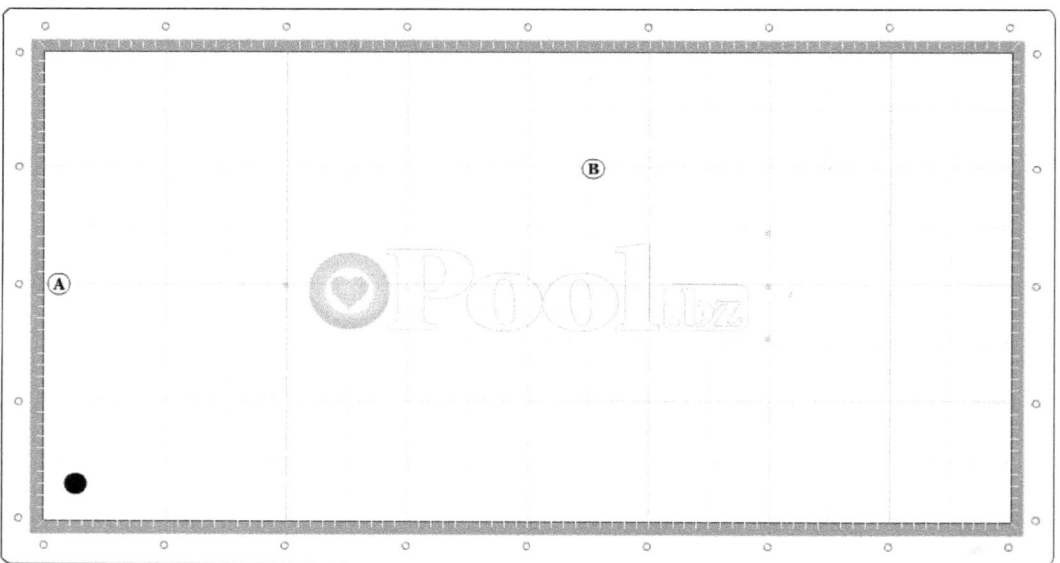

NOTAS VIR JOU IDEES:

Groep 1, stel 3

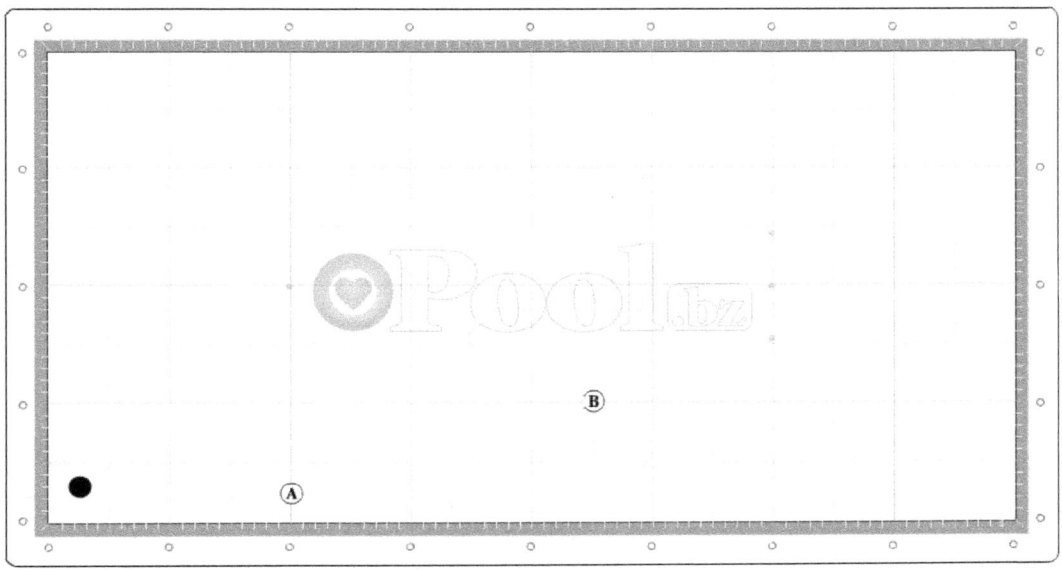

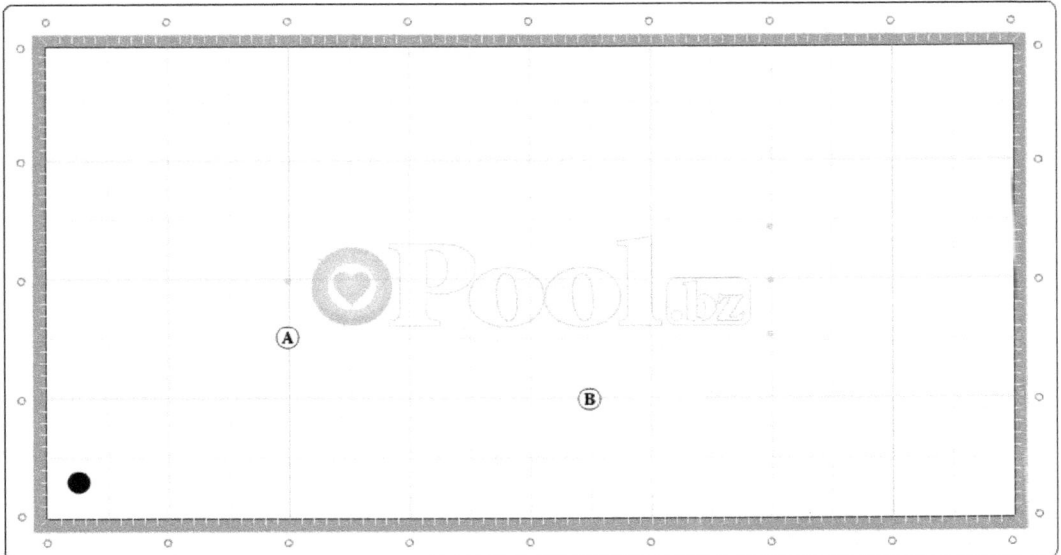

NOTAS VIR JOU IDEES:

Carambole Biljart: Meer raaisels en legkaarte

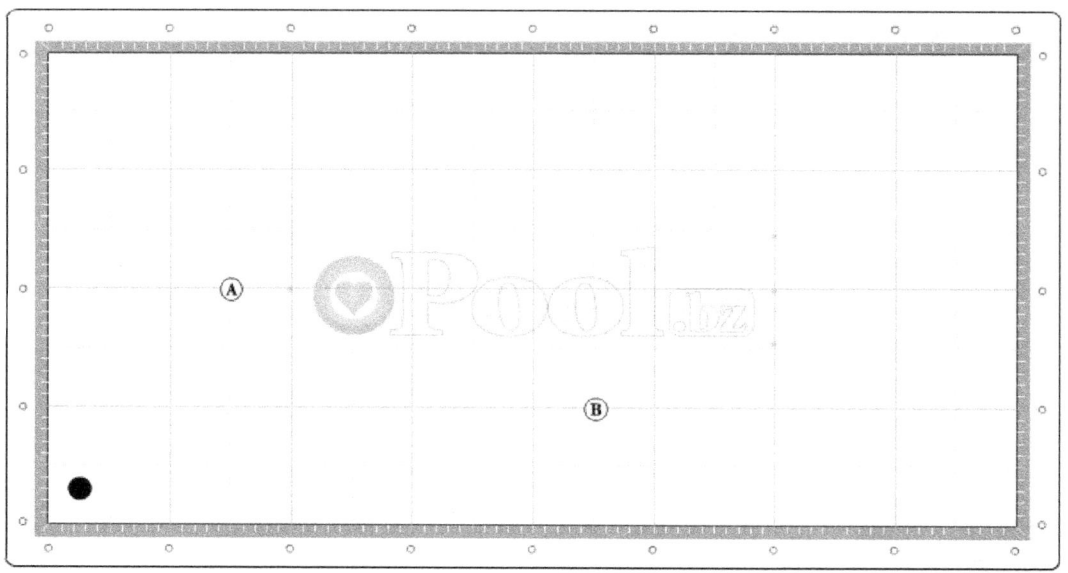

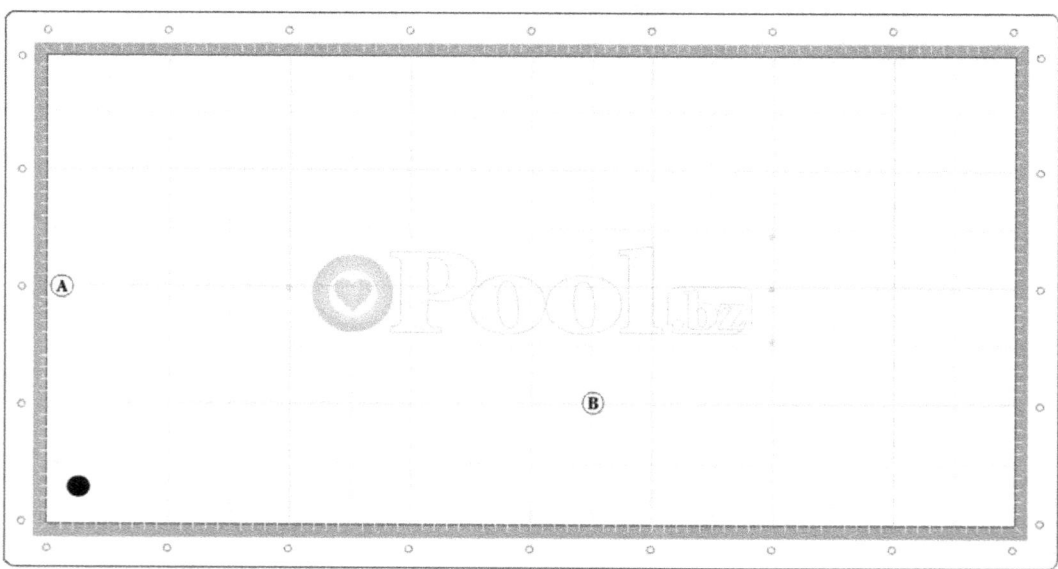

NOTAS VIR JOU IDEES:

Groep 1, stel 4

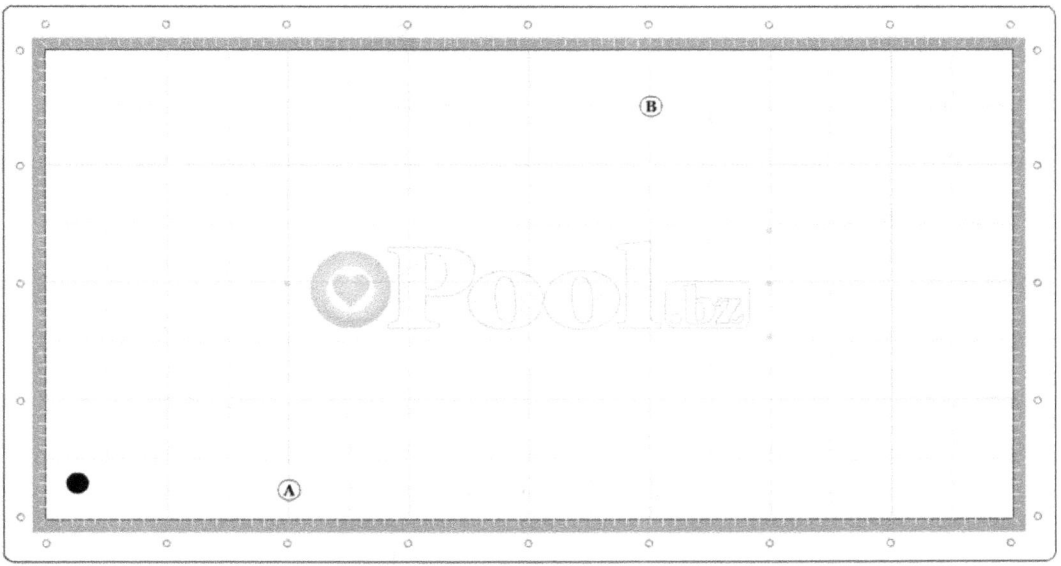

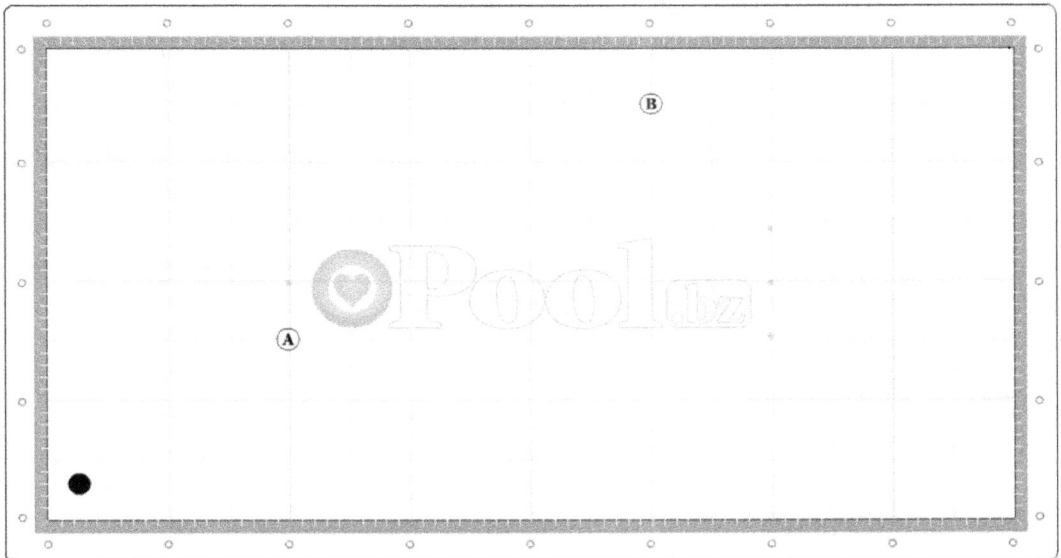

NOTAS VIR JOU IDEES:

Carambole Biljart: Meer raaisels en legkaarte

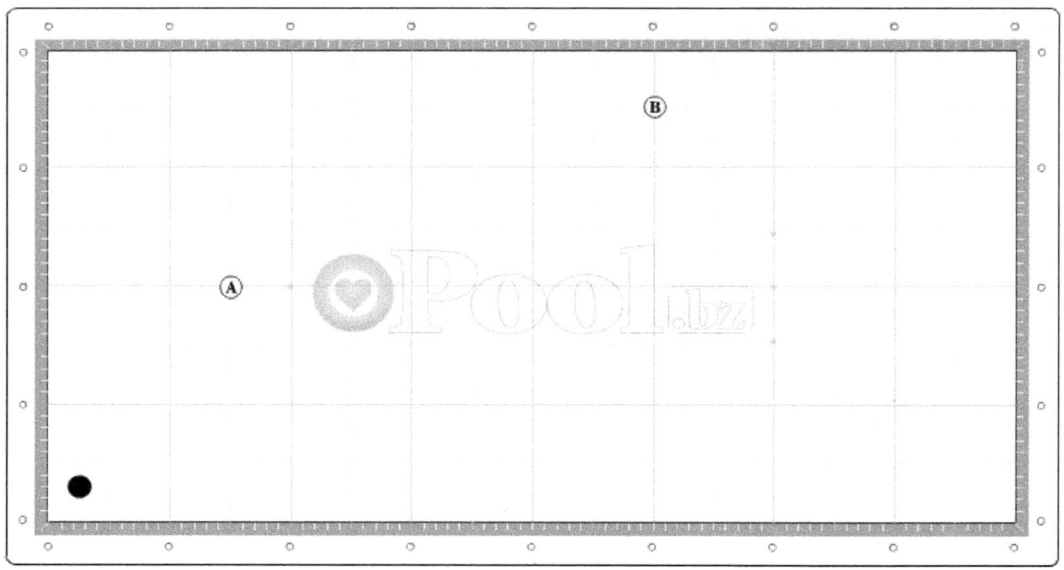

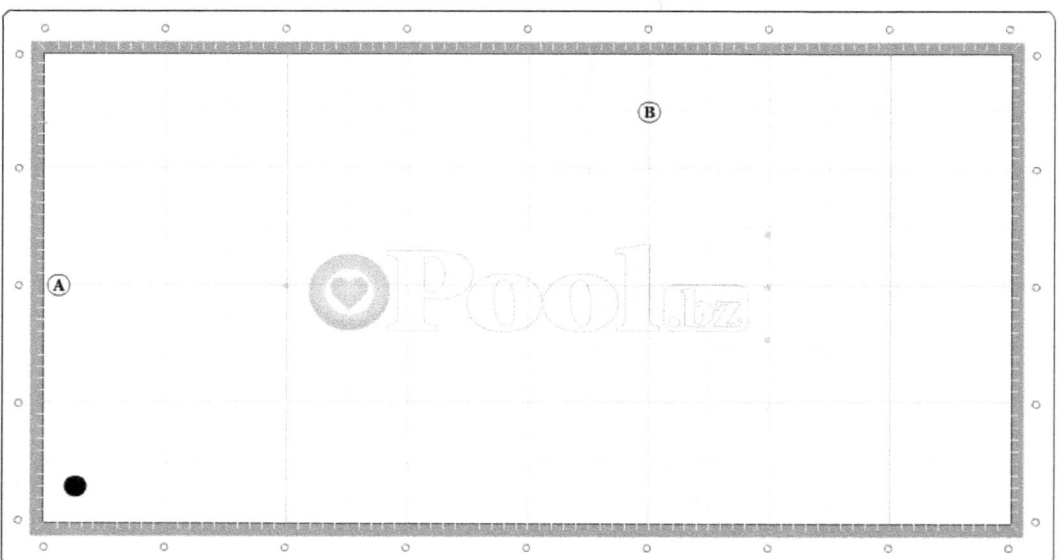

NOTAS VIR JOU IDEES:

Groep 1, stel 5

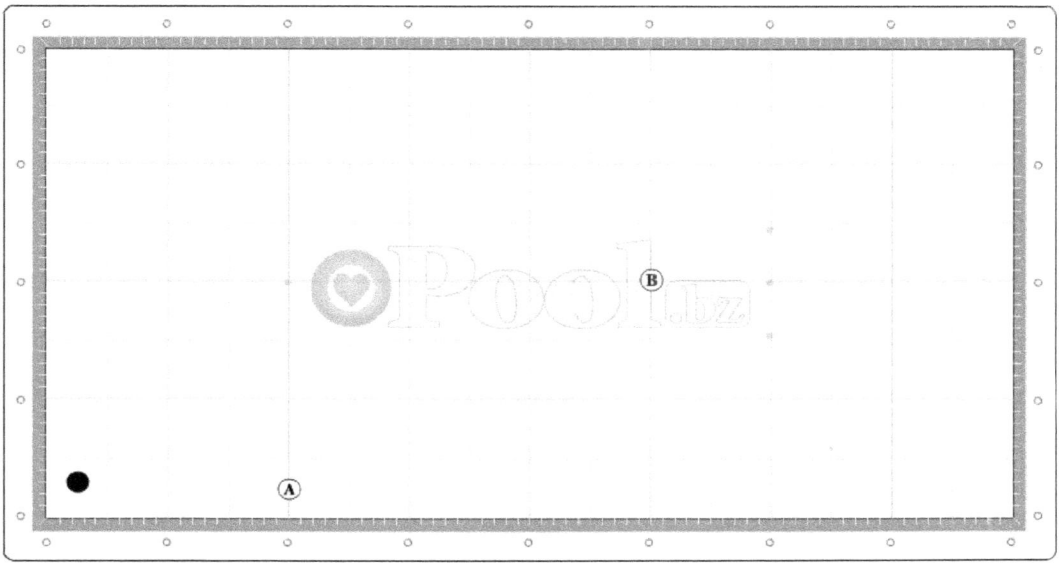

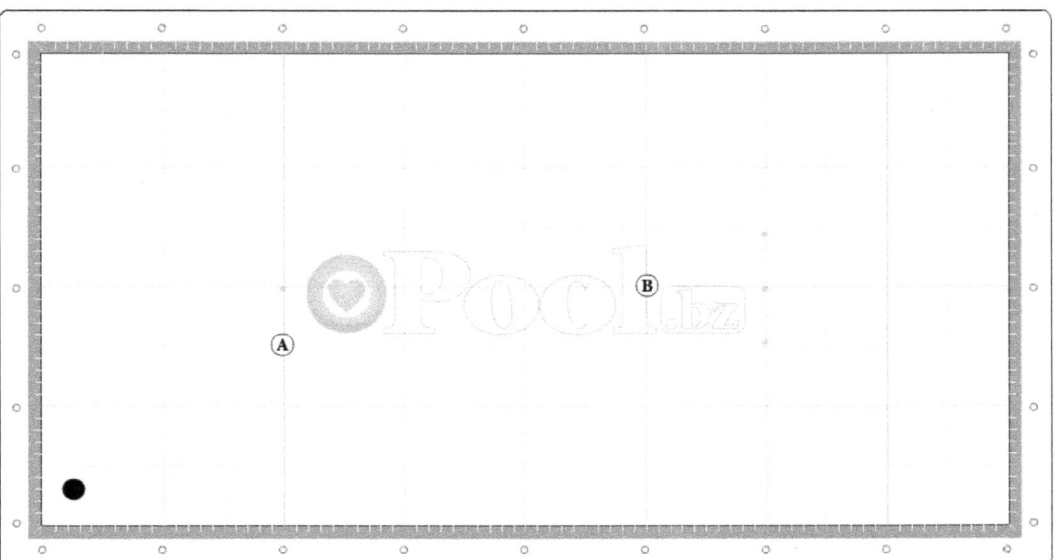

NOTAS VIR JOU IDEES:

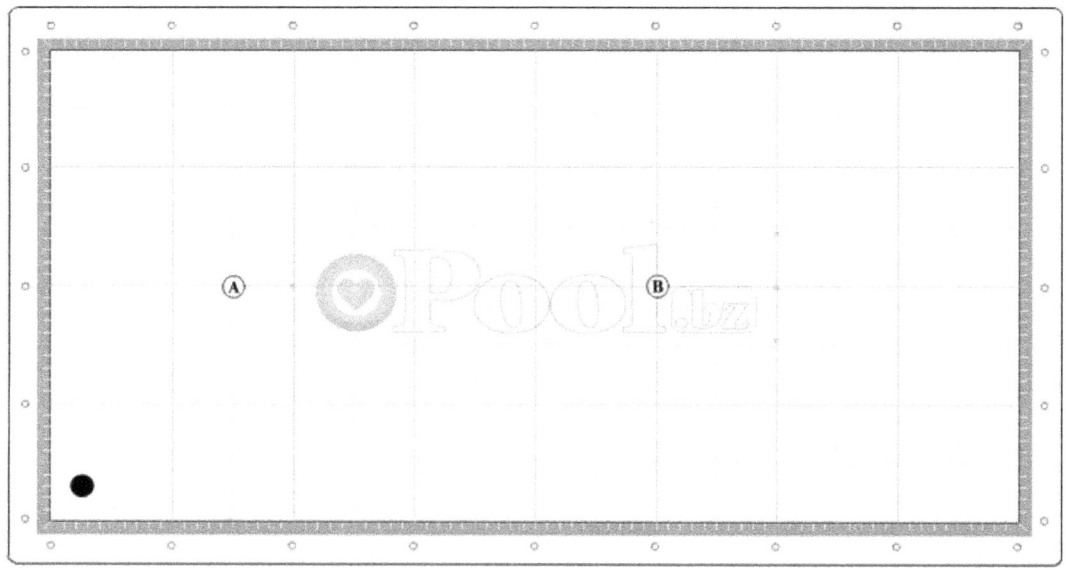

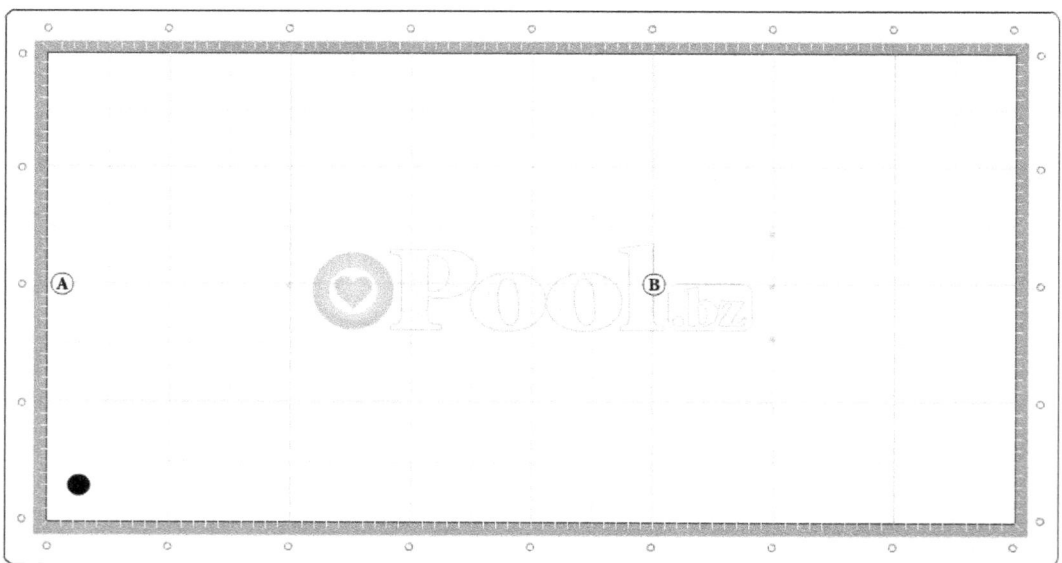

NOTAS VIR JOU IDEES:

Groep 1, stel 6

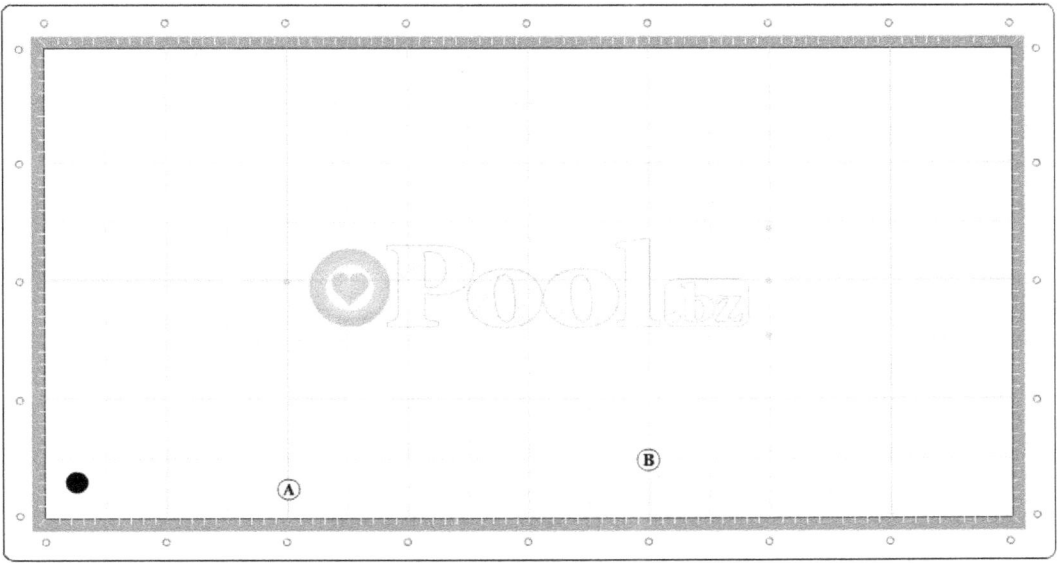

(Aan die voorkant van hierdie boek is daar 4 monster 3-kussingspatrone van hierdie uitleg.)

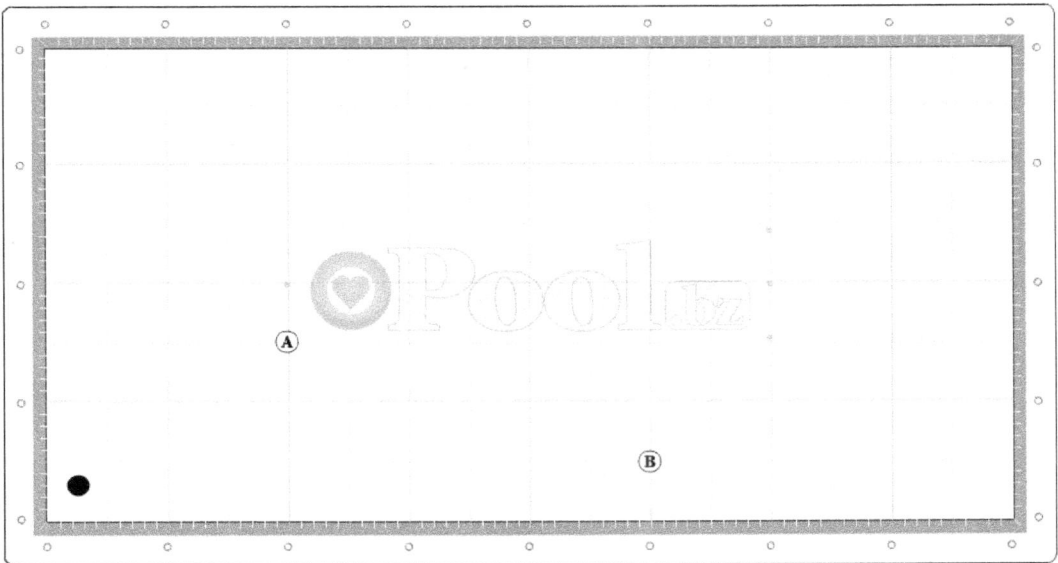

NOTAS VIR JOU IDEES:

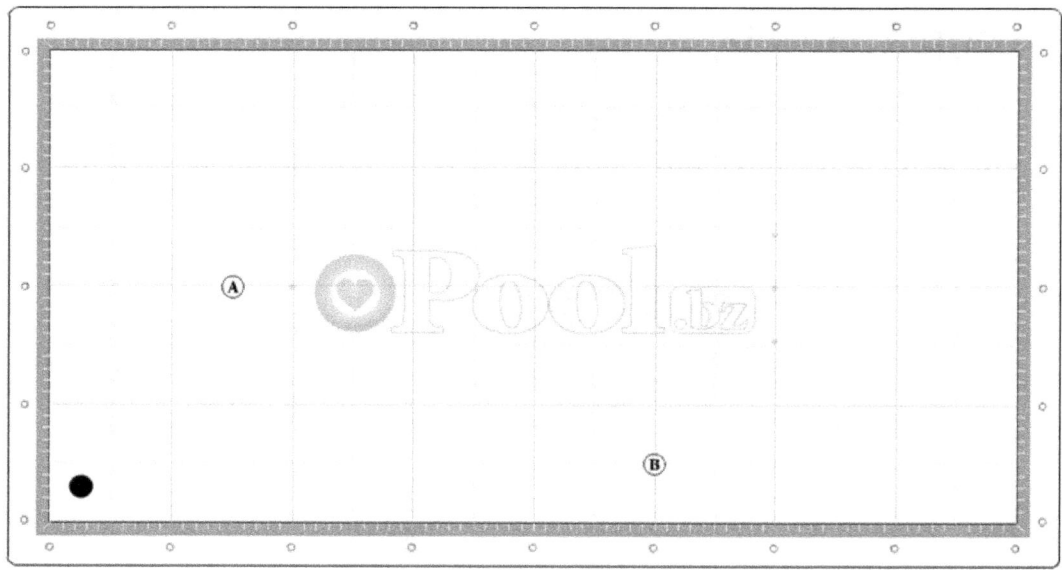

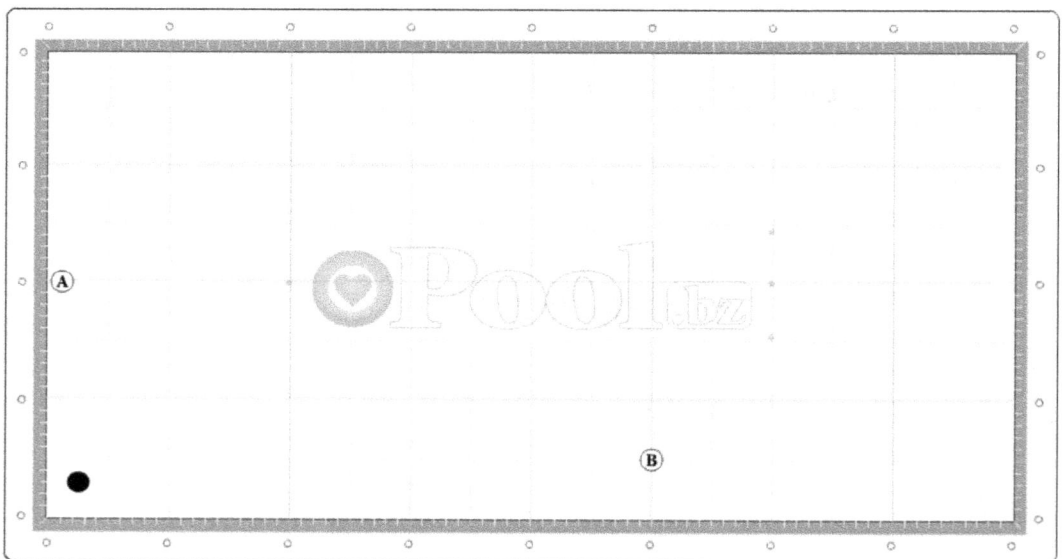

NOTAS VIR JOU IDEES:

Groep 1, stel 7

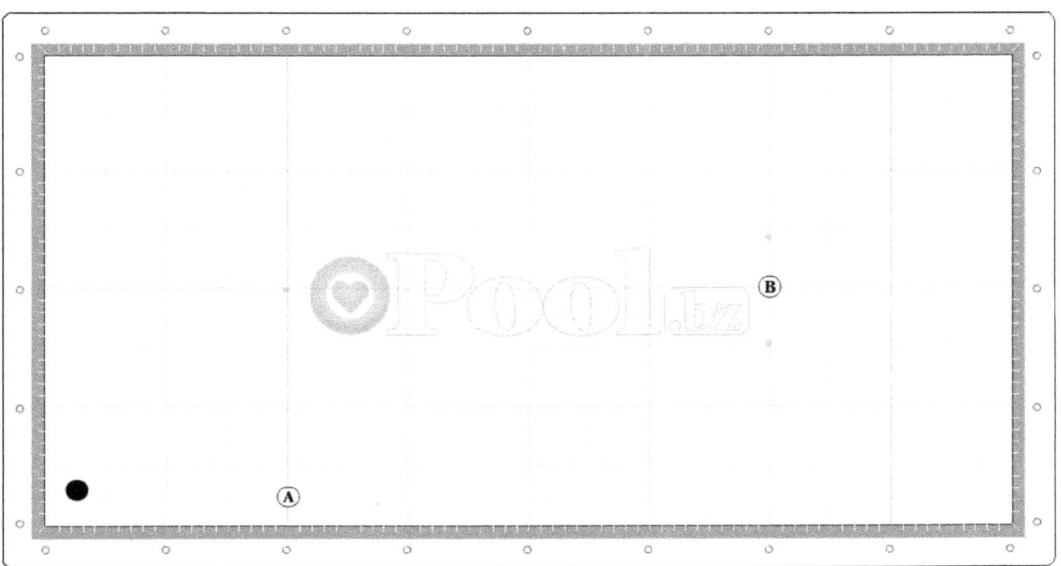

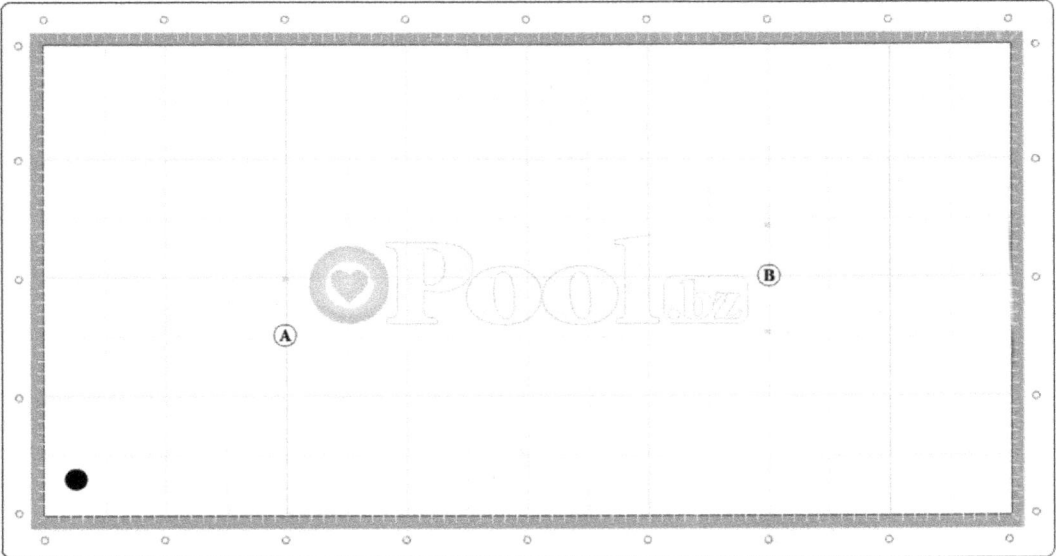

NOTAS VIR JOU IDEES:

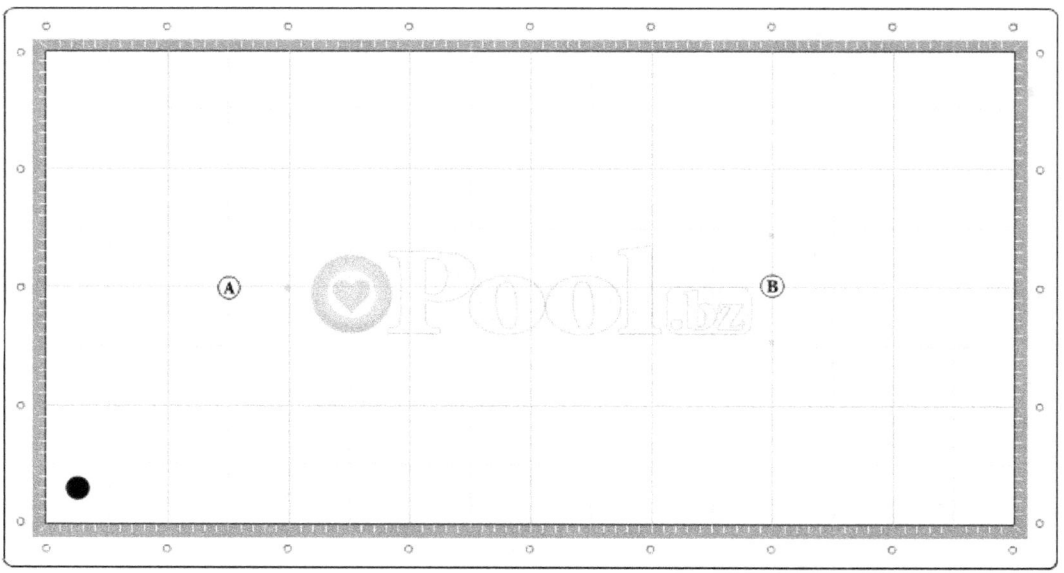

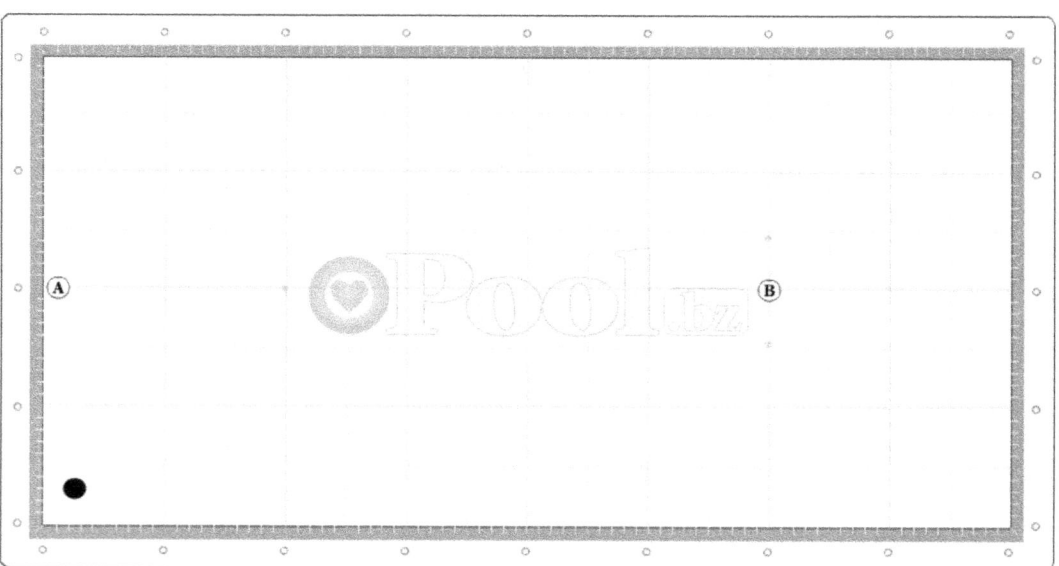

NOTAS VIR JOU IDEES:

Groep 1, stel 8

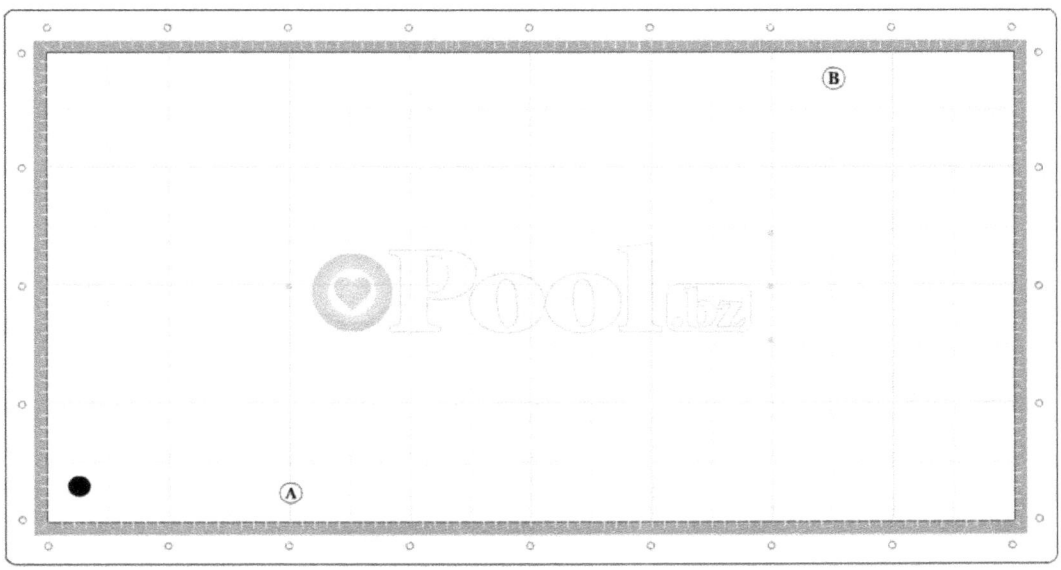

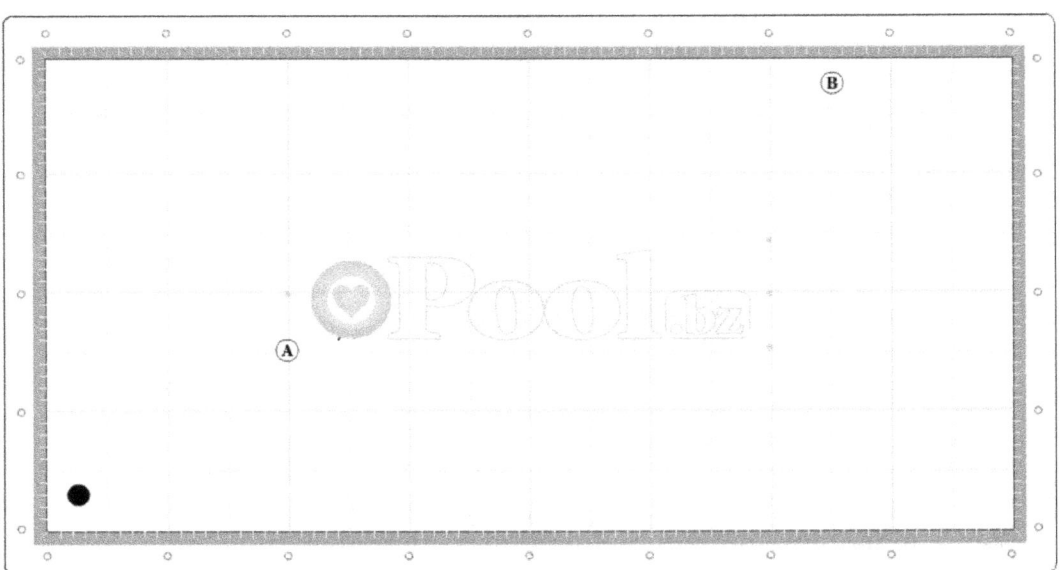

NOTAS VIR JOU IDEES:

Carambole Biljart: Meer raaisels en legkaarte

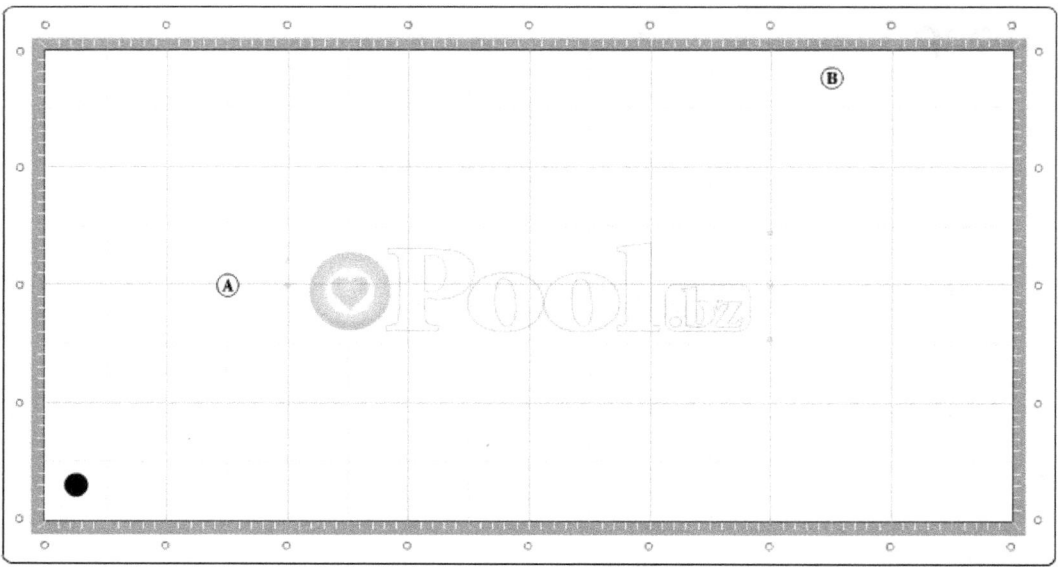

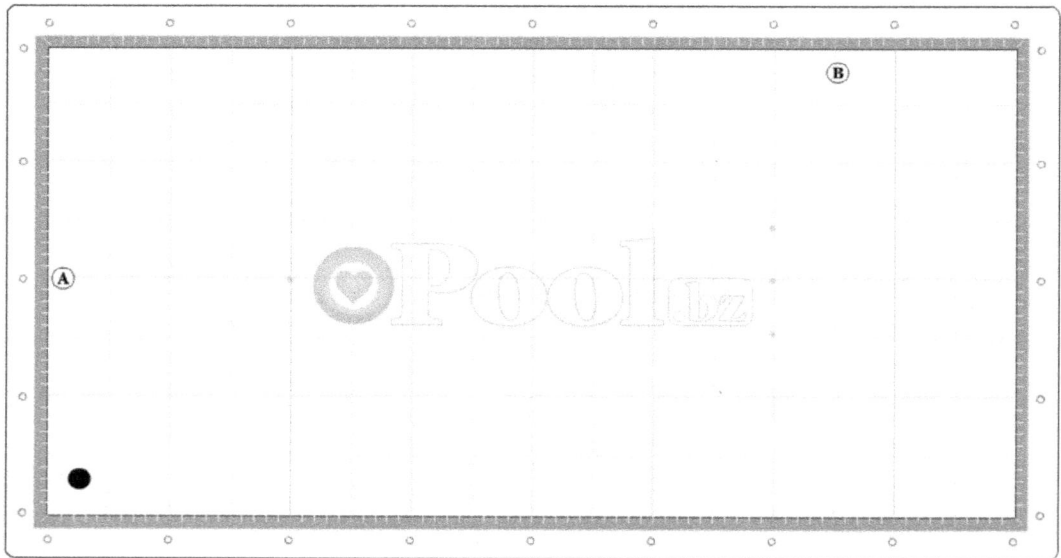

NOTAS VIR JOU IDEES:

Groep 1, stel 9

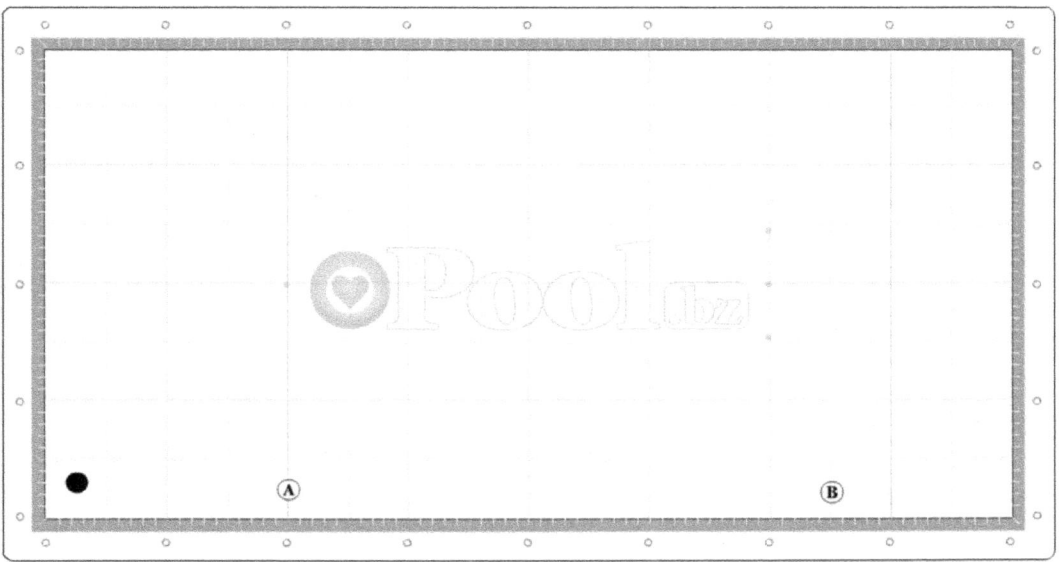

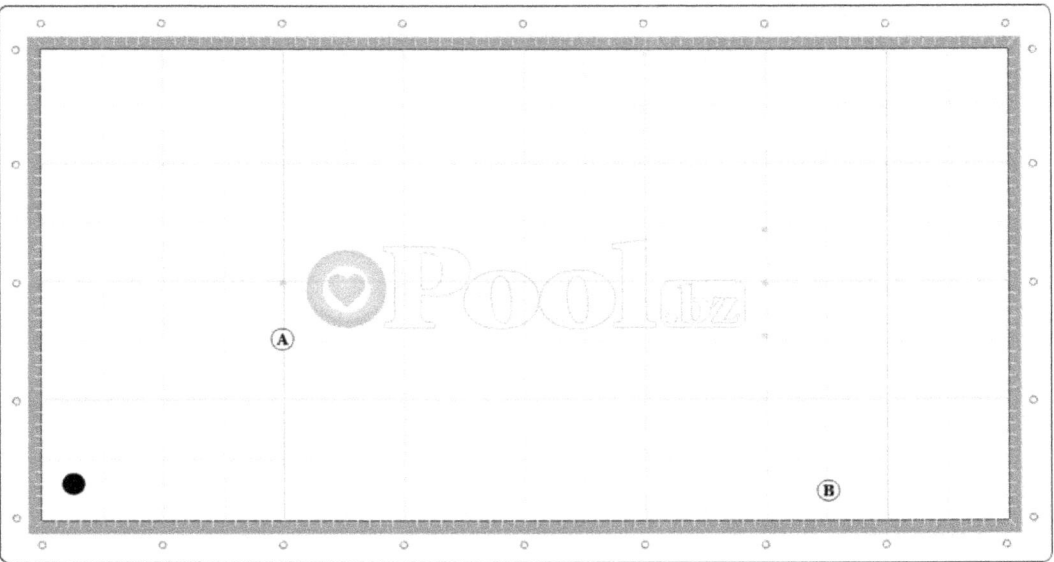

NOTAS VIR JOU IDEES:

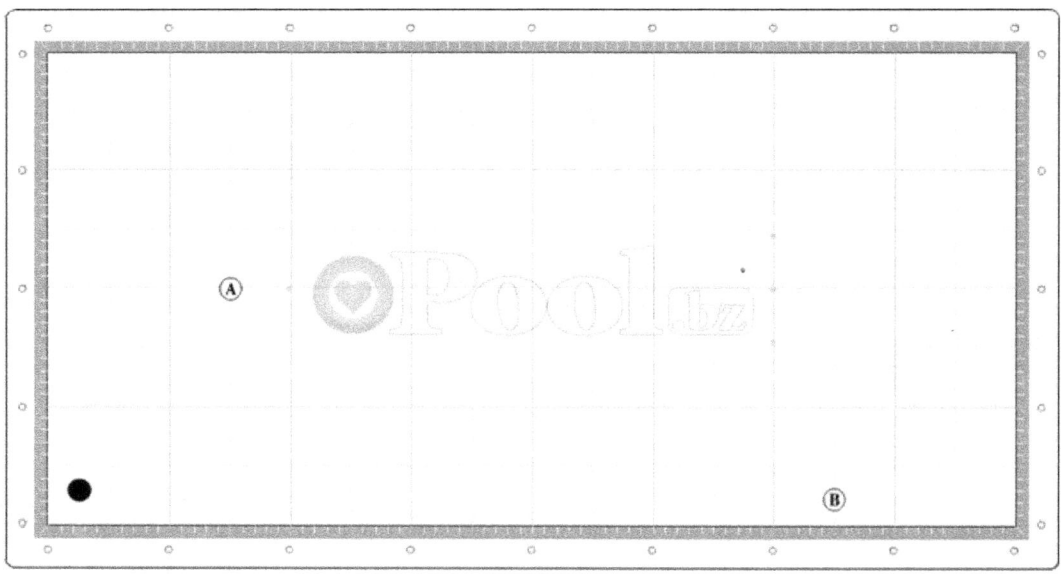

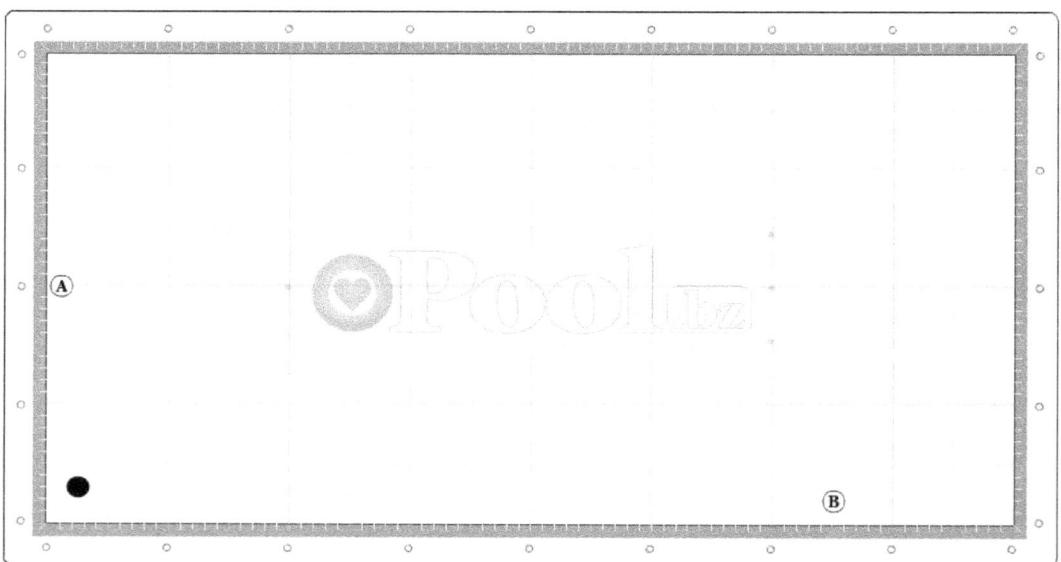

NOTAS VIR JOU IDEES:

Groep 1, stel 10

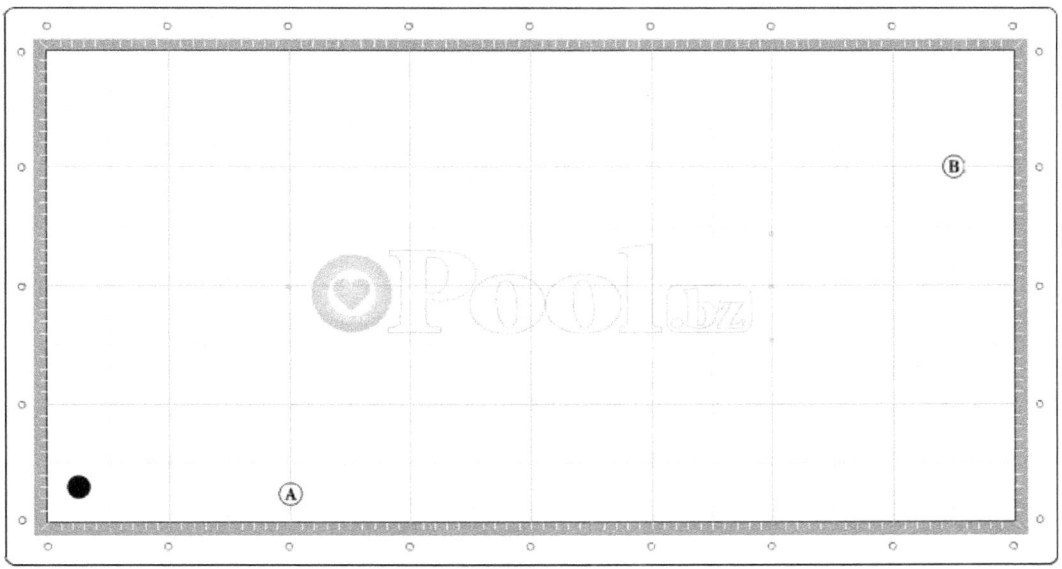

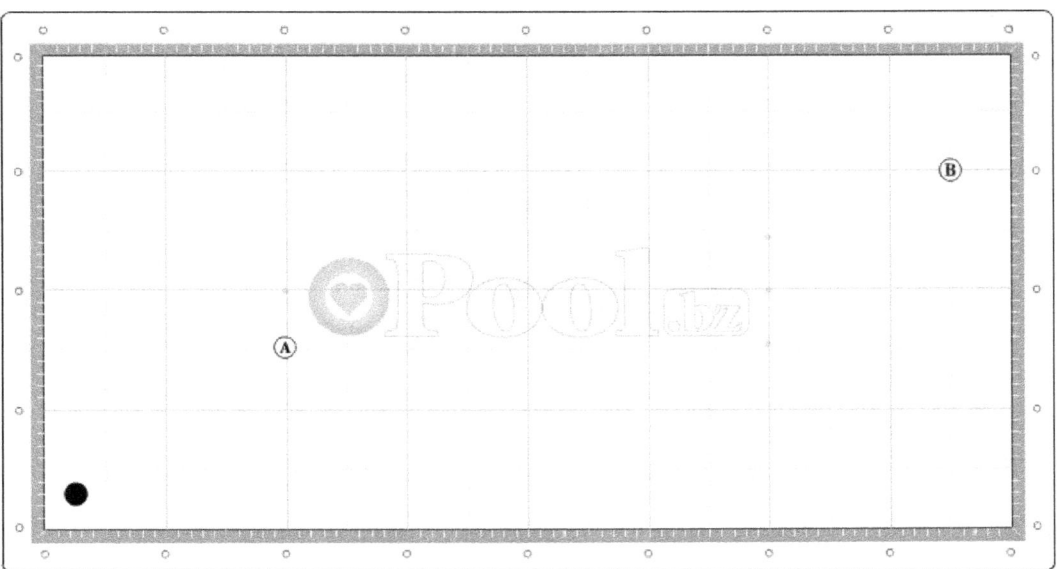

NOTAS VIR JOU IDEES:

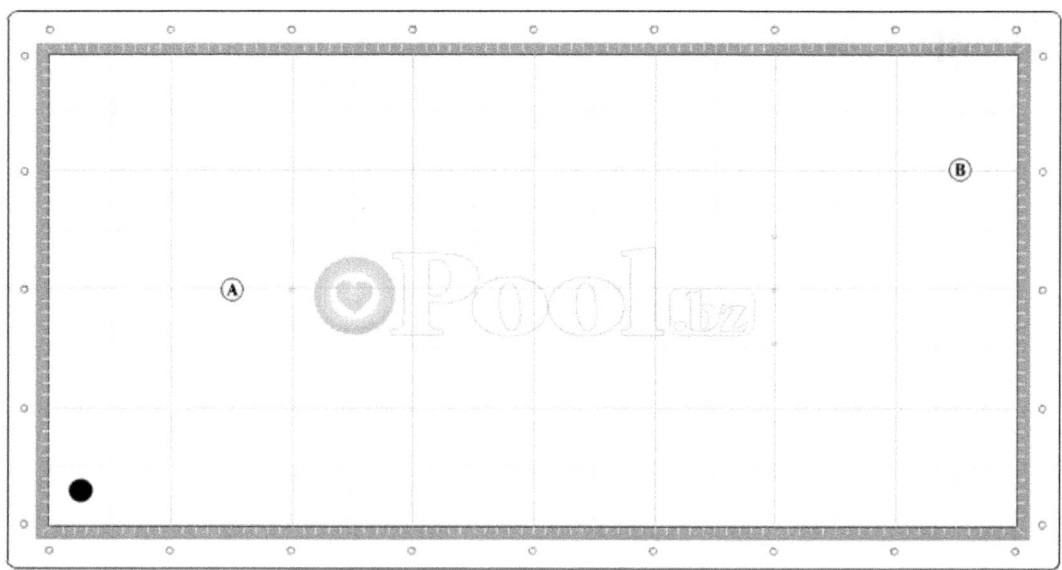

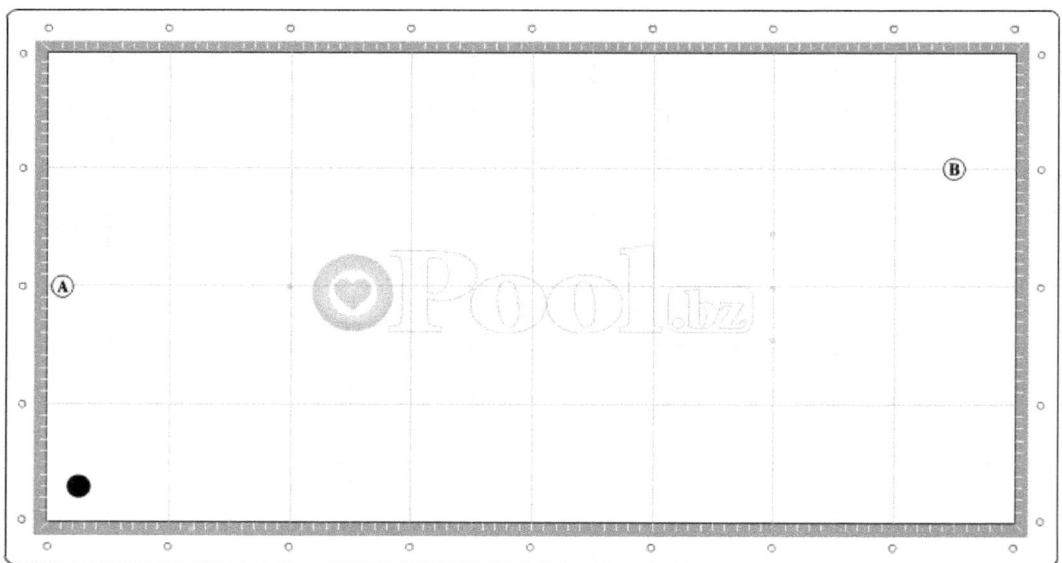

NOTAS VIR JOU IDEES:

Groep 1, stel 11

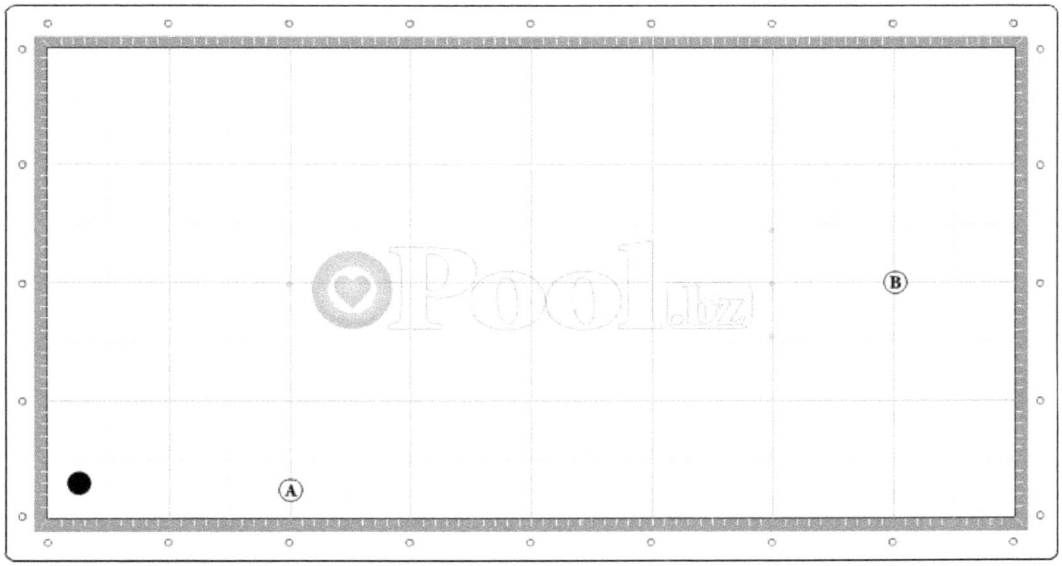

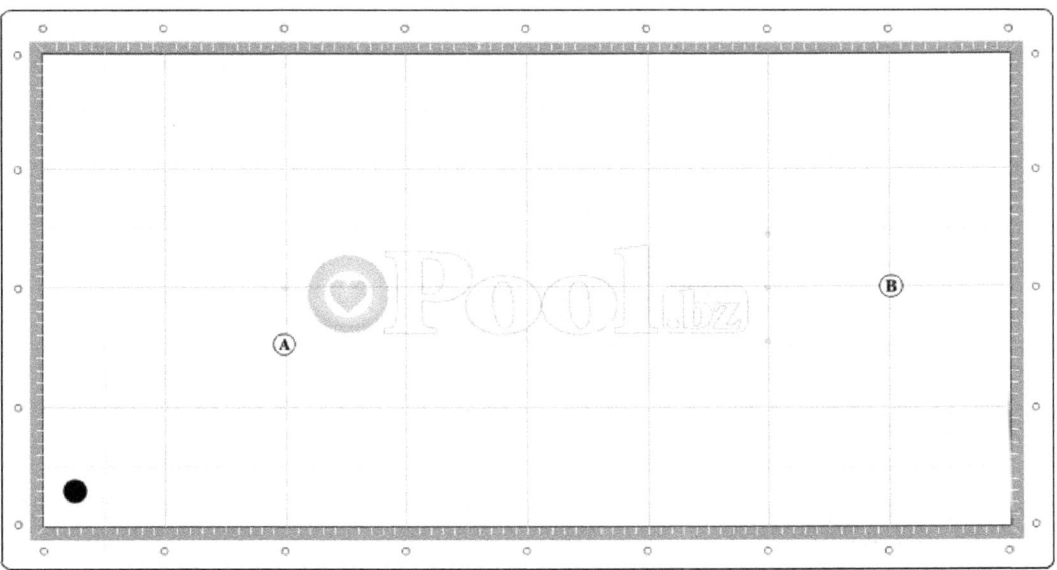

NOTAS VIR JOU IDEES:

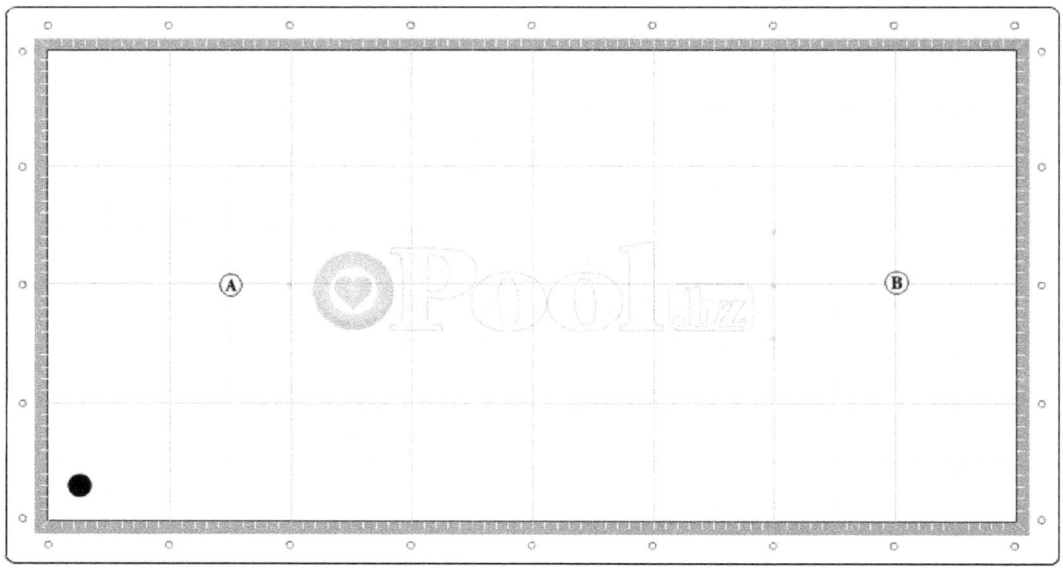

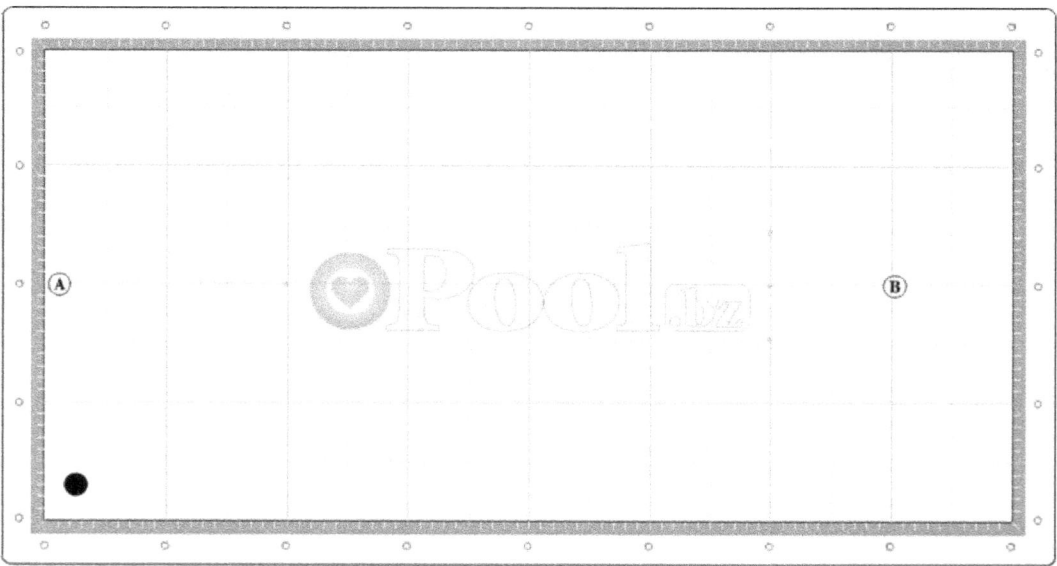

NOTAS VIR JOU IDEES:

Groep 1, stel 12

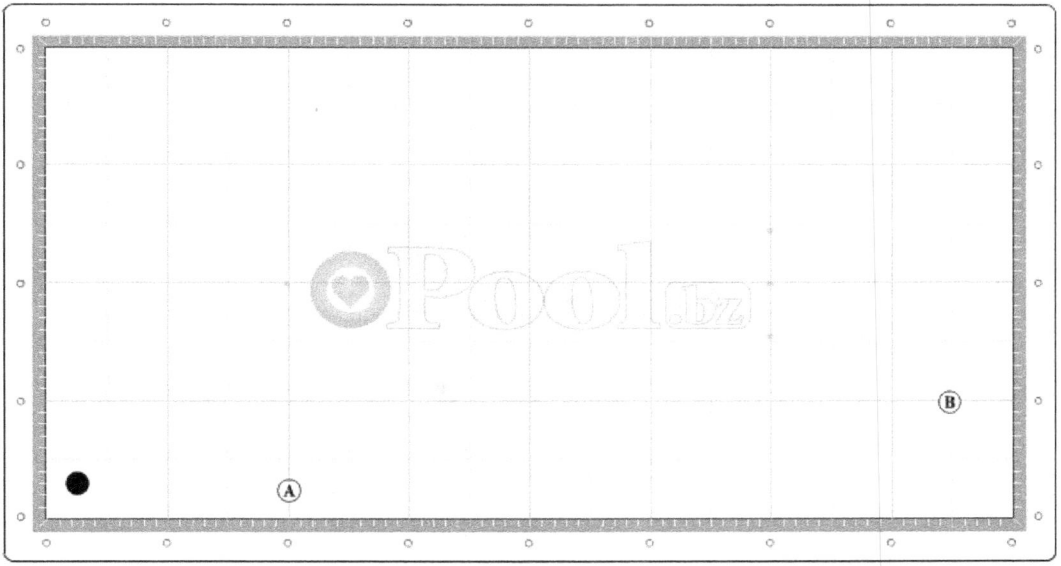

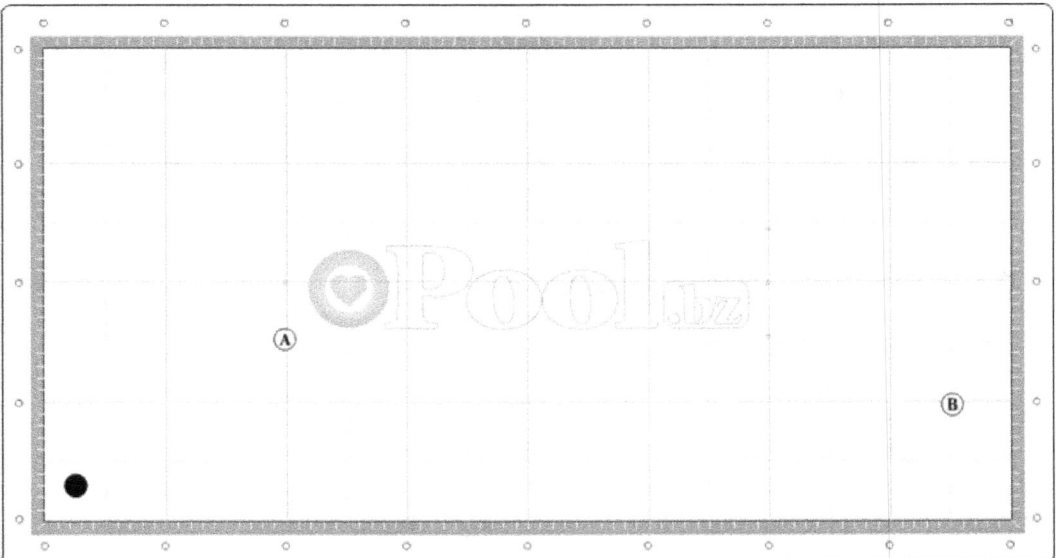

NOTAS VIR JOU IDEES:

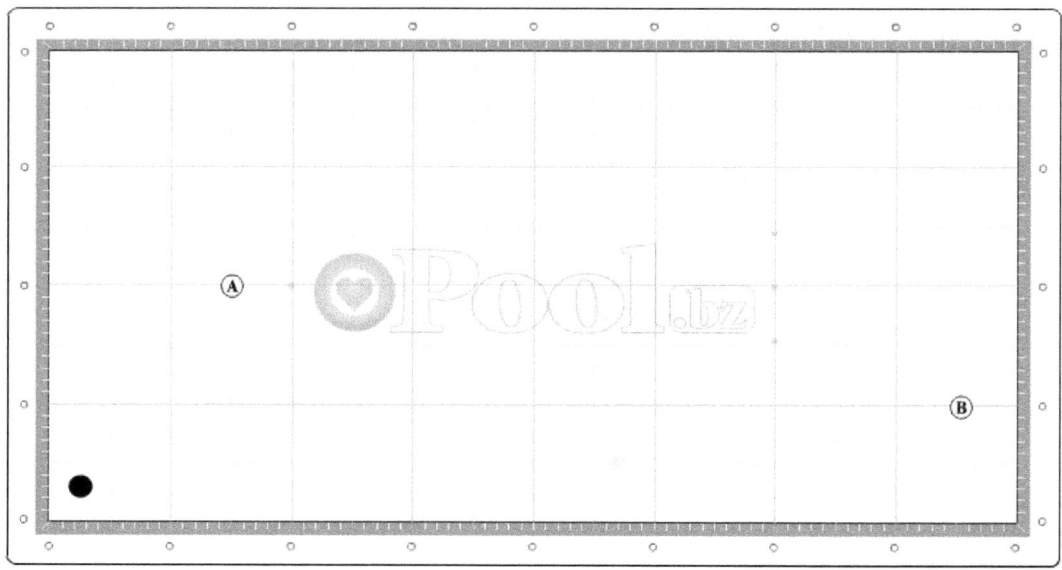

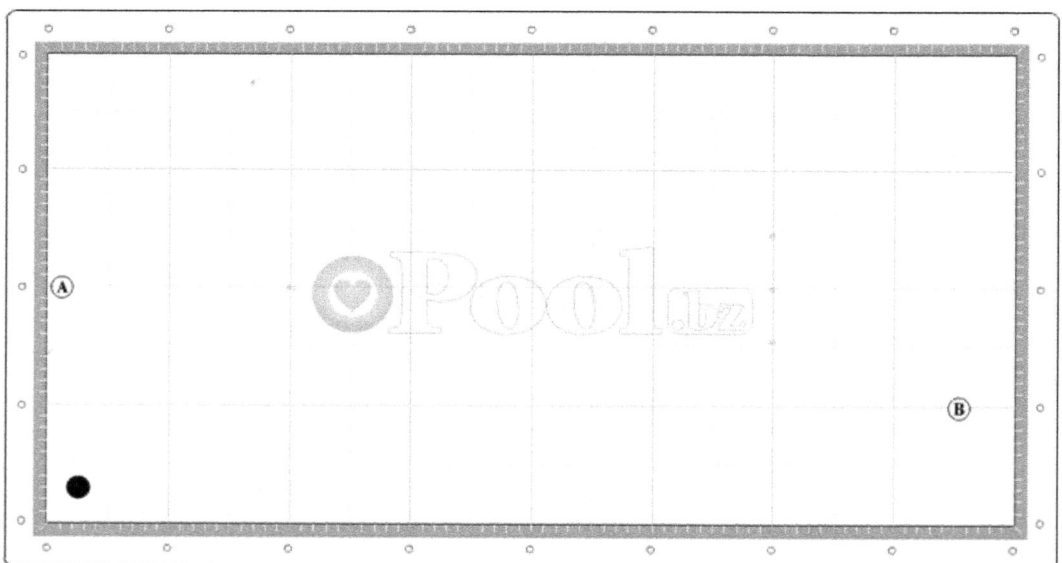

NOTAS VIR JOU IDEES:

Groep 2 tabel situasies
Groep 2, stel 1

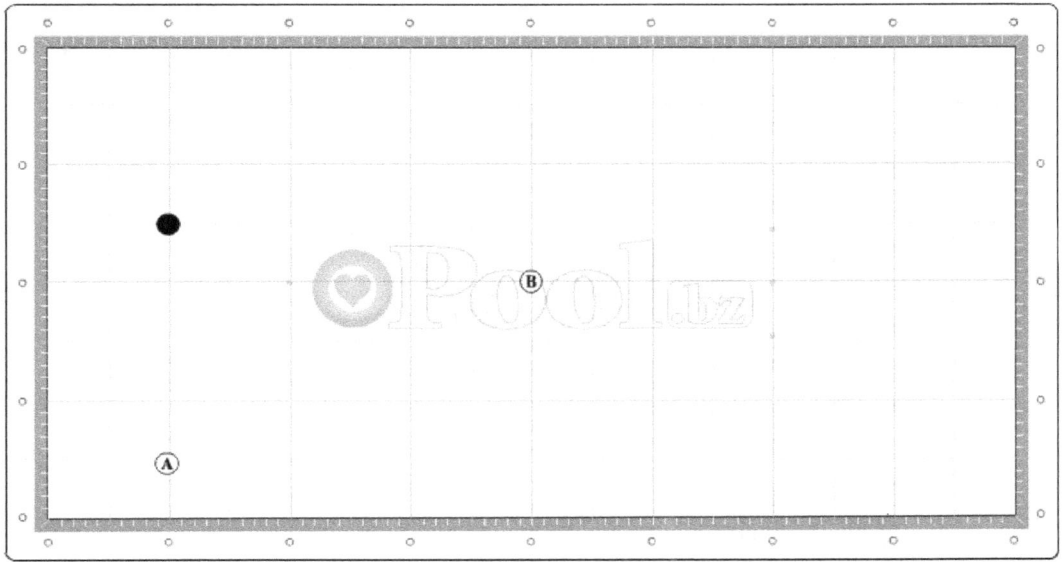

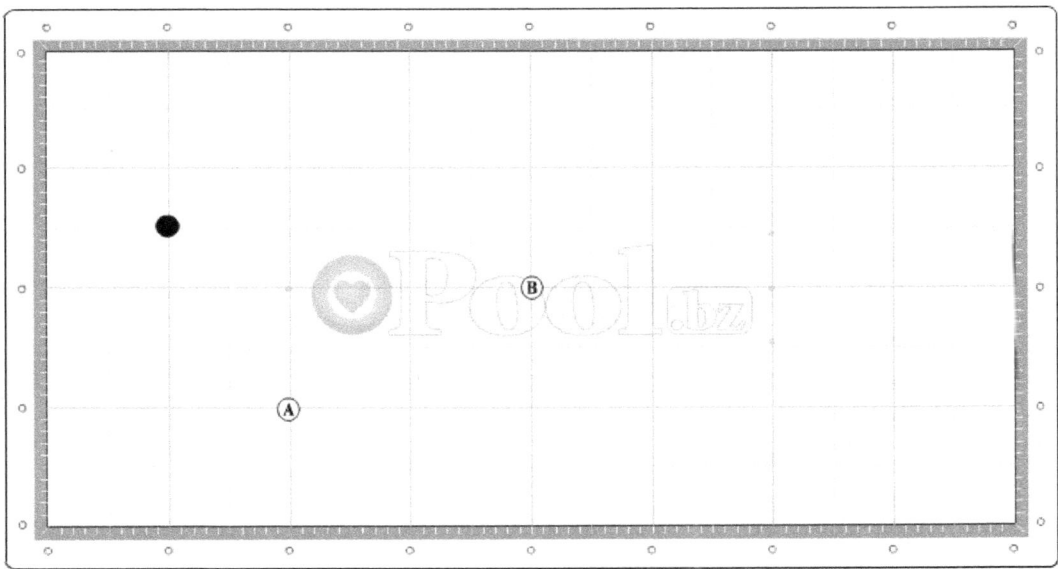

NOTAS VIR JOU IDEES:

Carambole Biljart: Meer raaisels en legkaarte

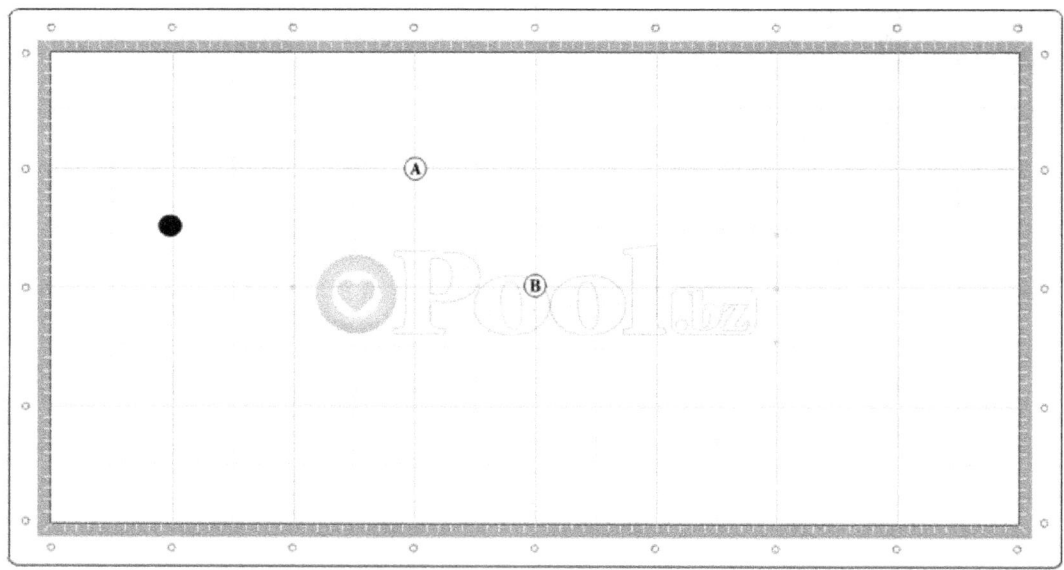

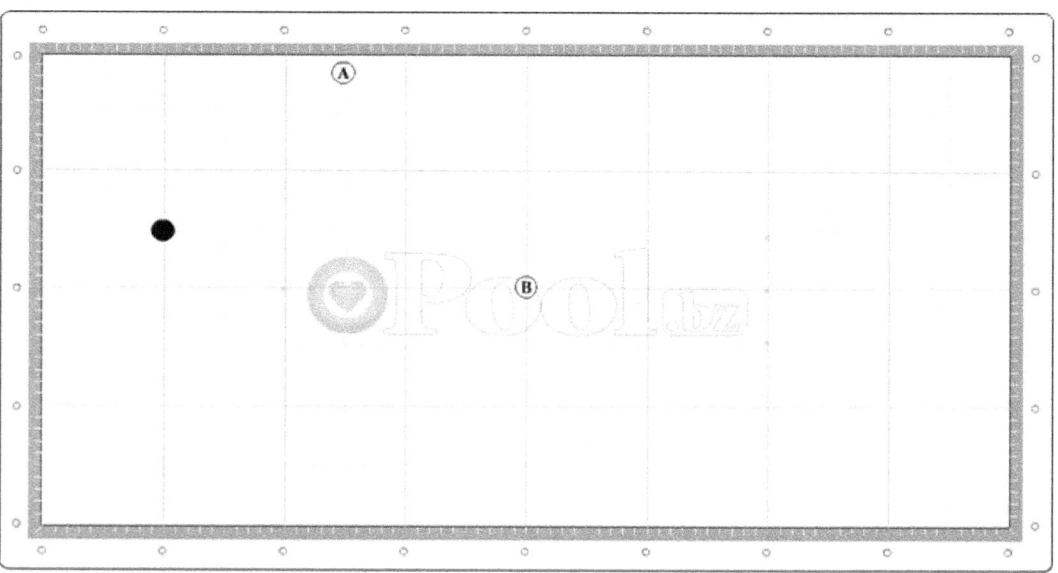

NOTAS VIR JOU IDEES:

Groep 2, stel 2

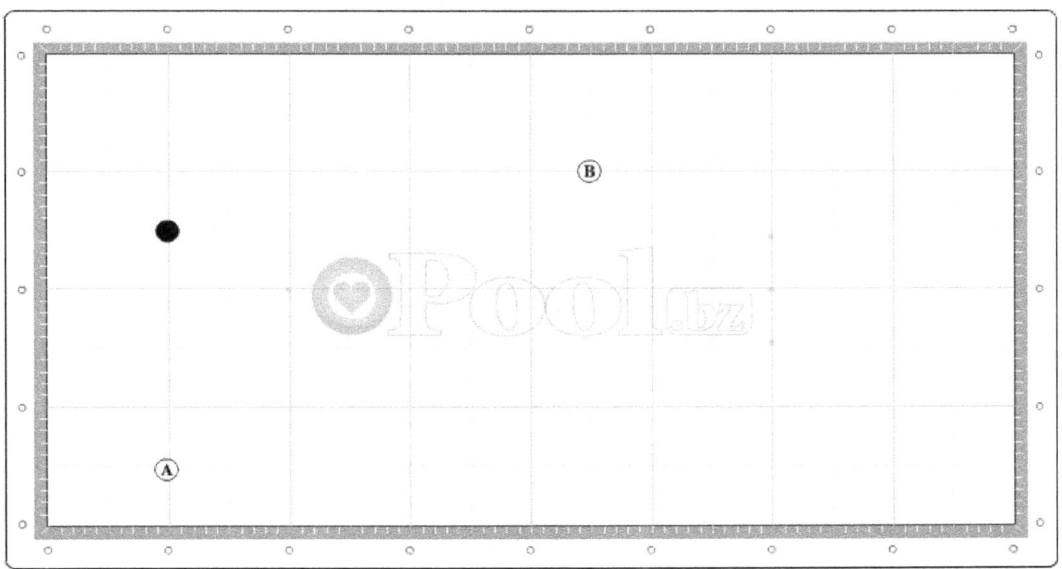

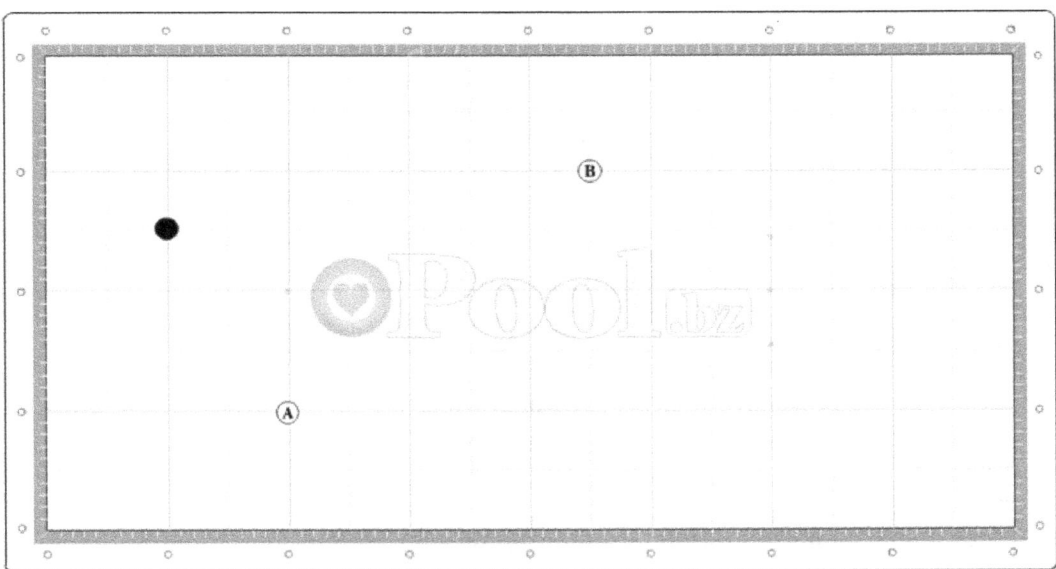

NOTAS VIR JOU IDEES:

Carambole Biljart: Meer raaisels en legkaarte

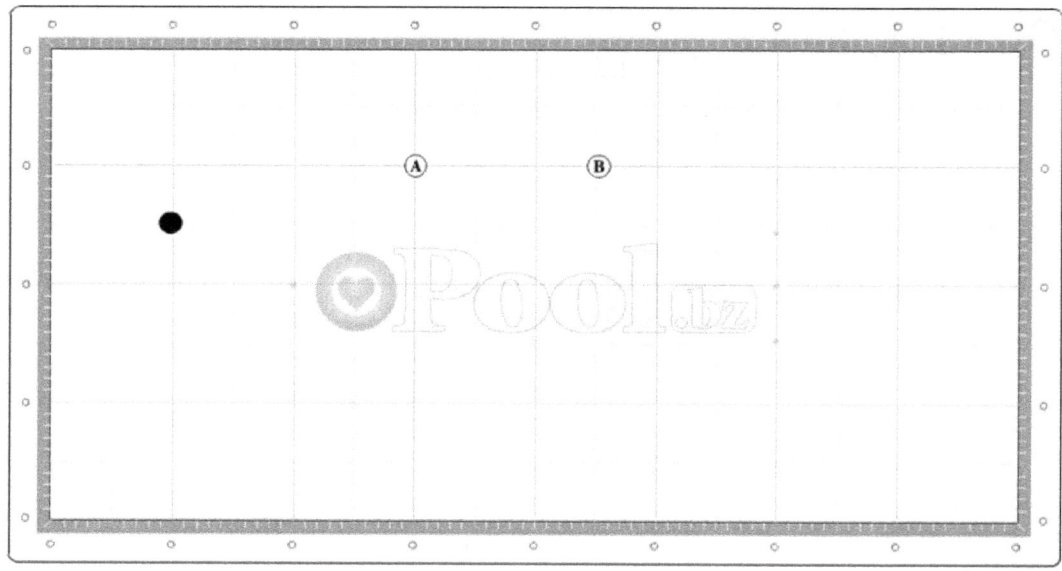

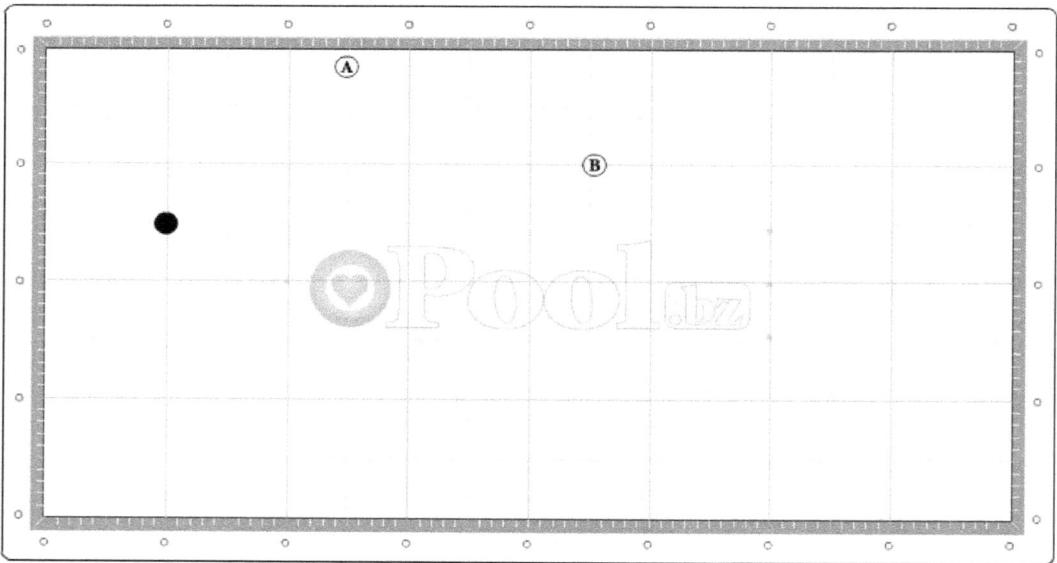

NOTAS VIR JOU IDEES:

Groep 2, stel 3

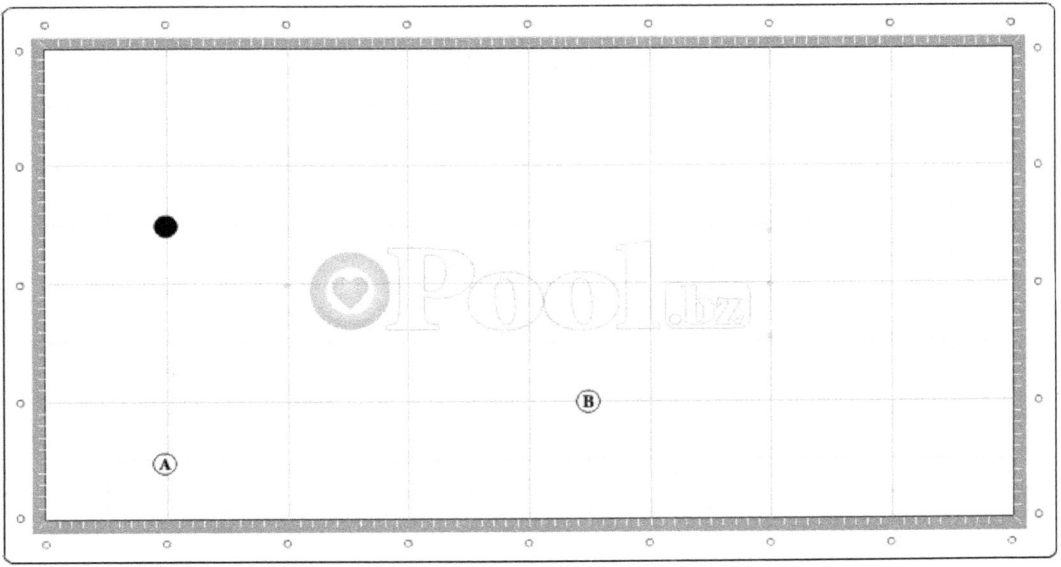

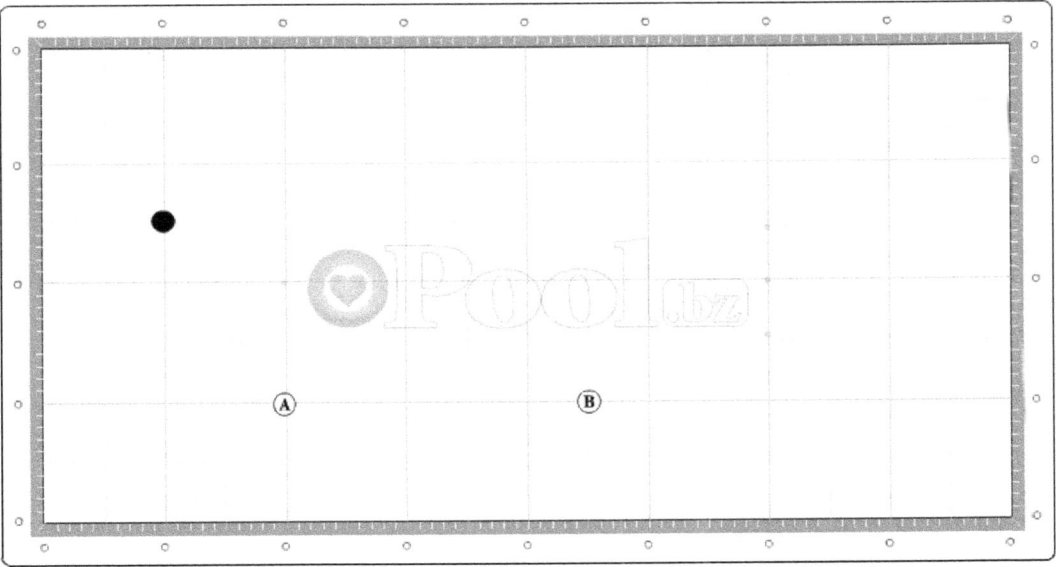

NOTAS VIR JOU IDEES:

Carambole Biljart: Meer raaisels en legkaarte

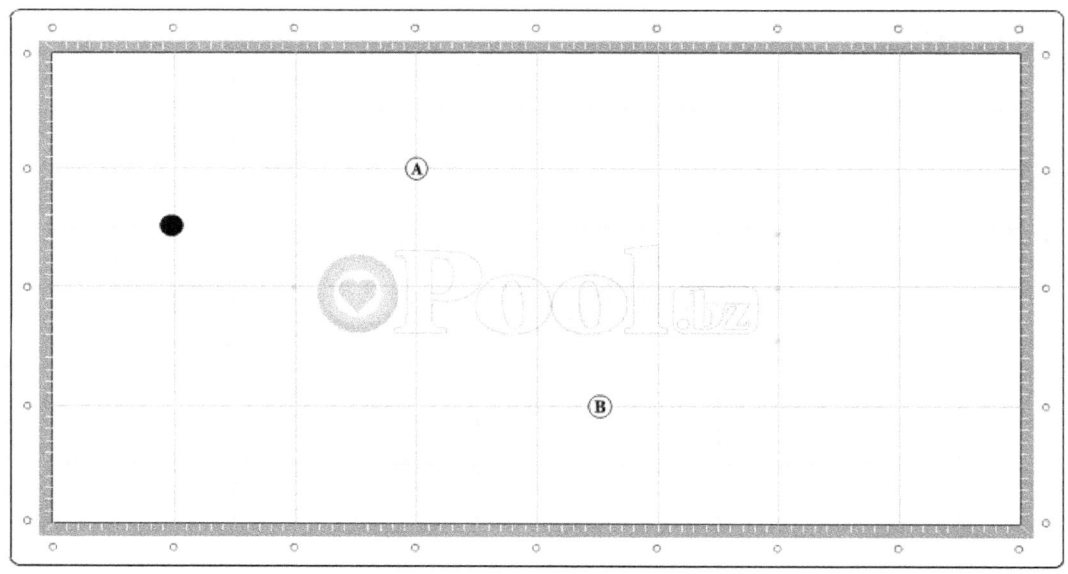

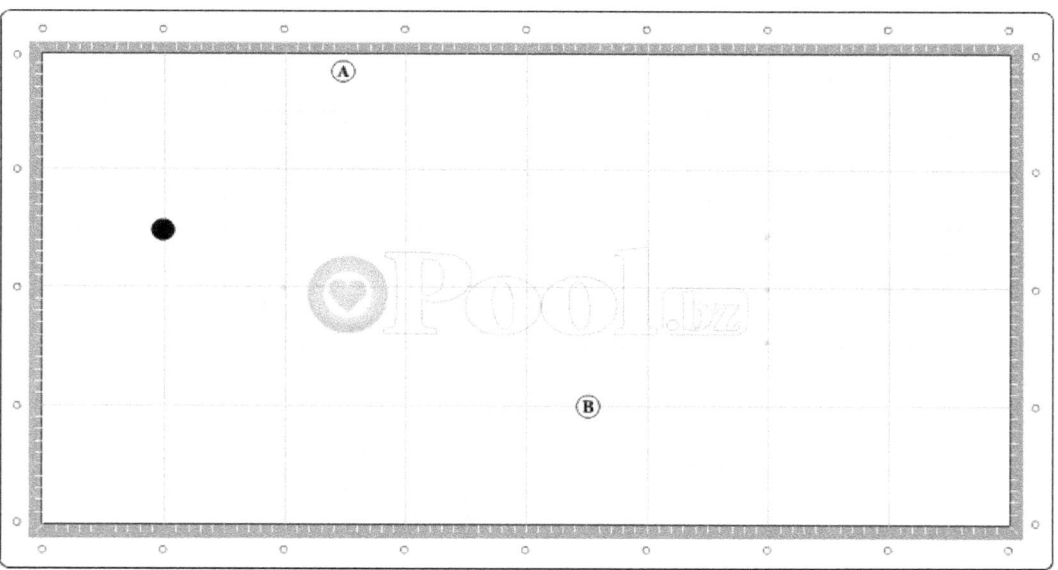

NOTAS VIR JOU IDEES:

Groep 2, stel 4

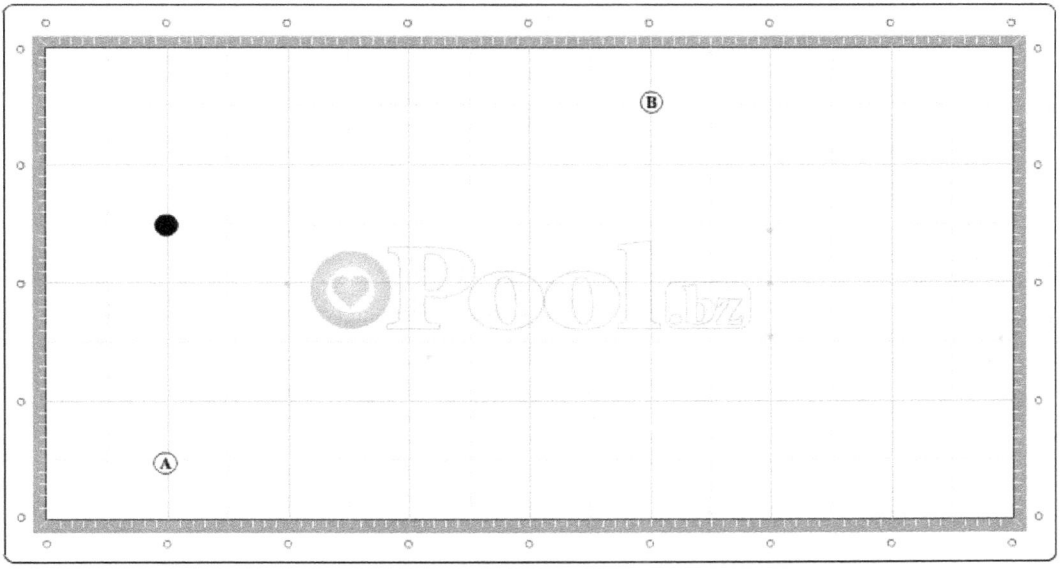

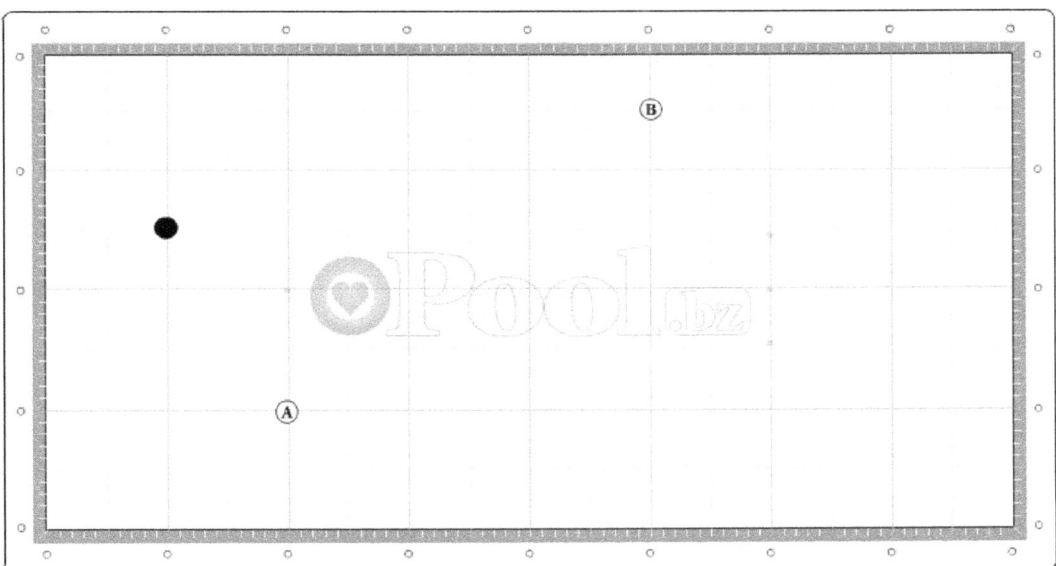

NOTAS VIR JOU IDEES:

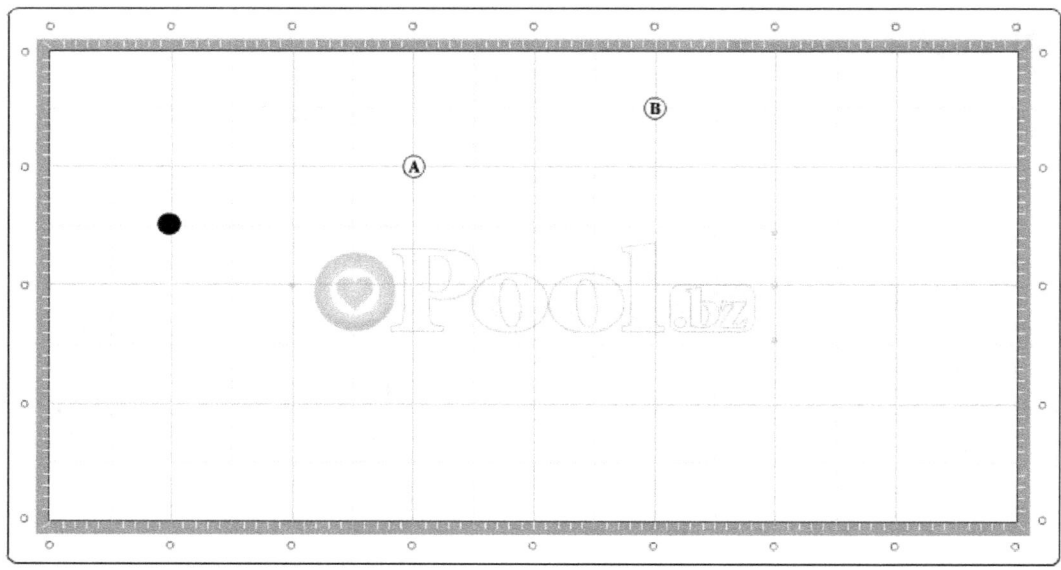

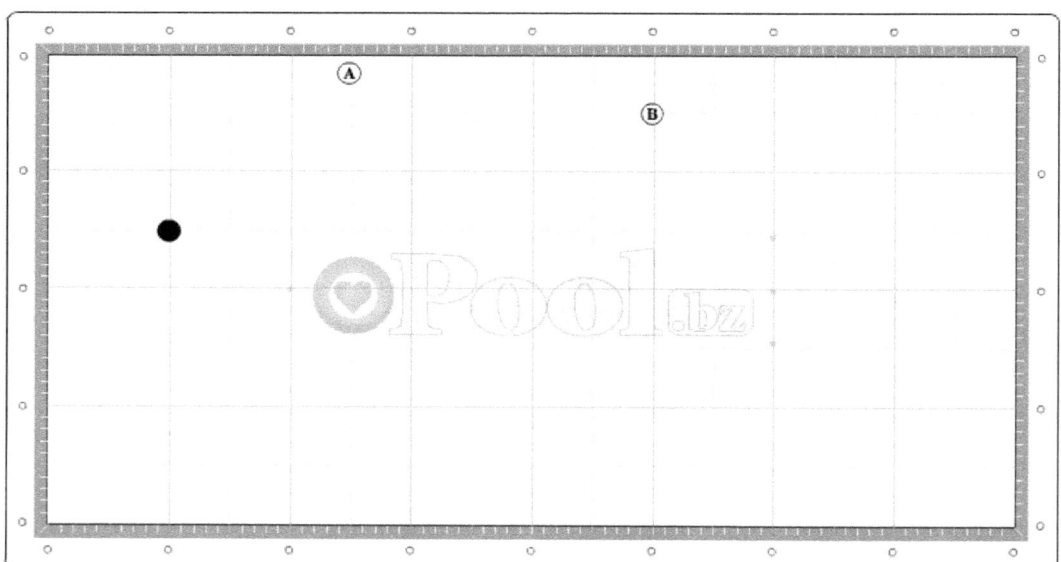

NOTAS VIR JOU IDEES:

Groep 2, stel 5

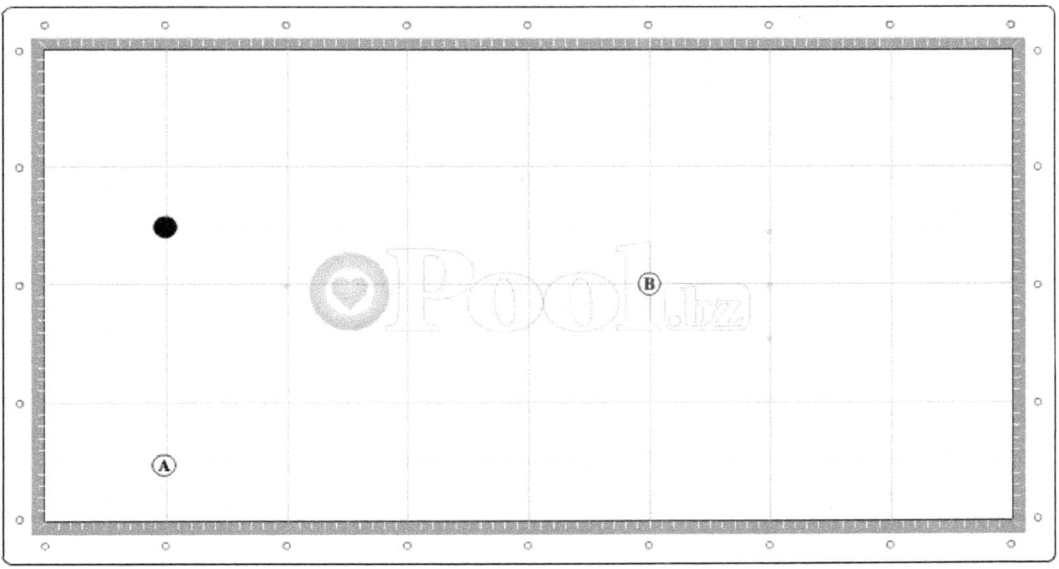

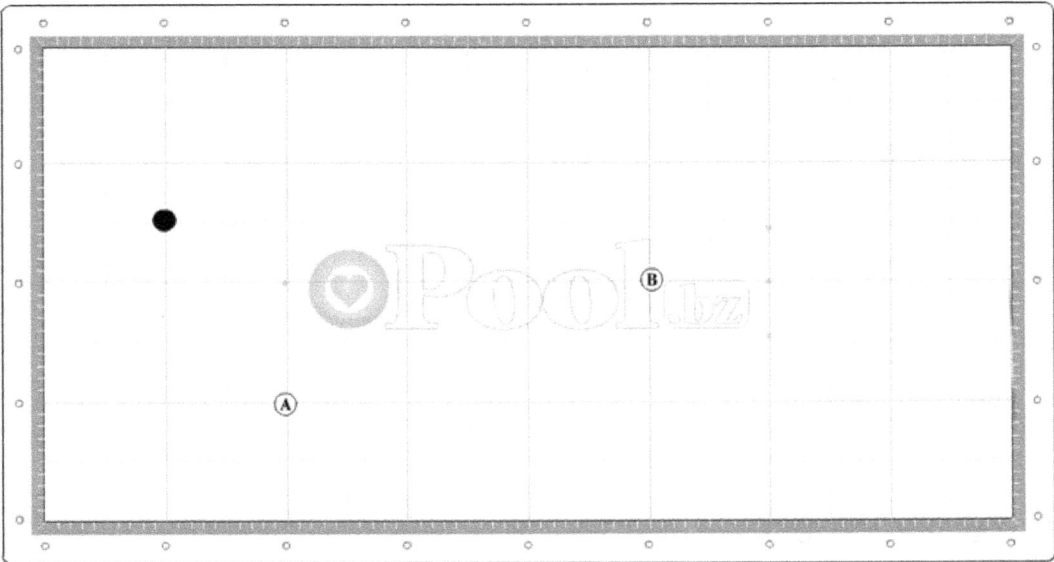

NOTAS VIR JOU IDEES:

Carambole Biljart: Meer raaisels en legkaarte

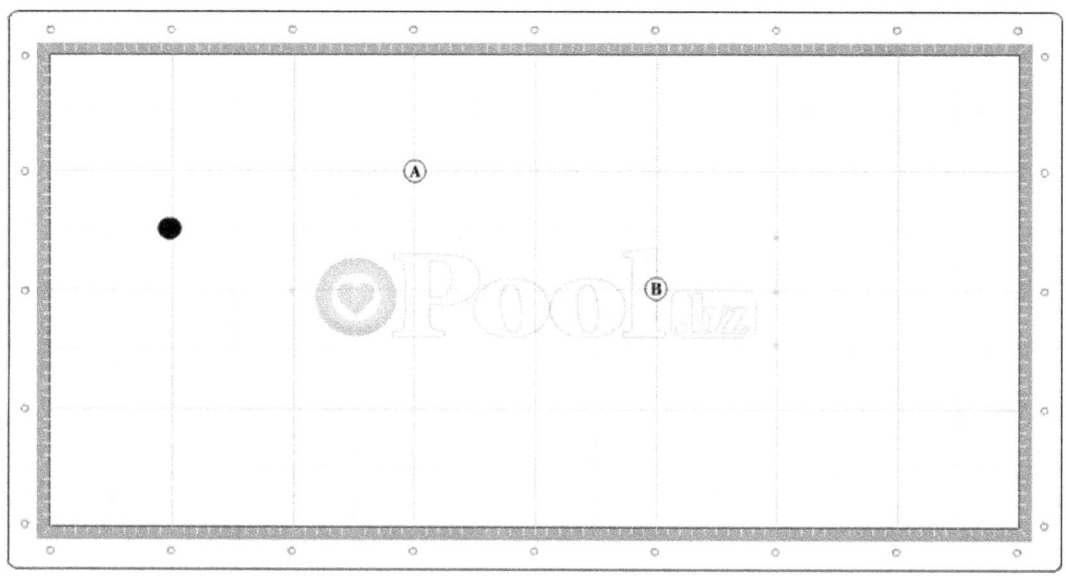

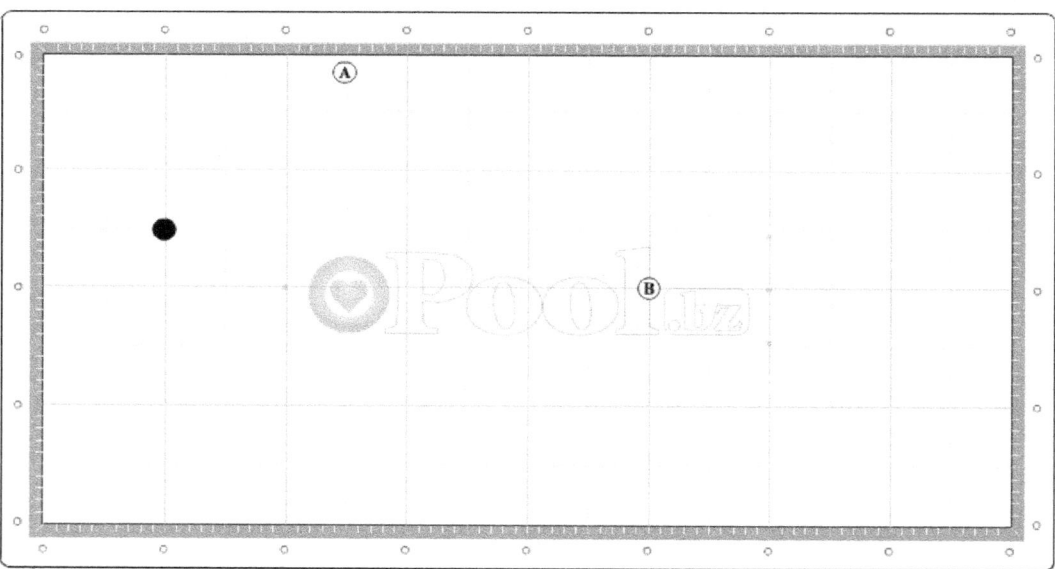

NOTAS VIR JOU IDEES:

Groep 2, stel 6

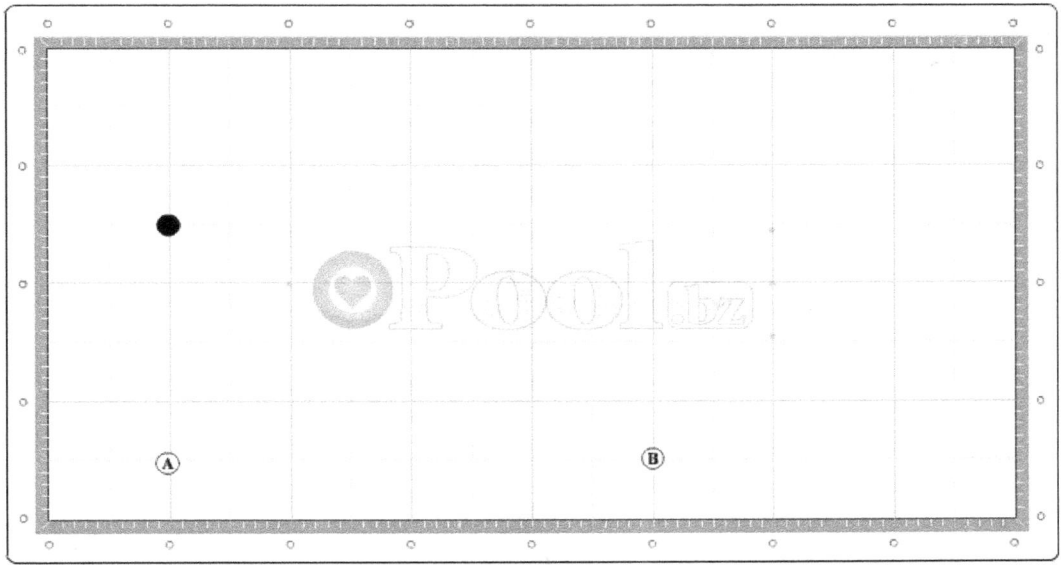

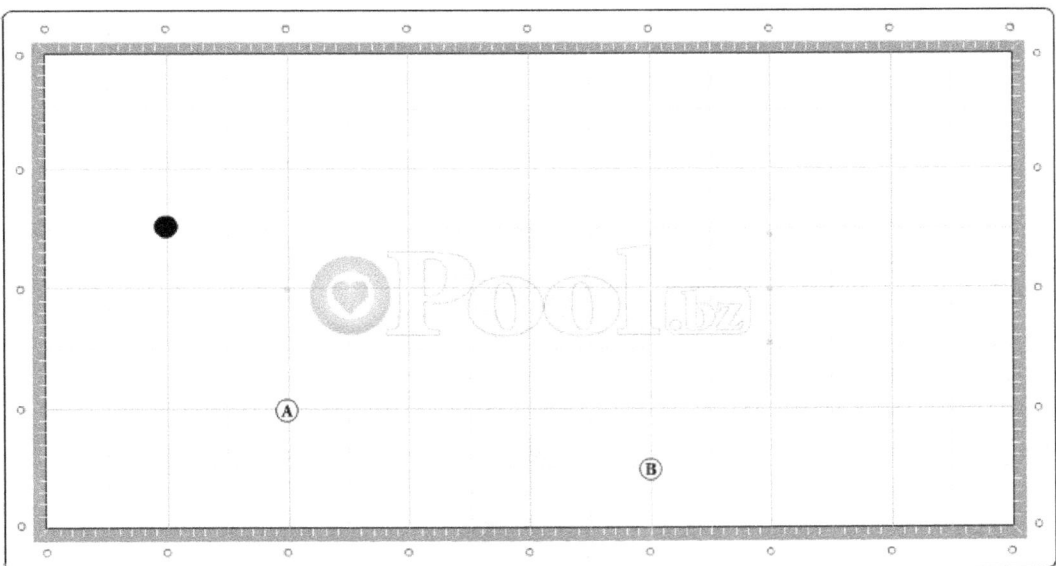

NOTAS VIR JOU IDEES:

Carambole Biljart: Meer raaisels en legkaarte

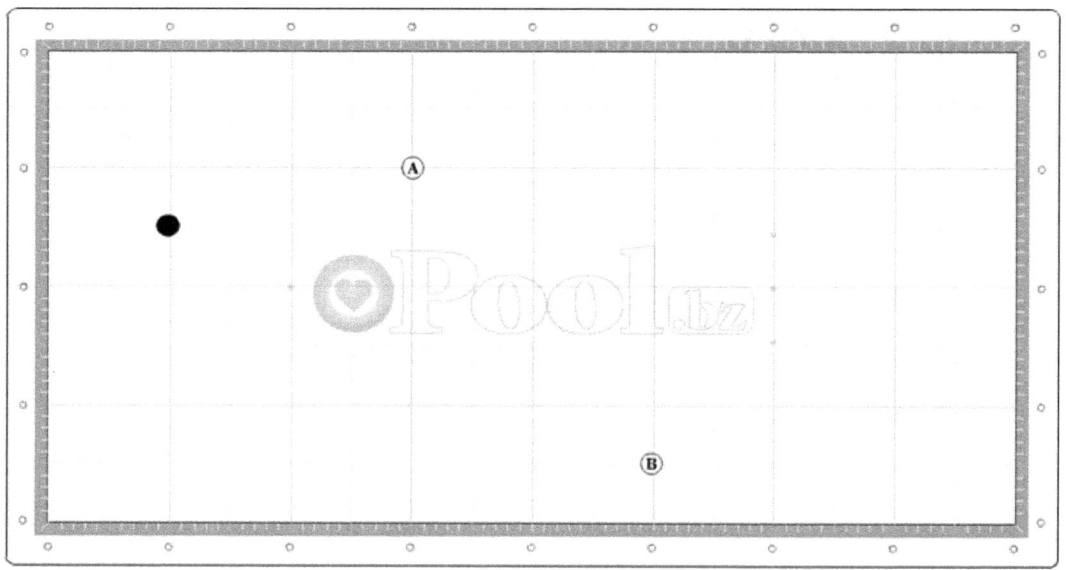

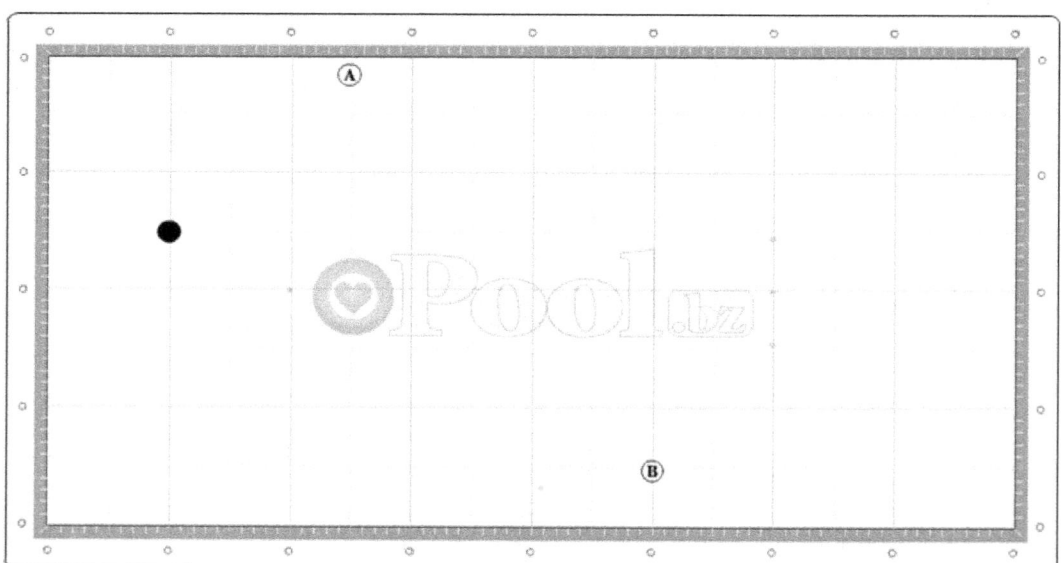

NOTAS VIR JOU IDEES:

Groep 2, stel 7

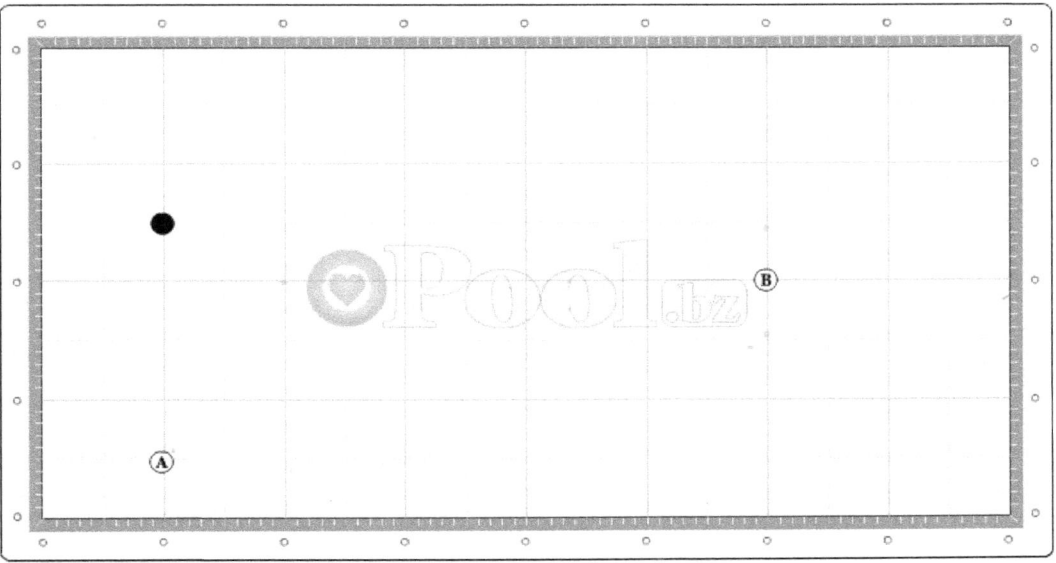

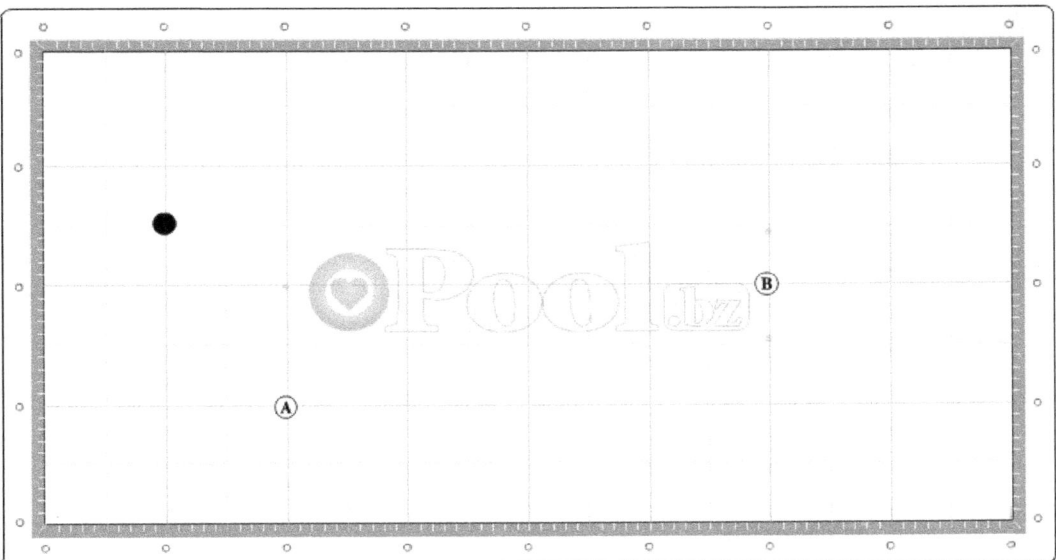

NOTAS VIR JOU IDEES:

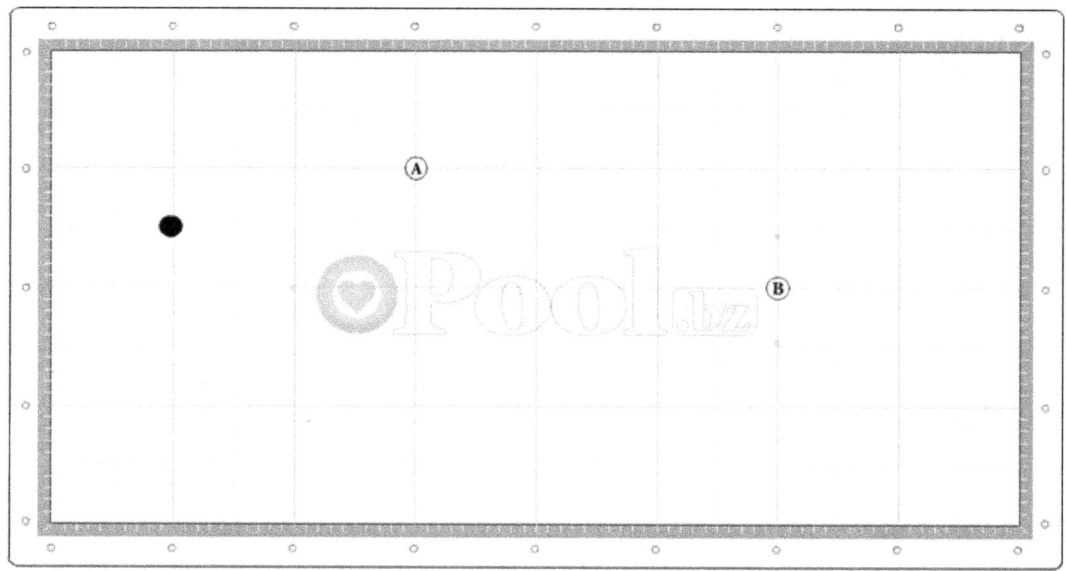

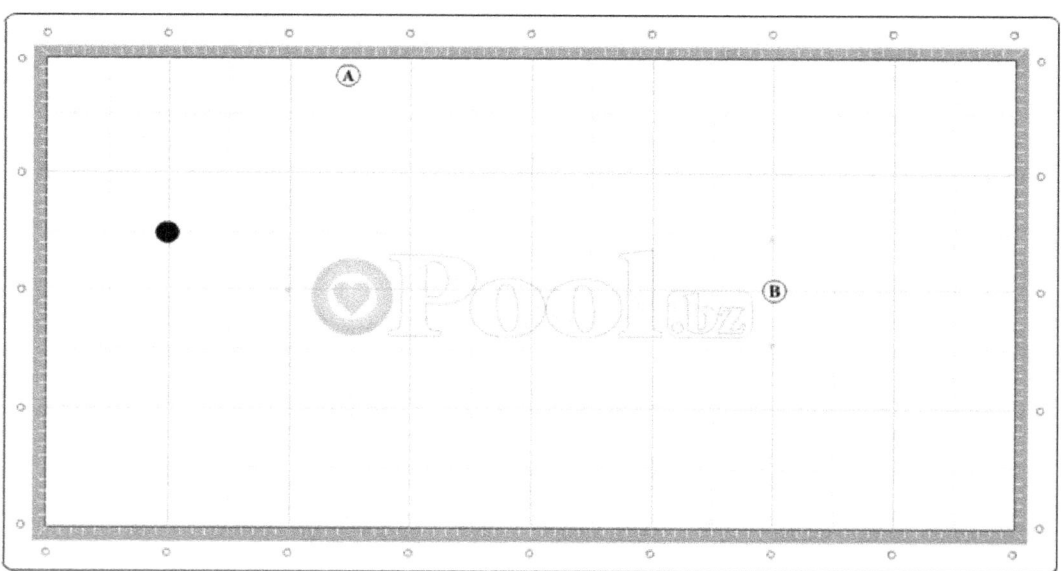

NOTAS VIR JOU IDEES:

Groep 2, stel 8

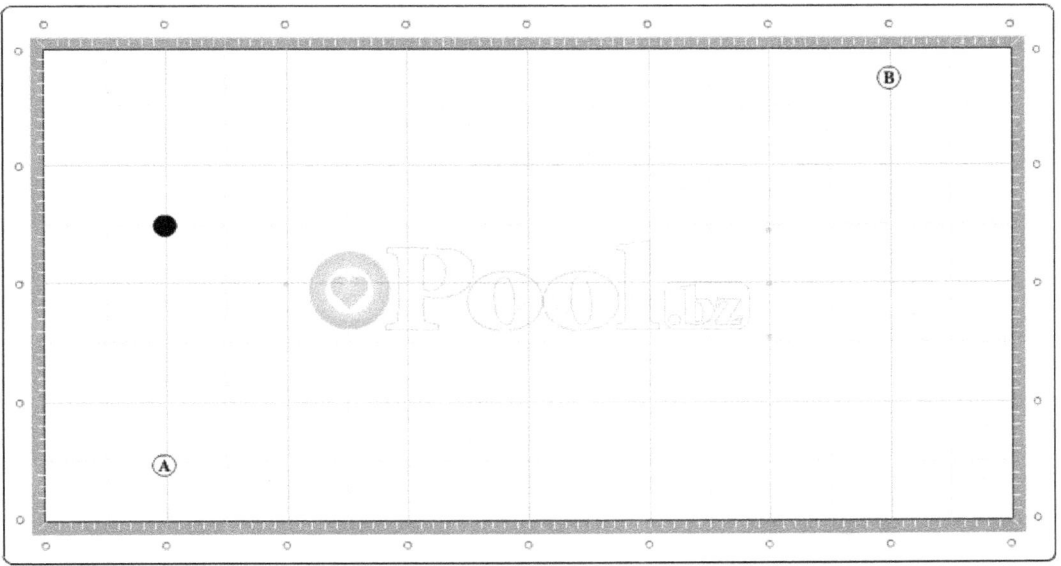

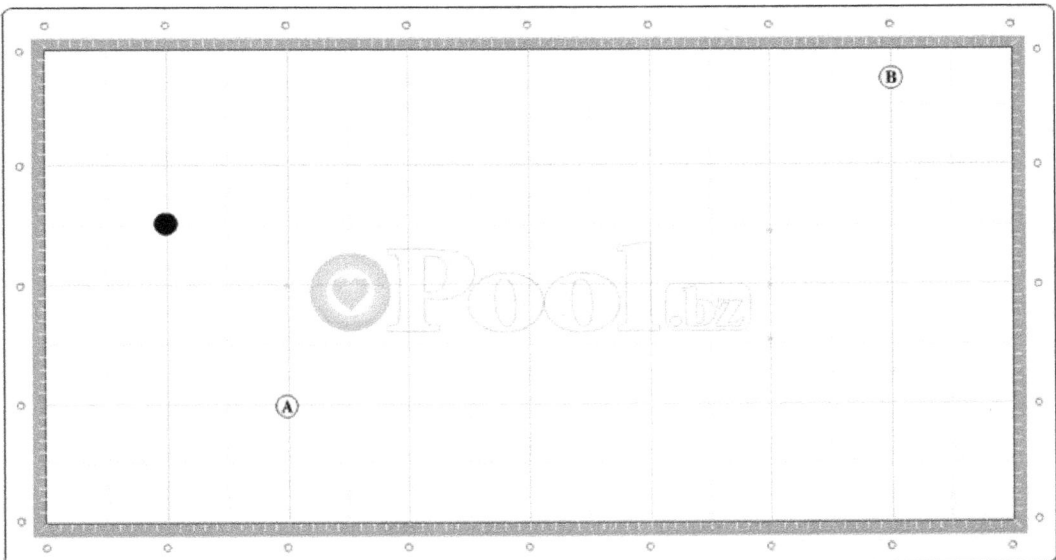

NOTAS VIR JOU IDEES:

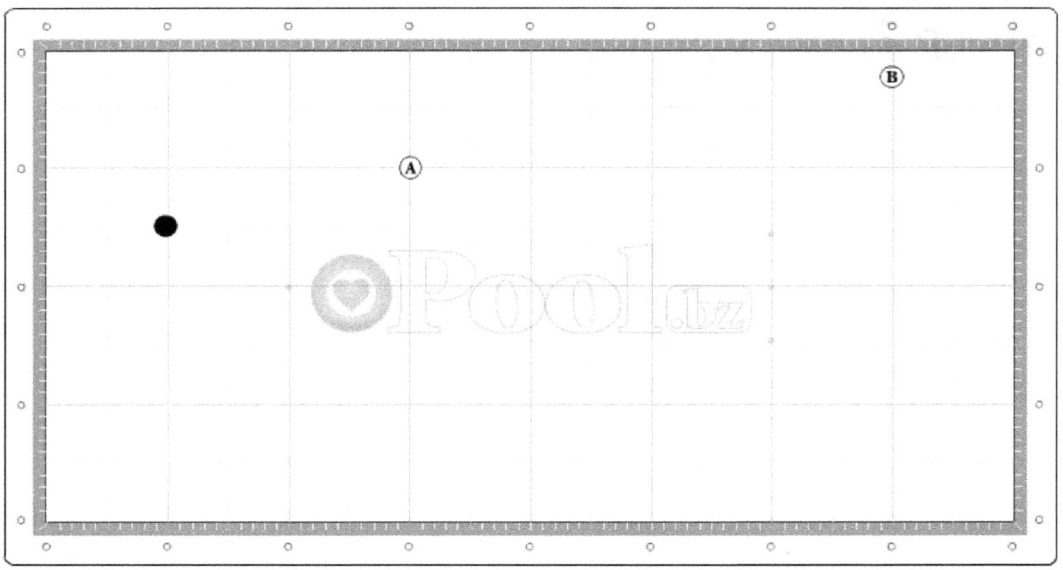

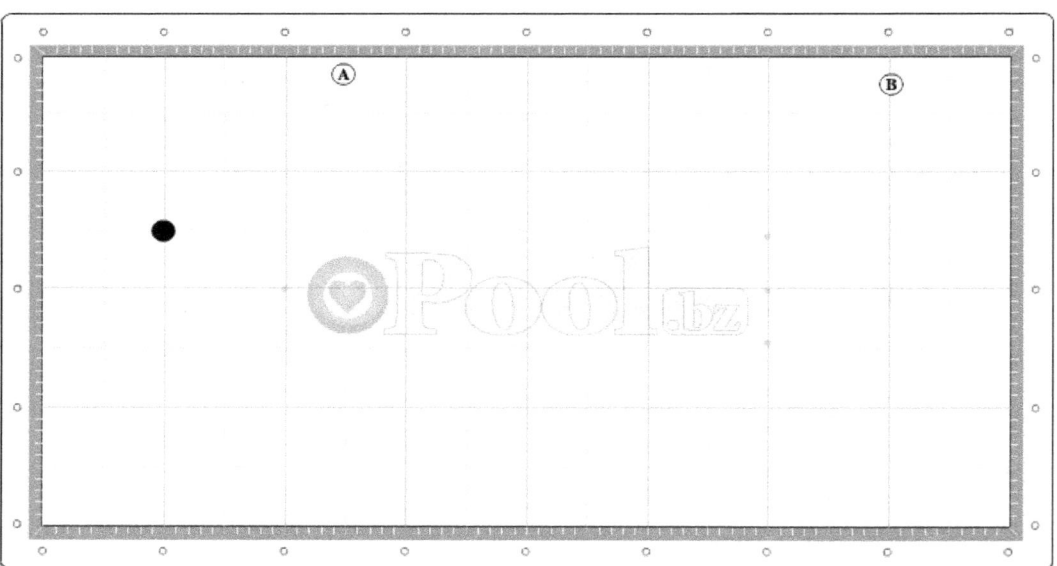

NOTAS VIR JOU IDEES:

Groep 2, stel 9

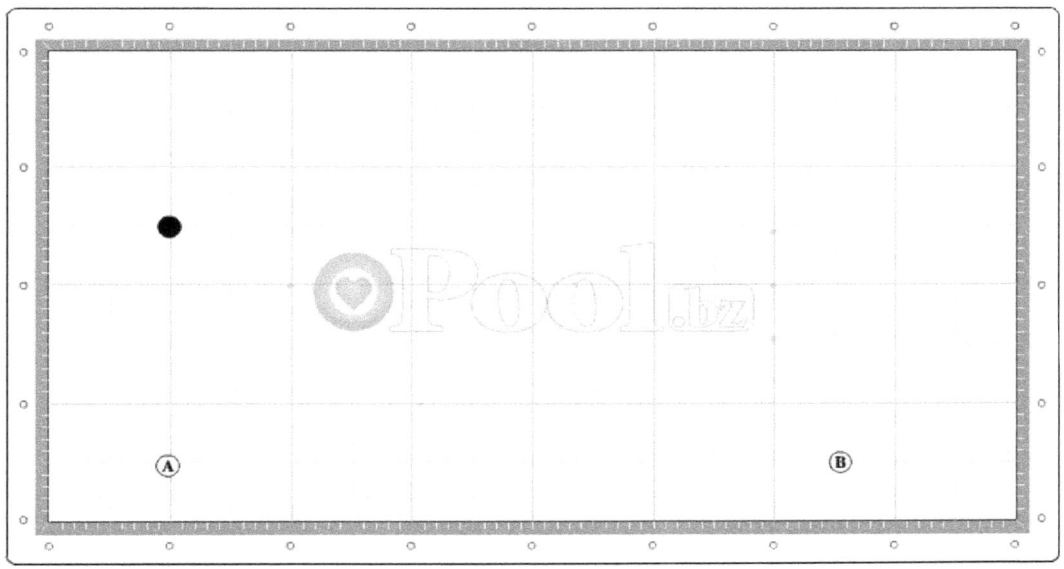

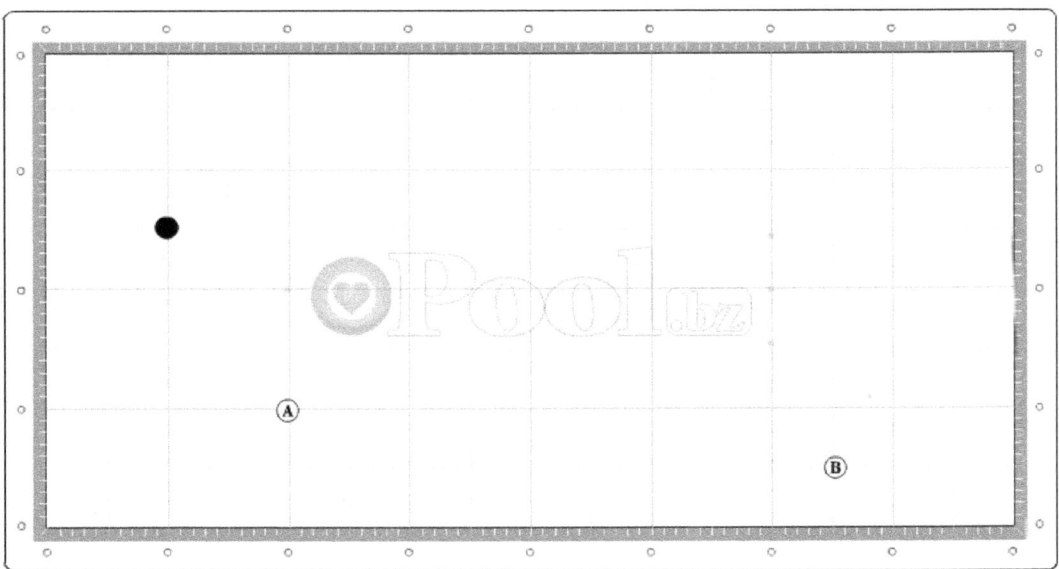

NOTAS VIR JOU IDEES:

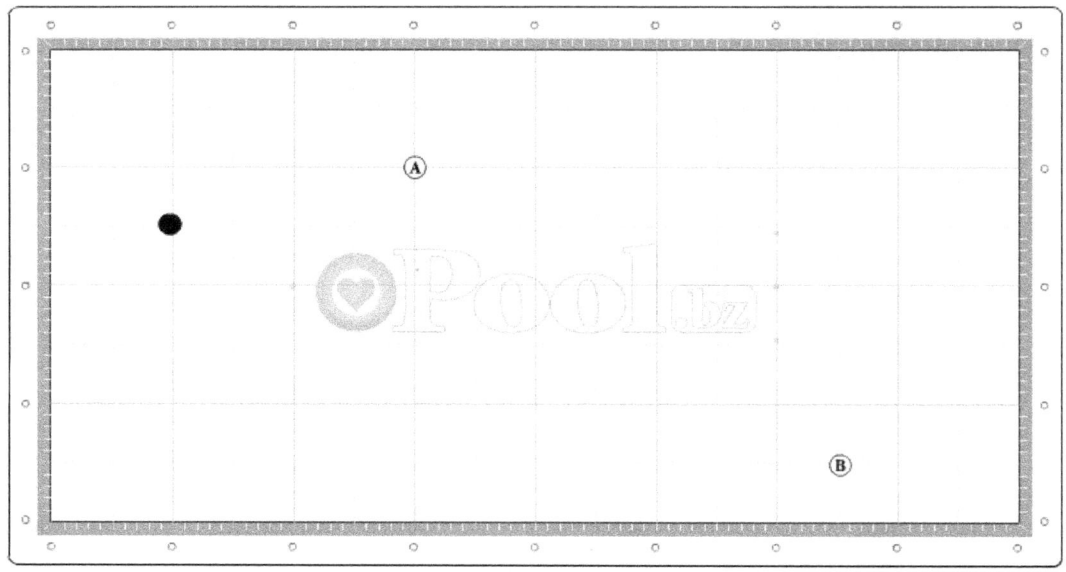

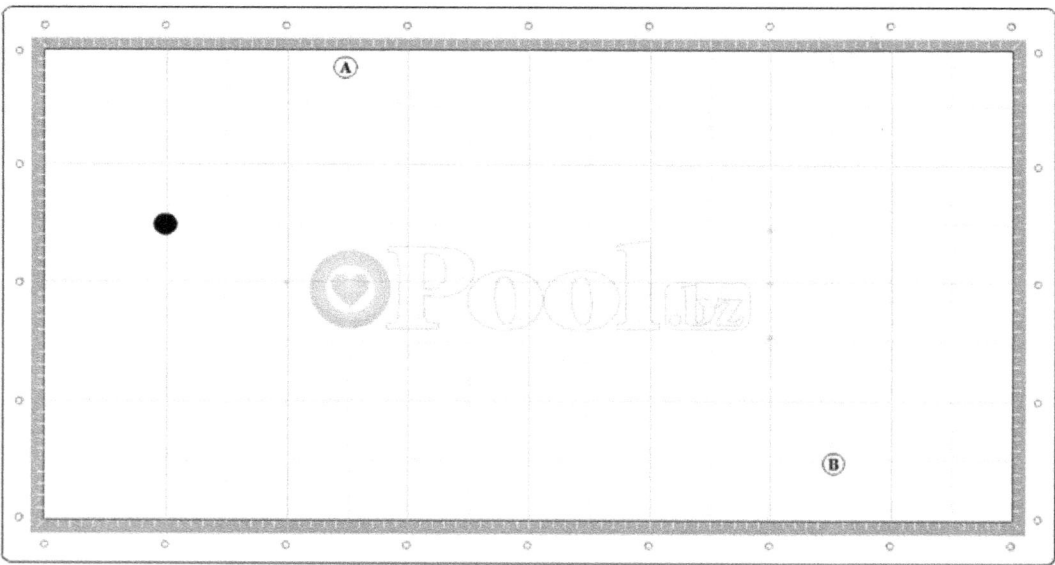

NOTAS VIR JOU IDEES:

Groep 2, stel 10

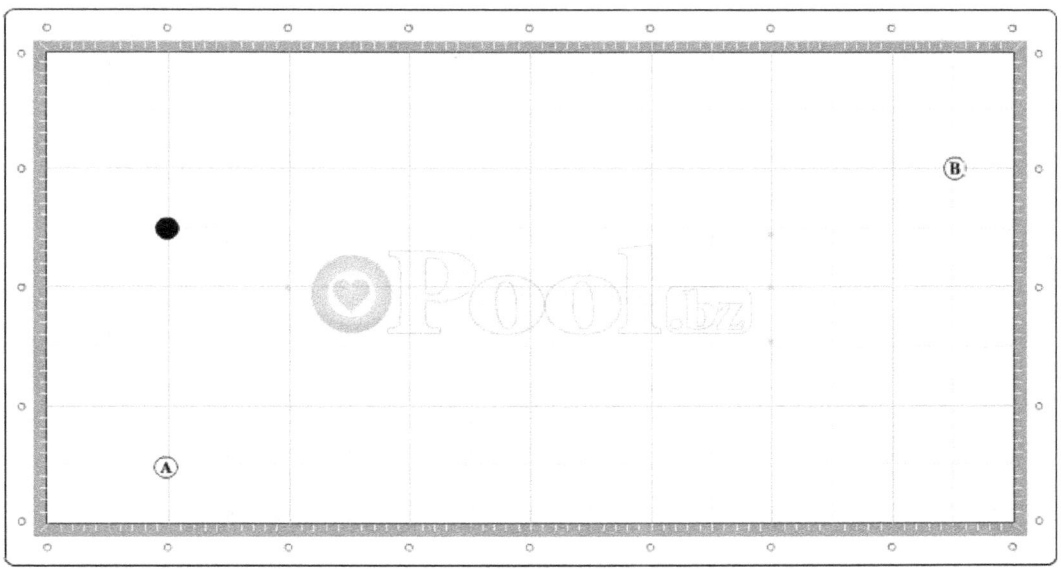

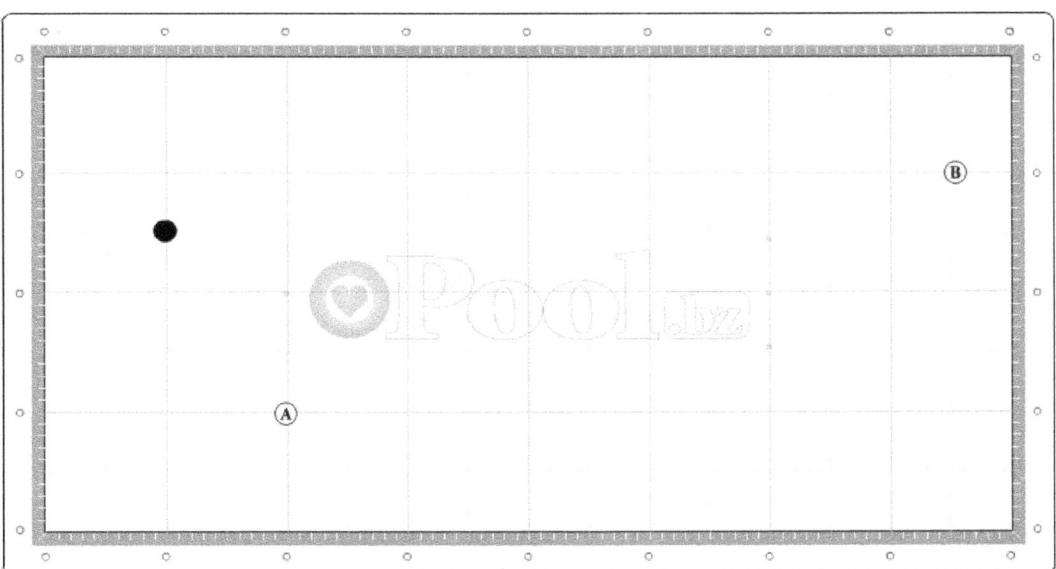

NOTAS VIR JOU IDEES:

Carambole Biljart: Meer raaisels en legkaarte

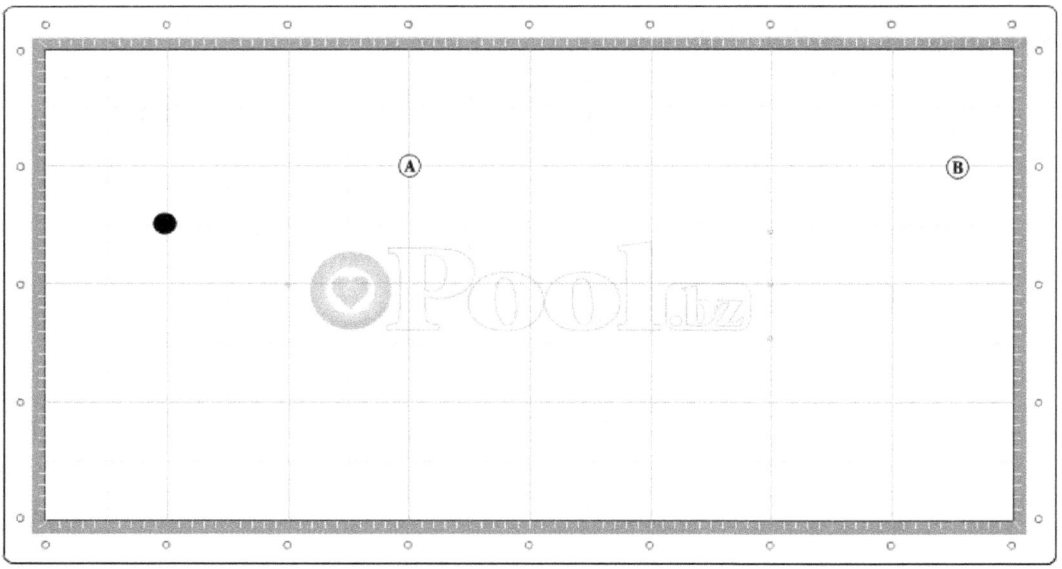

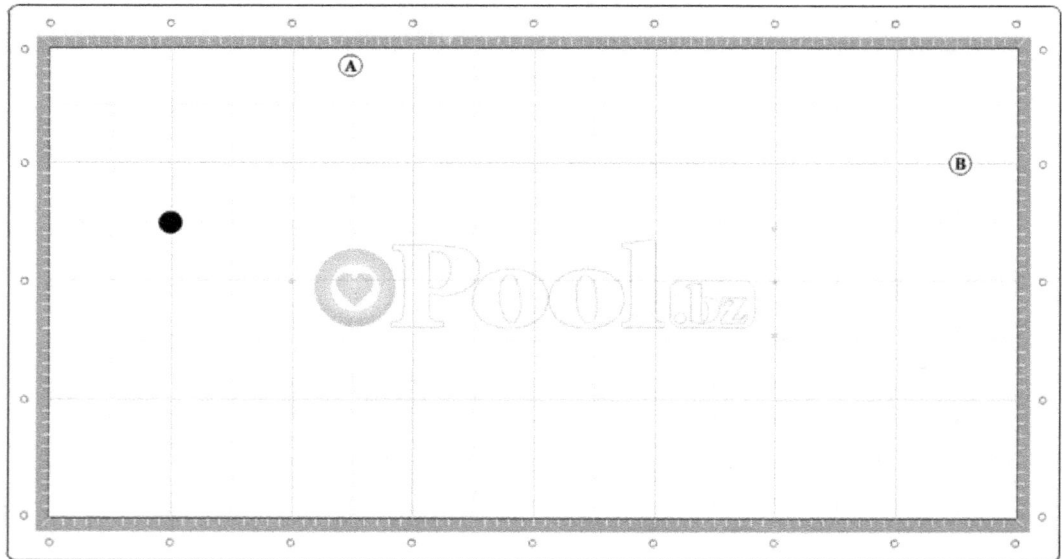

NOTAS VIR JOU IDEES:

Groep 2, stel 11

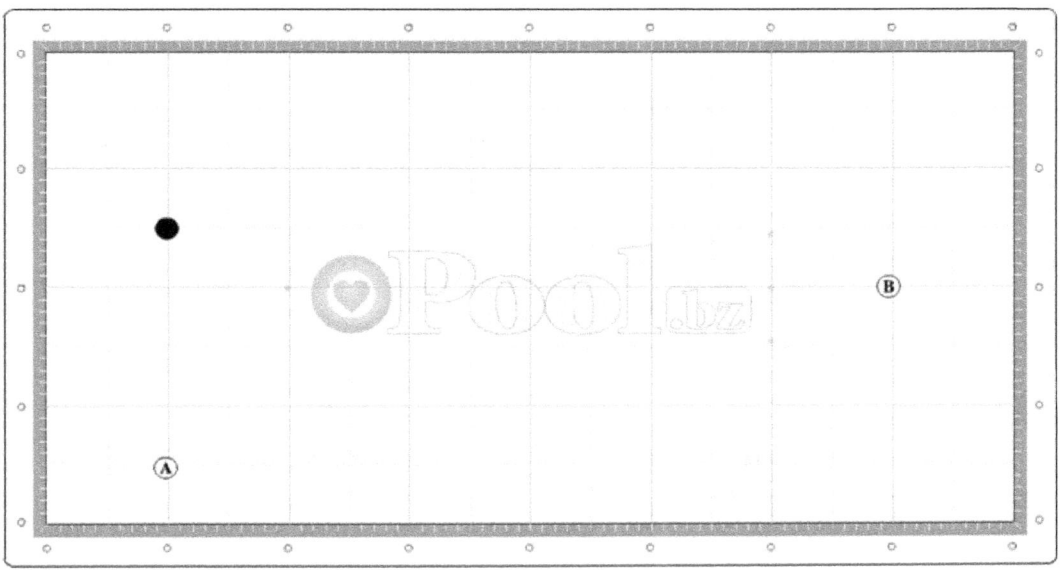

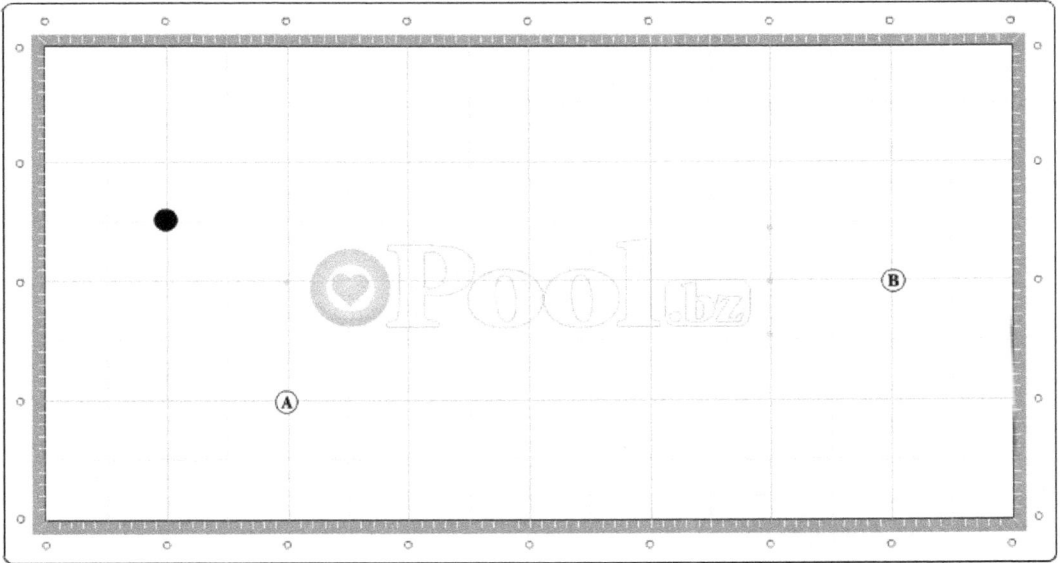

NOTAS VIR JOU IDEES:

Carambole Biljart: Meer raaisels en legkaarte

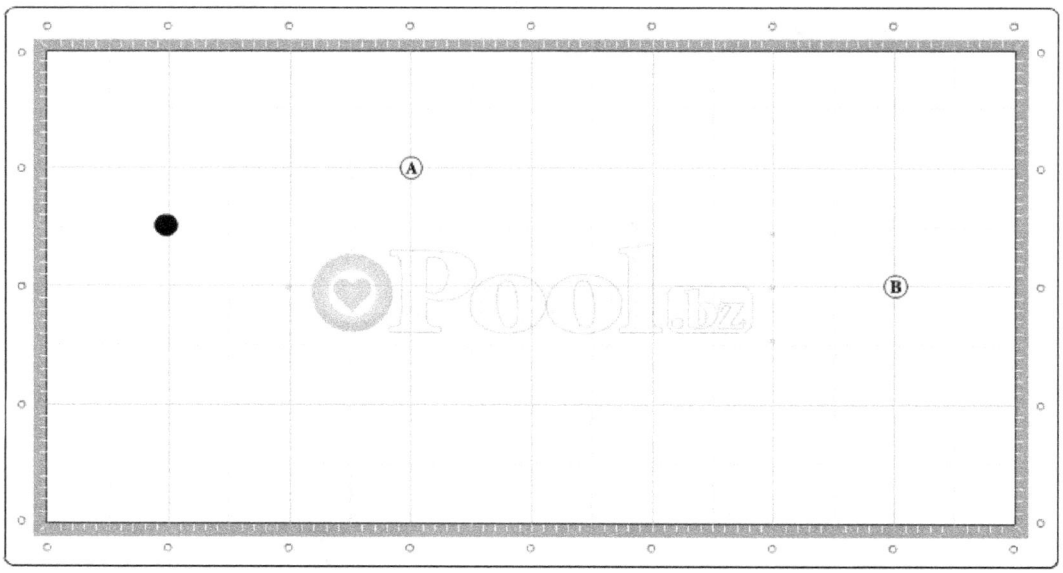

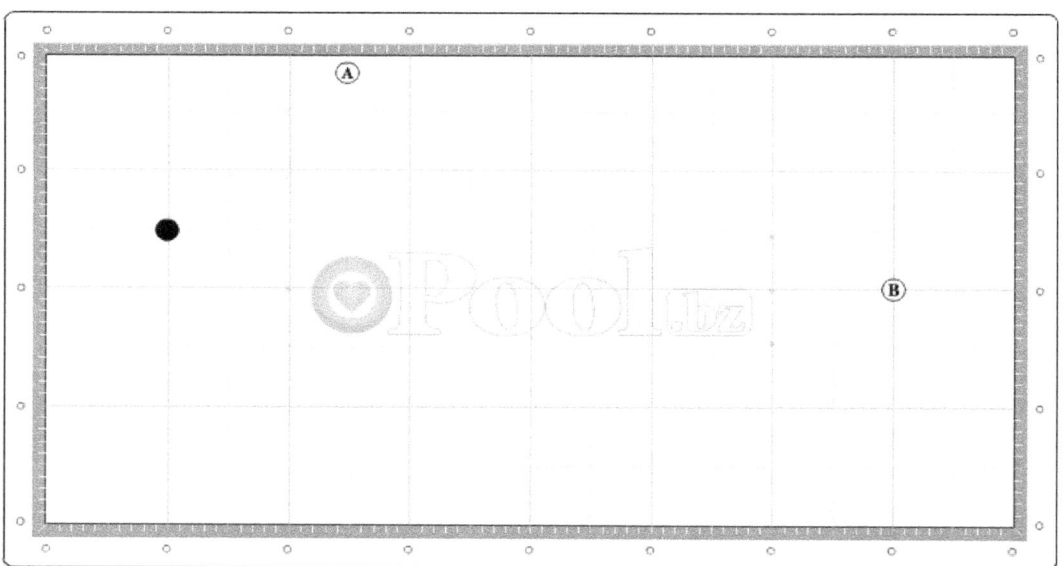

NOTAS VIR JOU IDEES:

Groep 2, stel 12

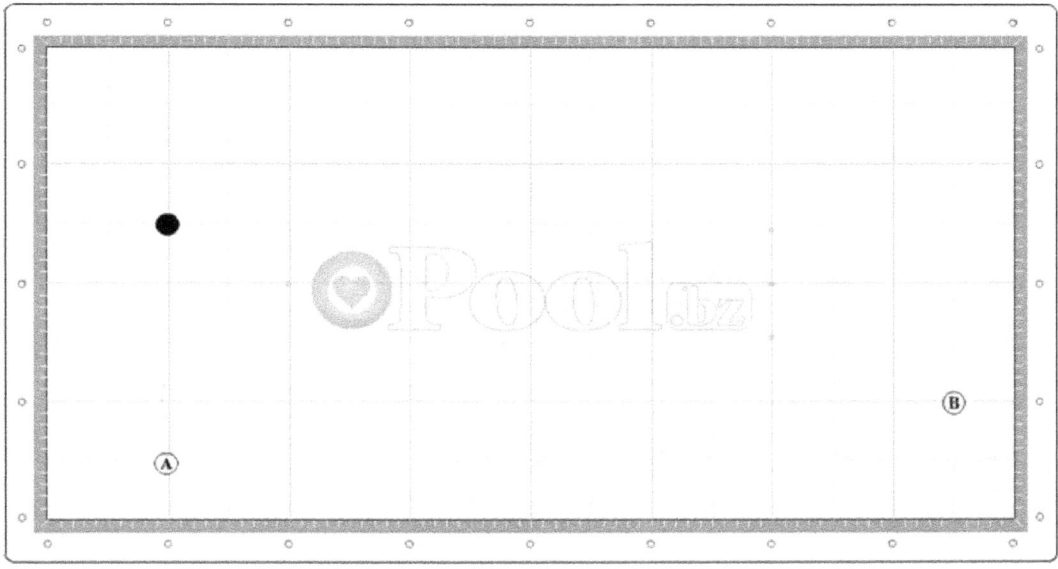

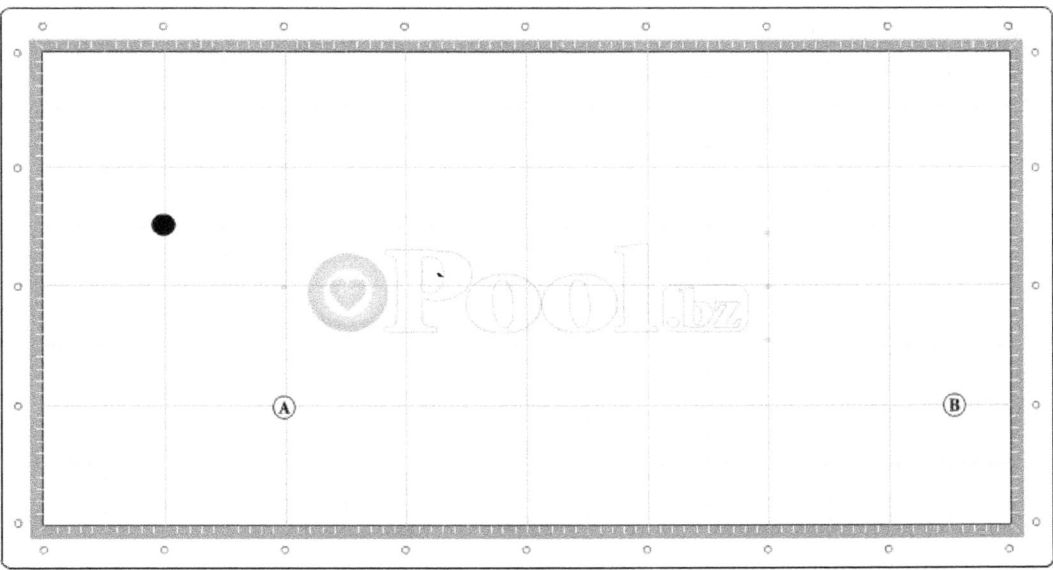

NOTAS VIR JOU IDEES:

Carambole Biljart: Meer raaisels en legkaarte

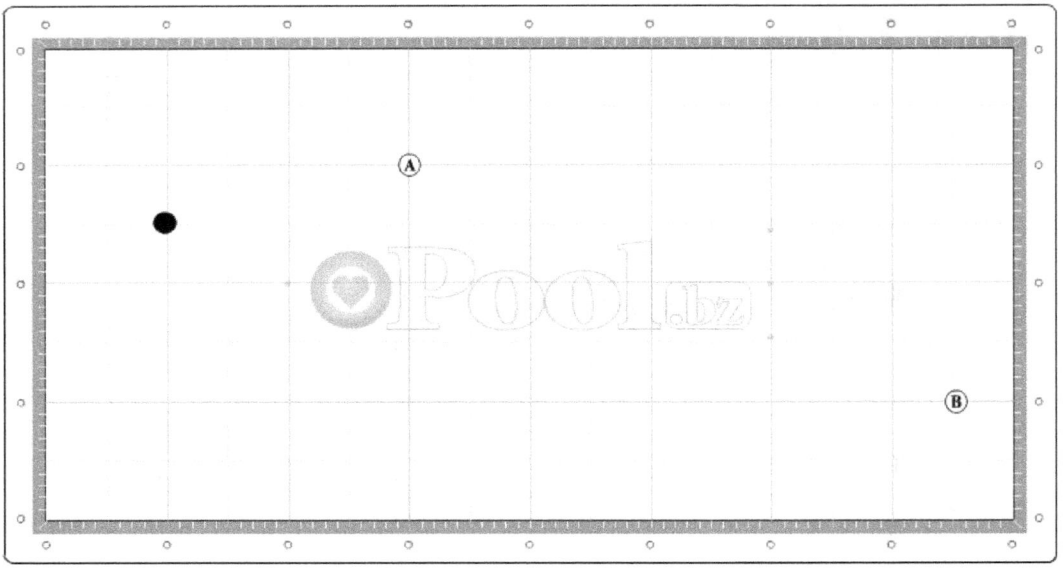

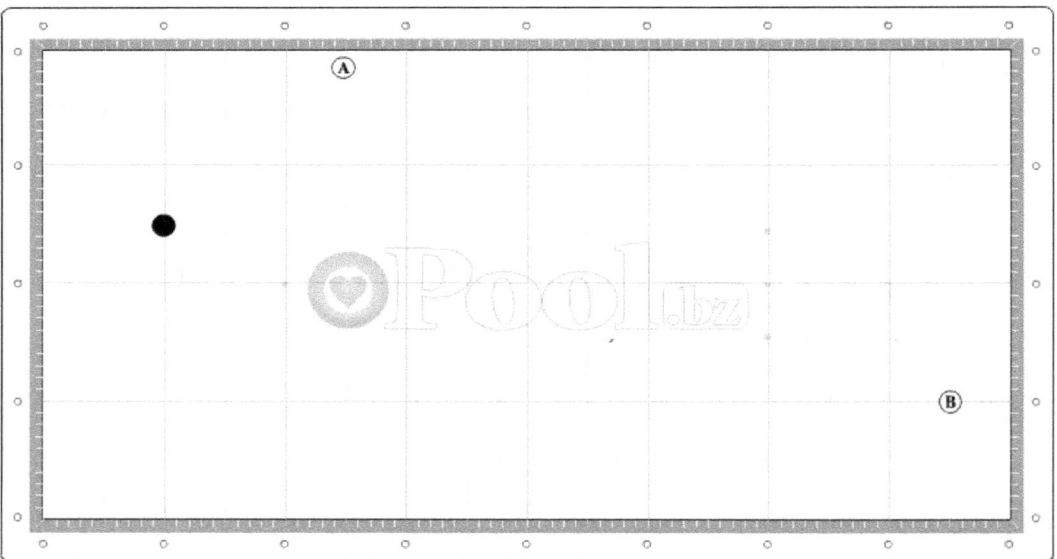

NOTAS VIR JOU IDEES:

Groep 3 tabel situasies
Groep 3, stel 1

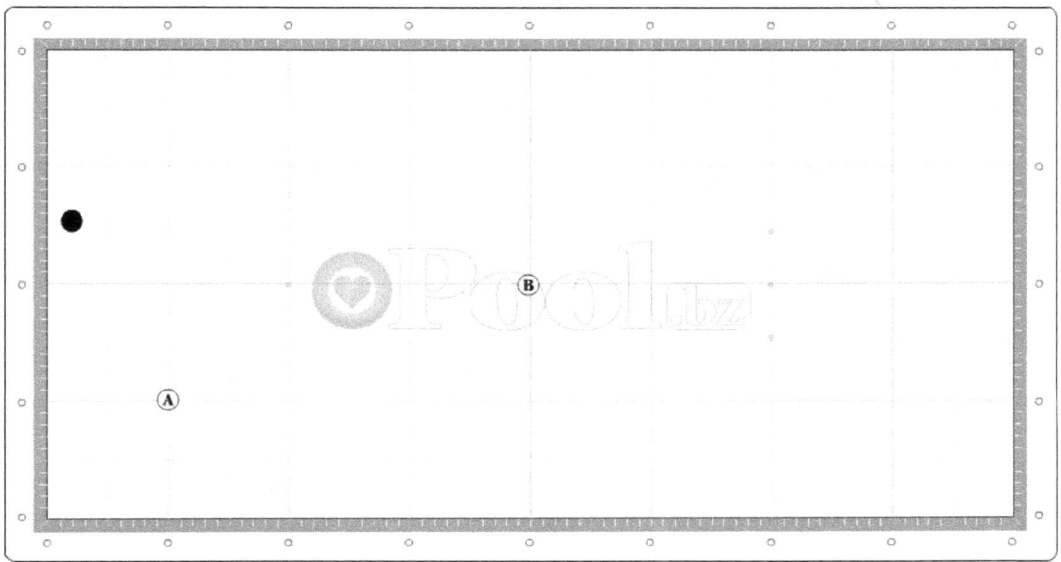

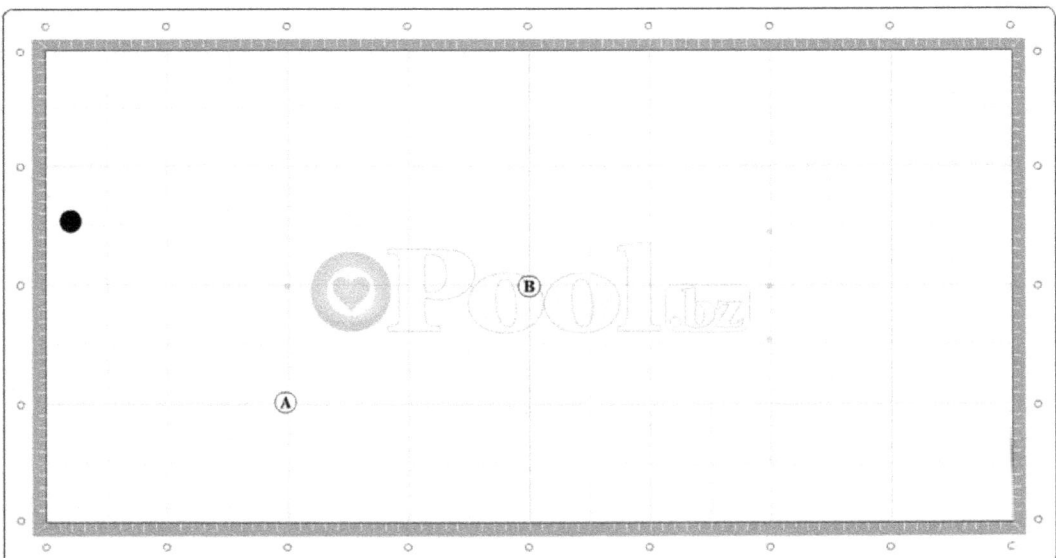

NOTAS VIR JOU IDEES:

Carambole Biljart: Meer raaisels en legkaarte

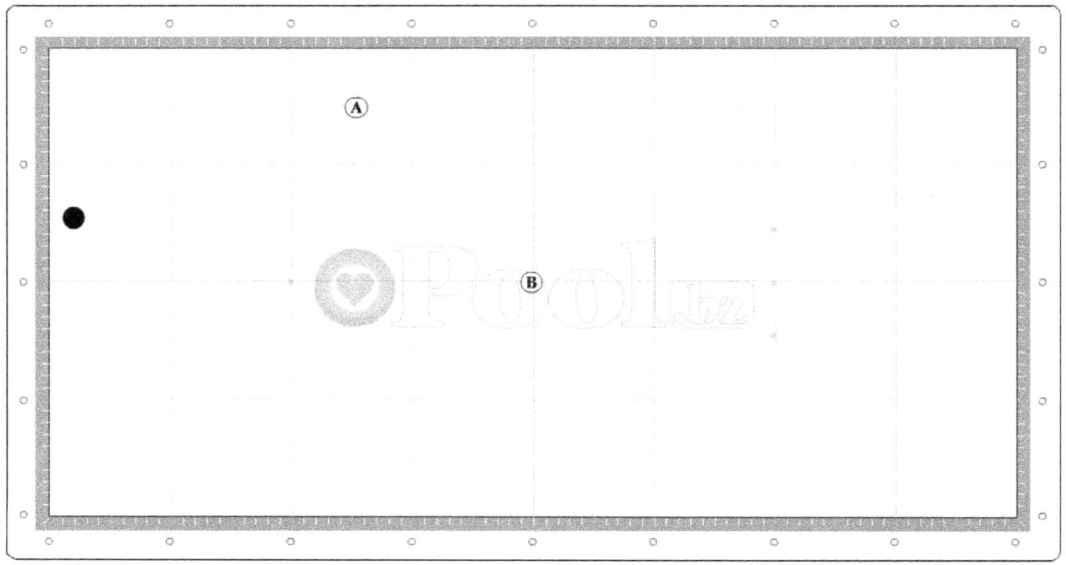

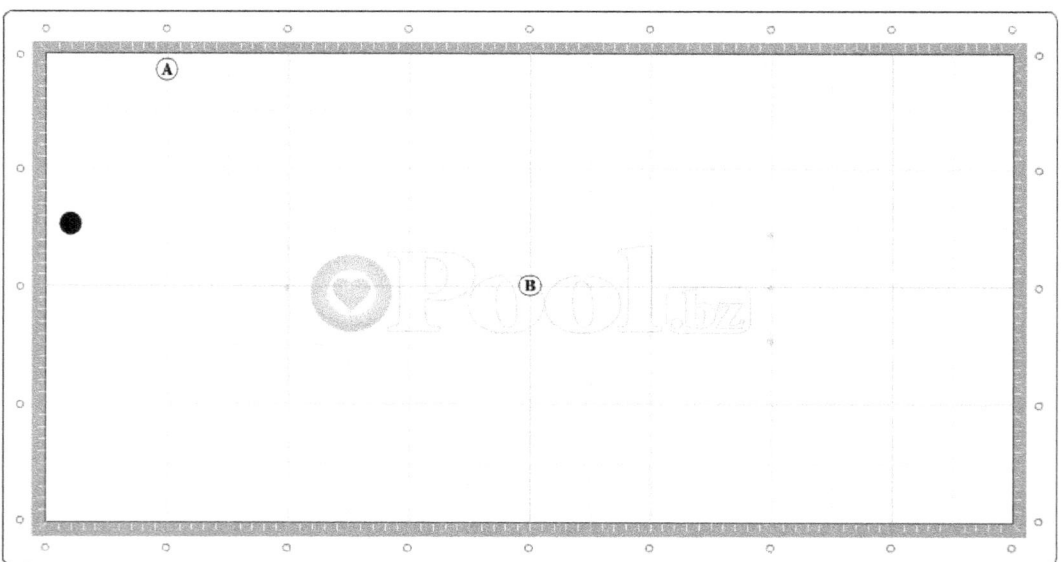

NOTAS VIR JOU IDEES:

Groep 3, stel 2

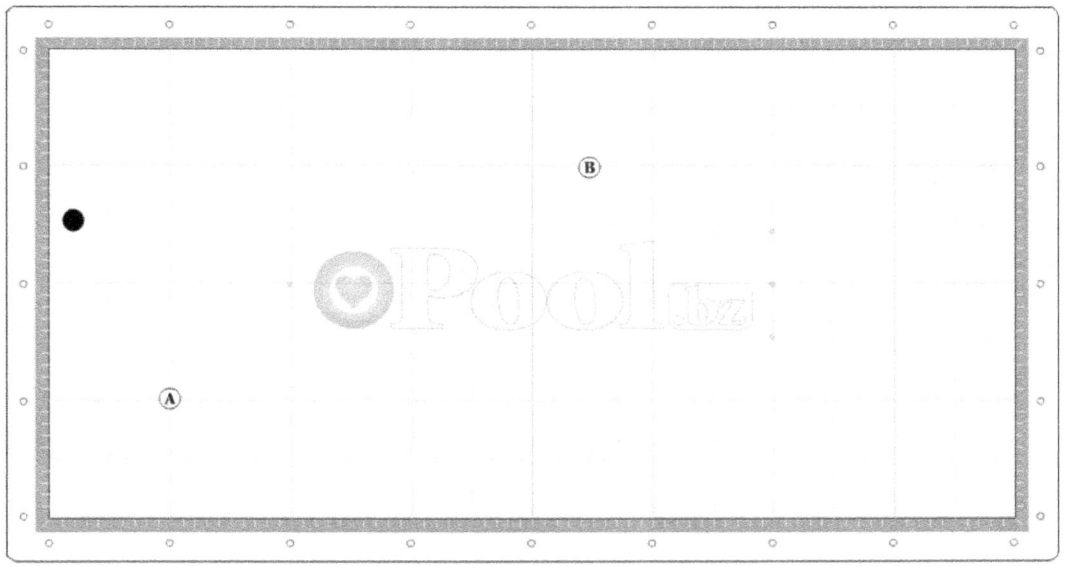

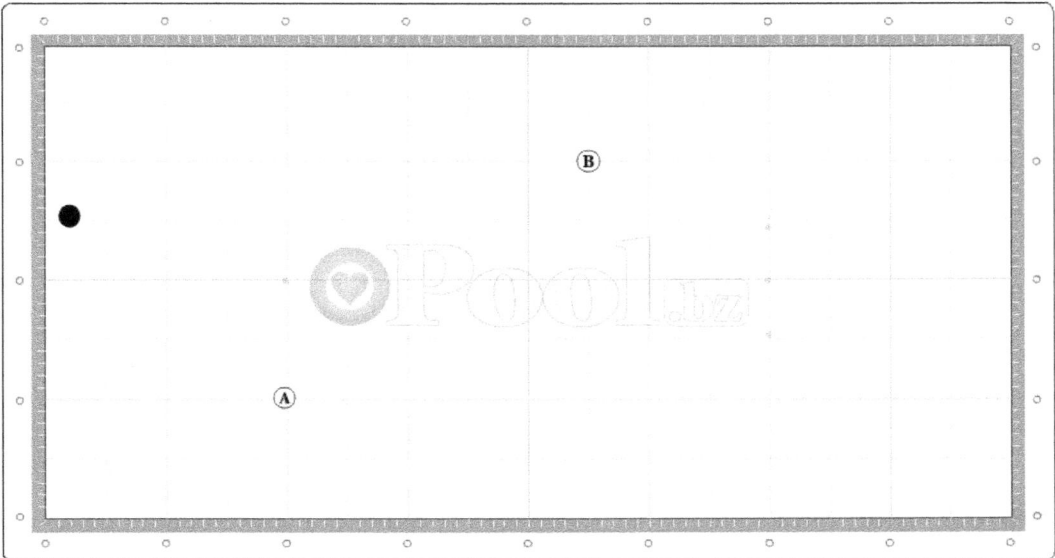

NOTAS VIR JOU IDEES:

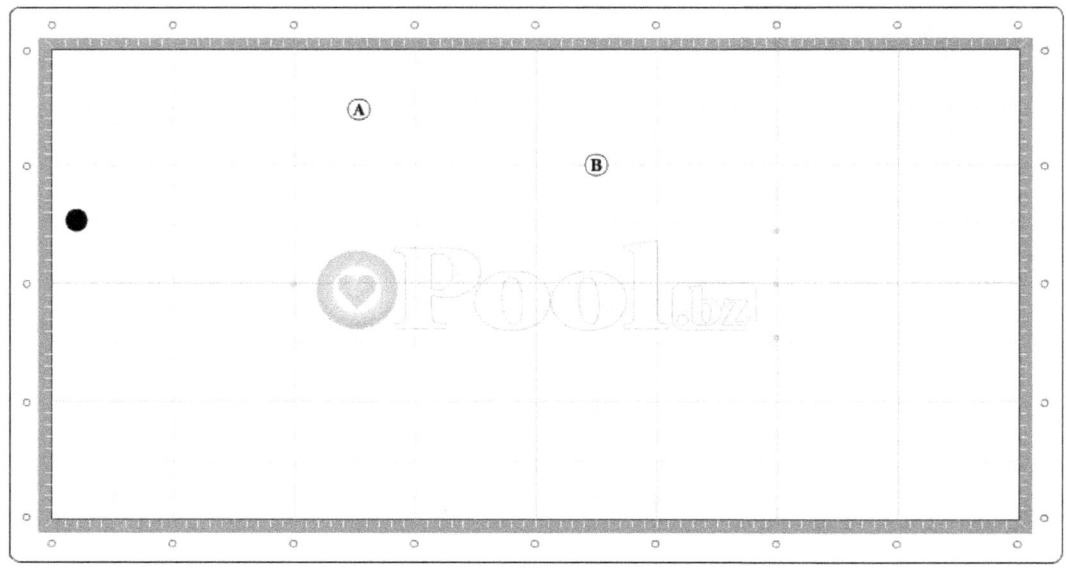

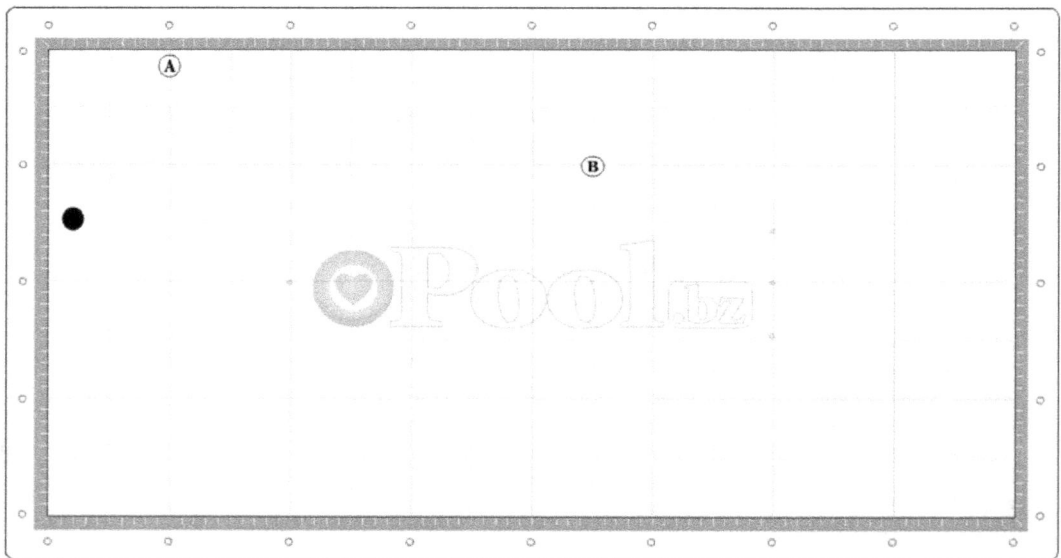

NOTAS VIR JOU IDEES:

Groep 3, stel 3

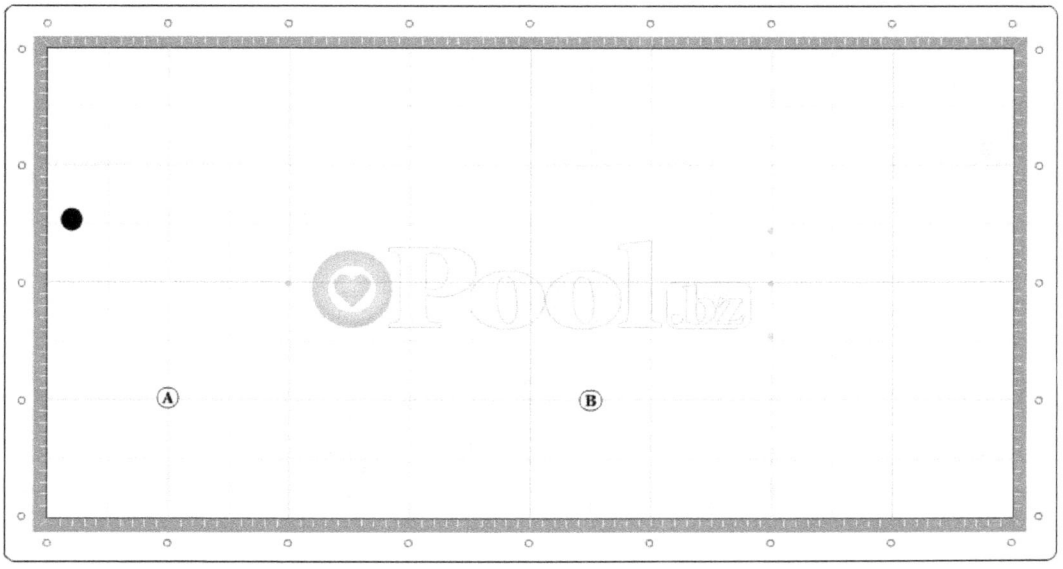

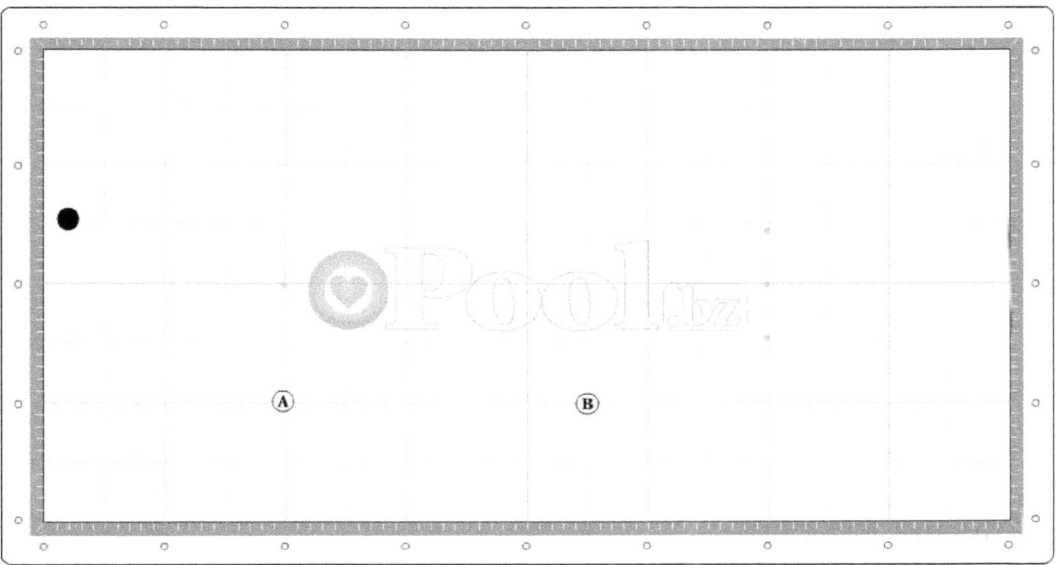

NOTAS VIR JOU IDEES:

Carambole Biljart: Meer raaisels en legkaarte

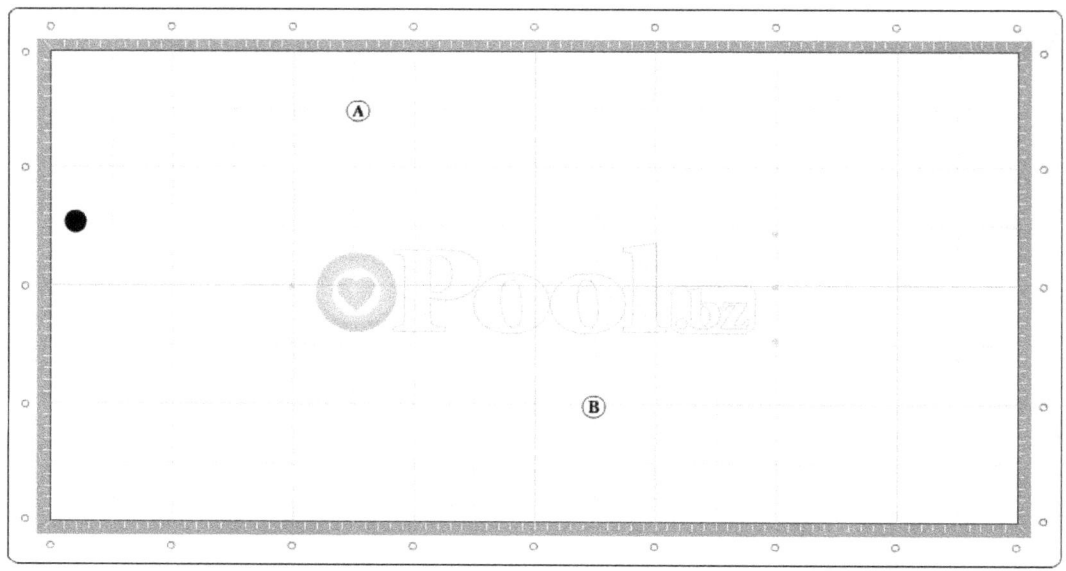

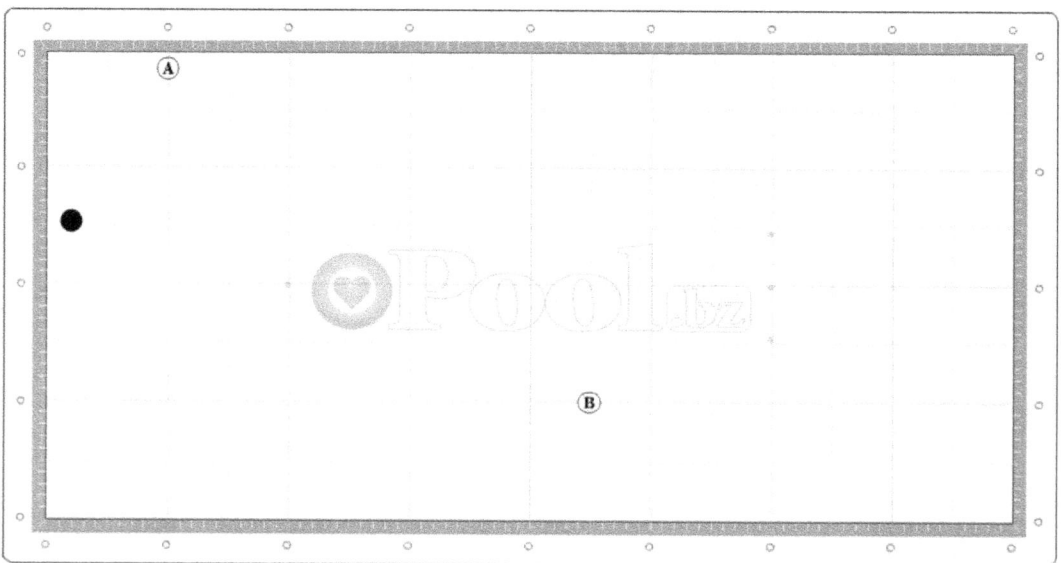

NOTAS VIR JOU IDEES:

Groep 3, stel 4

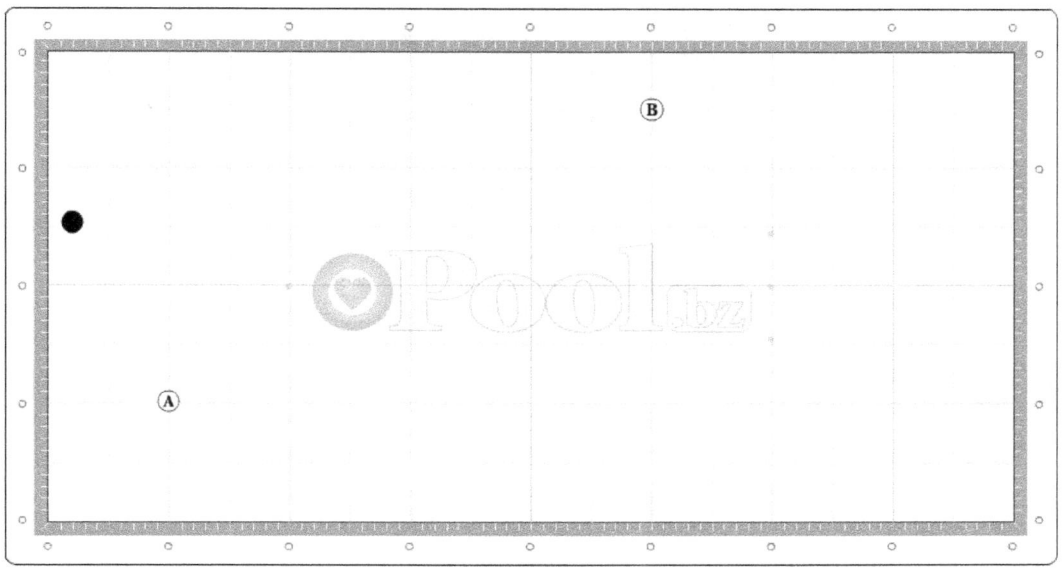

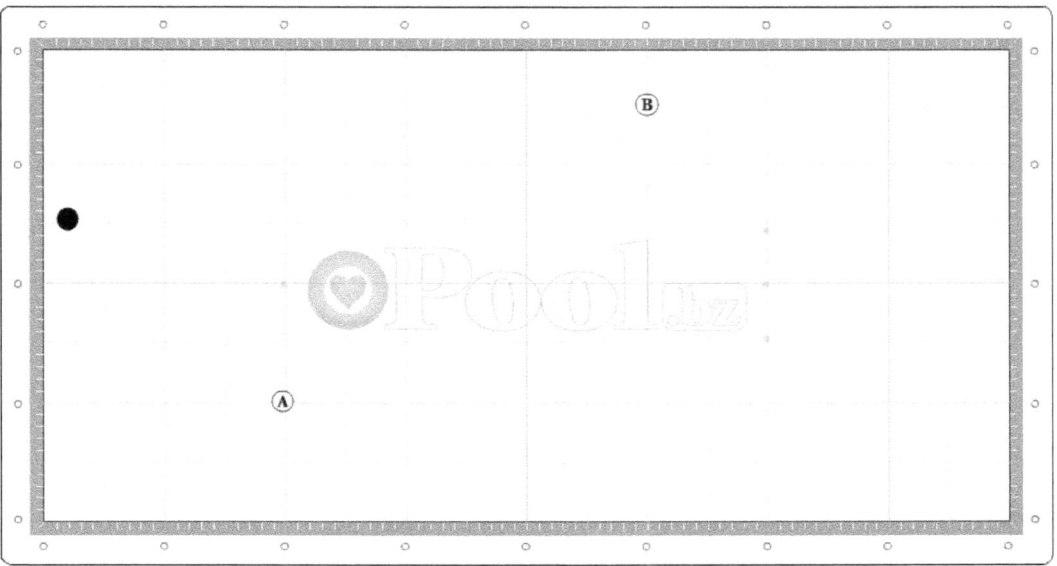

NOTAS VIR JOU IDEES:

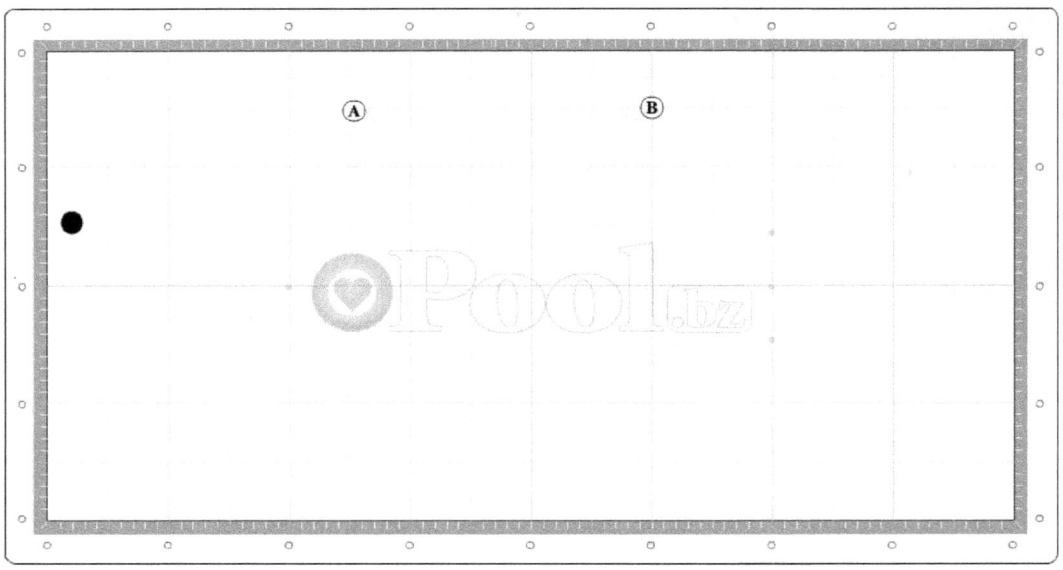

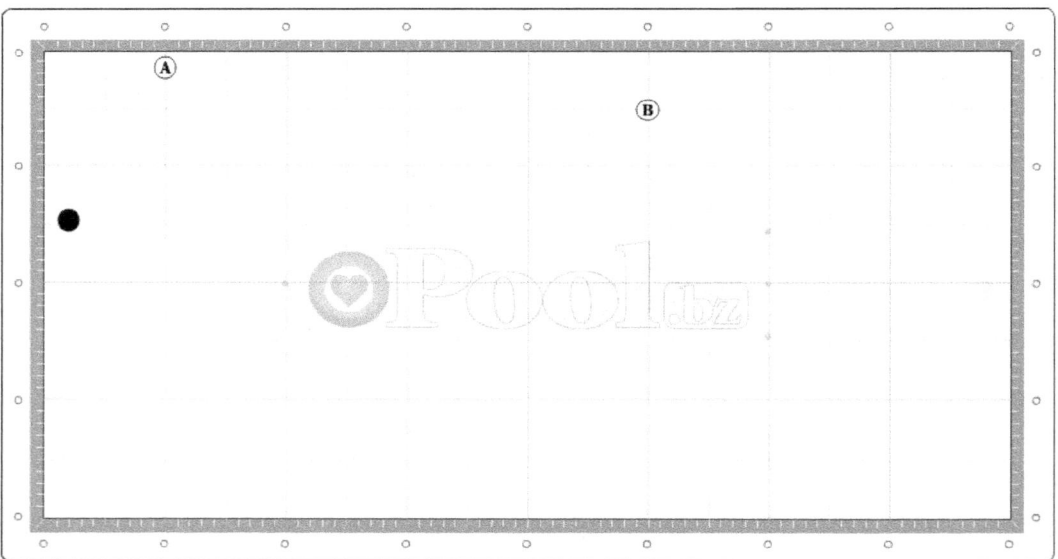

NOTAS VIR JOU IDEES:

Groep 3, stel 5

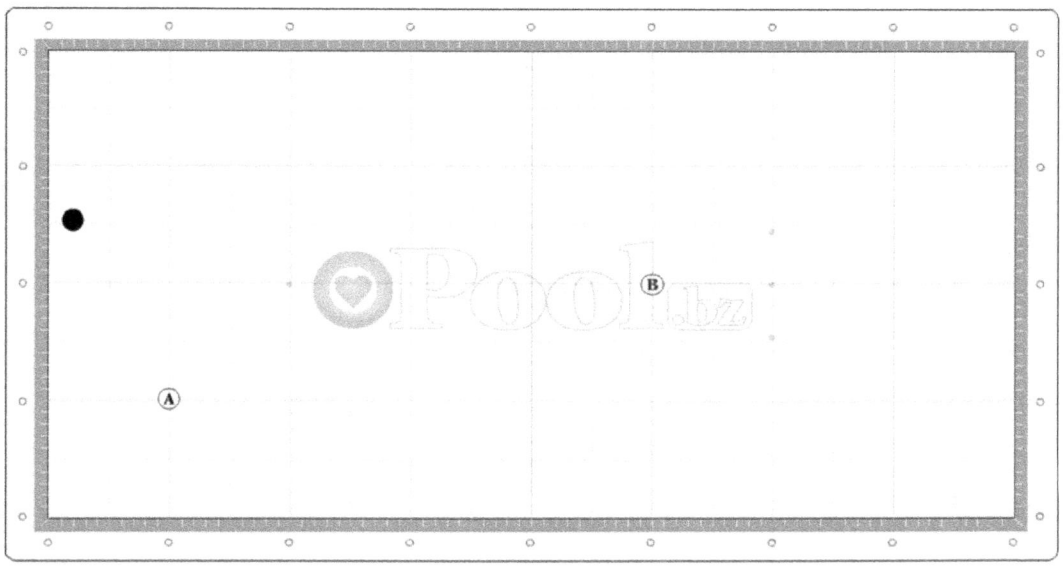

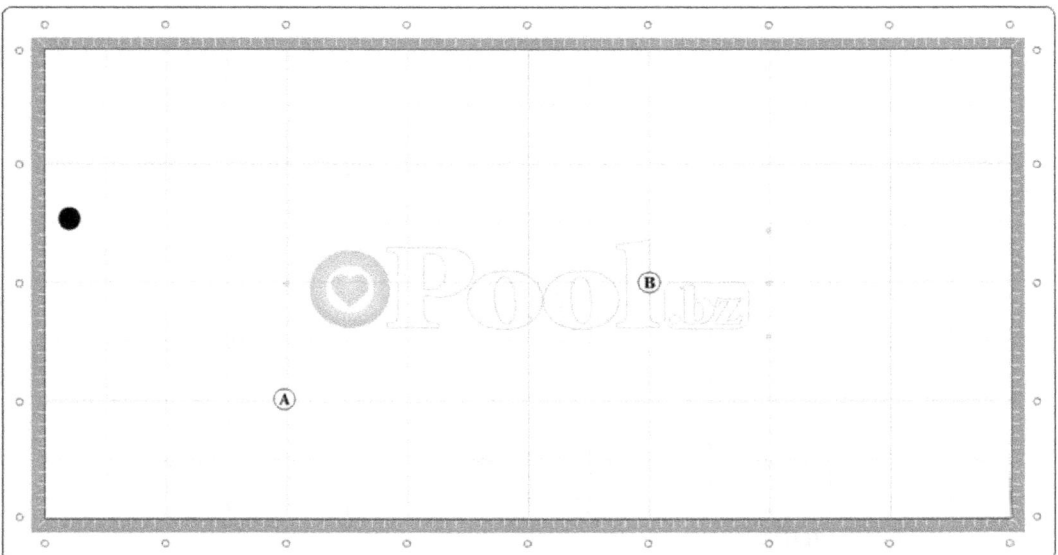

NOTAS VIR JOU IDEES:

Carambole Biljart: Meer raaisels en legkaarte

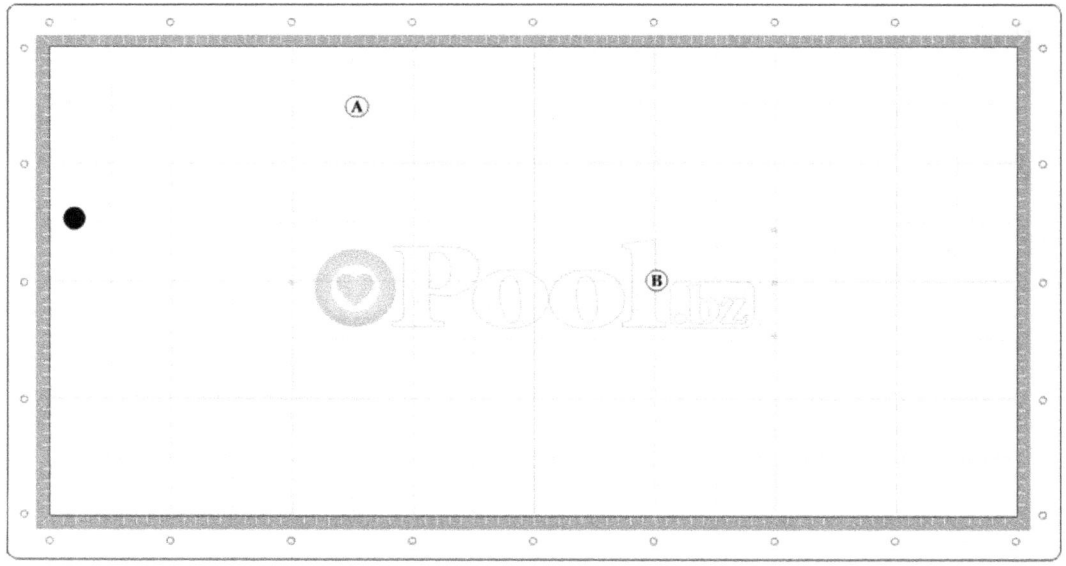

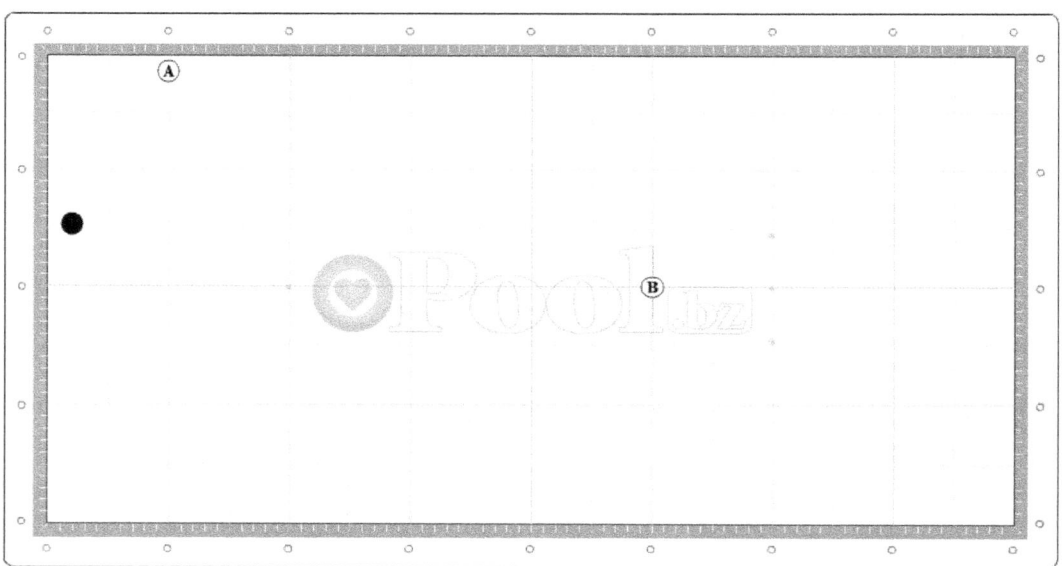

NOTAS VIR JOU IDEES:

Groep 3, stel 6

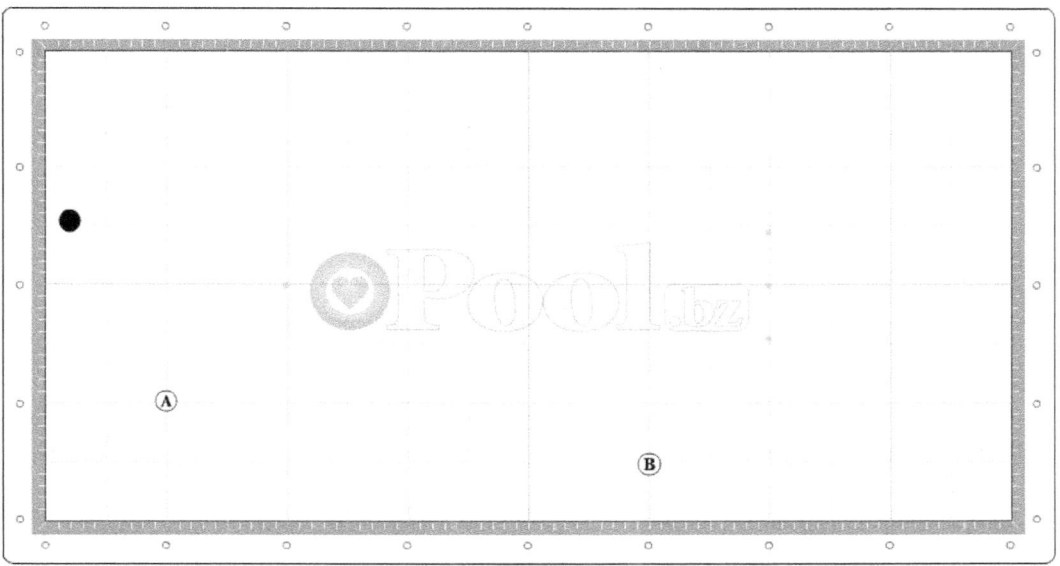

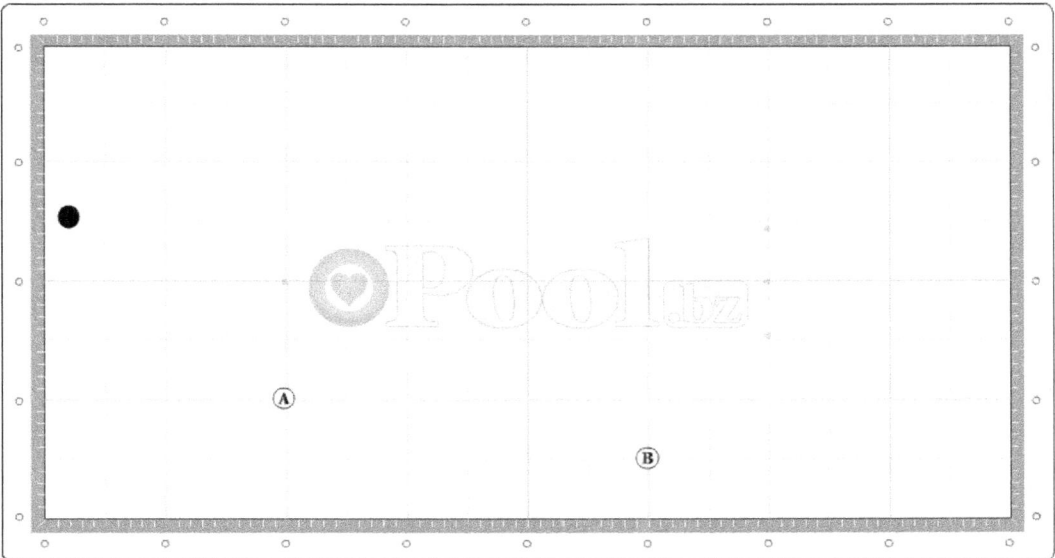

NOTAS VIR JOU IDEES:

Carambole Biljart: Meer raaisels en legkaarte

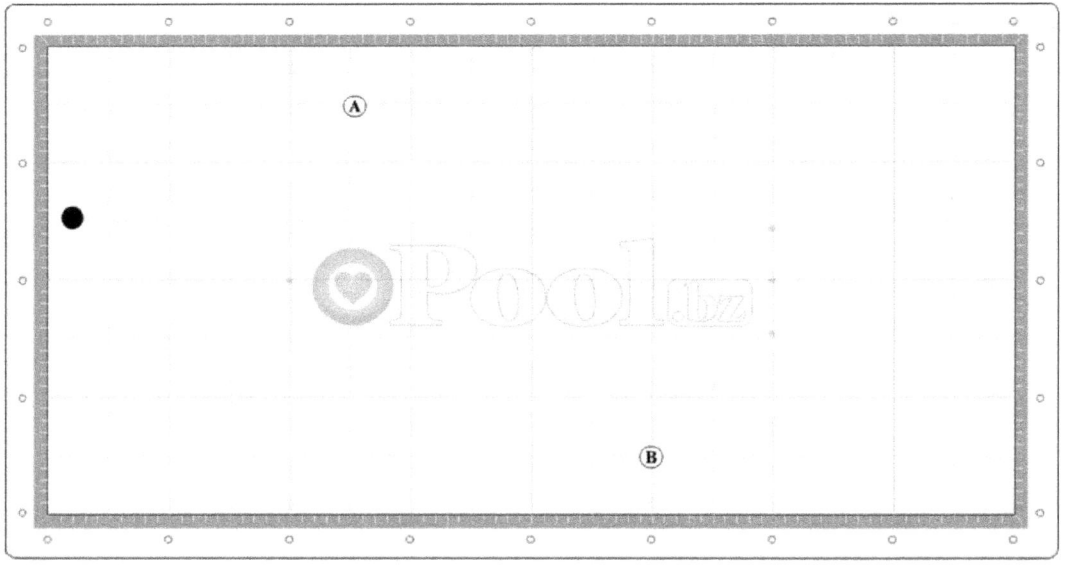

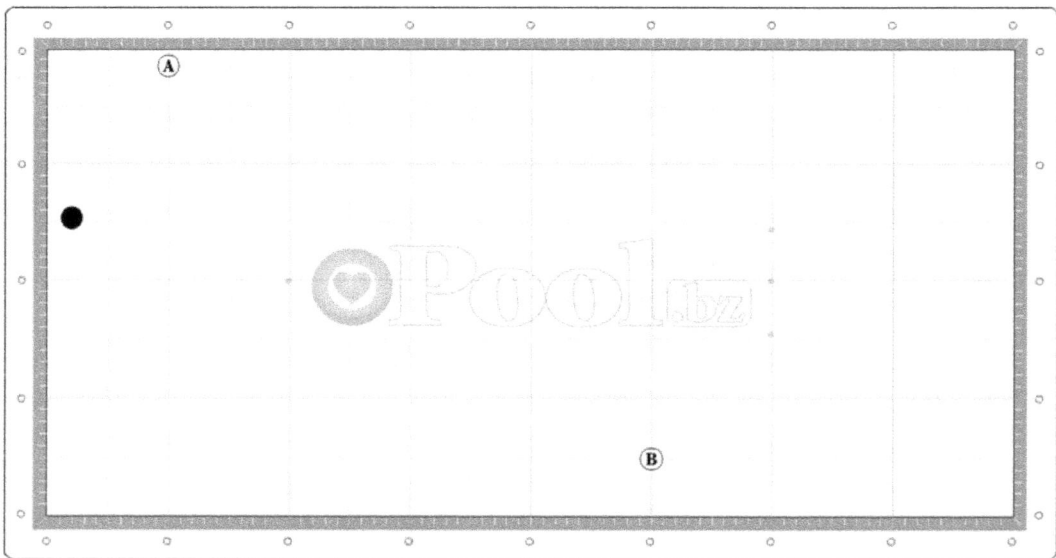

NOTAS VIR JOU IDEES:

Groep 3, stel 7

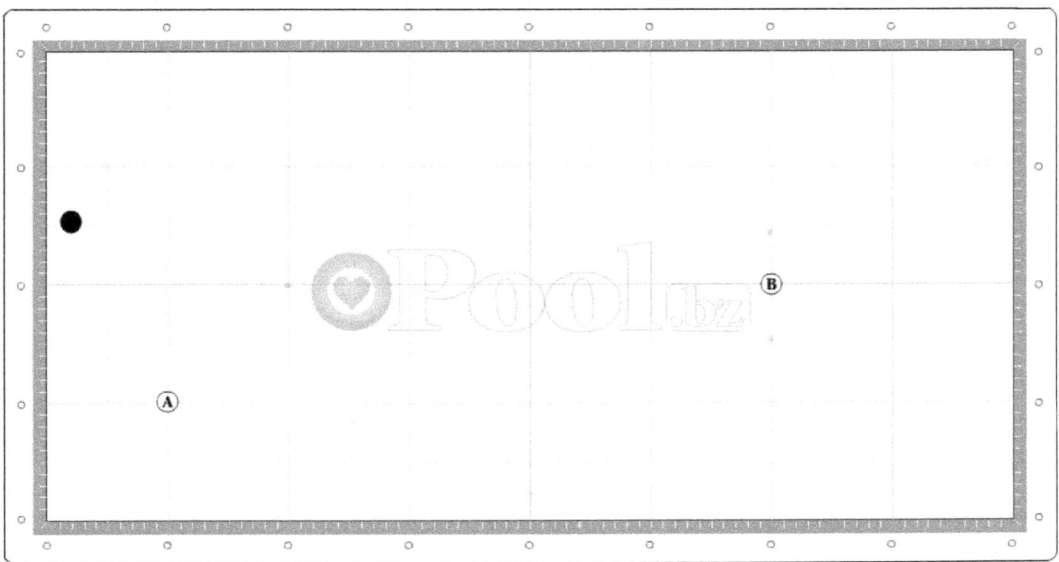

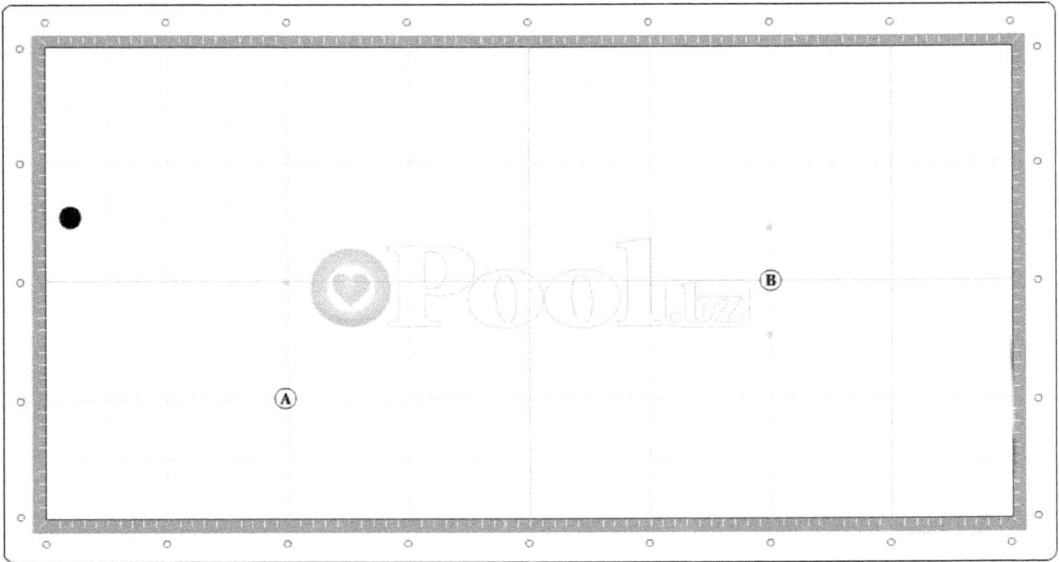

NOTAS VIR JOU IDEES:

Carambole Biljart: Meer raaisels en legkaarte

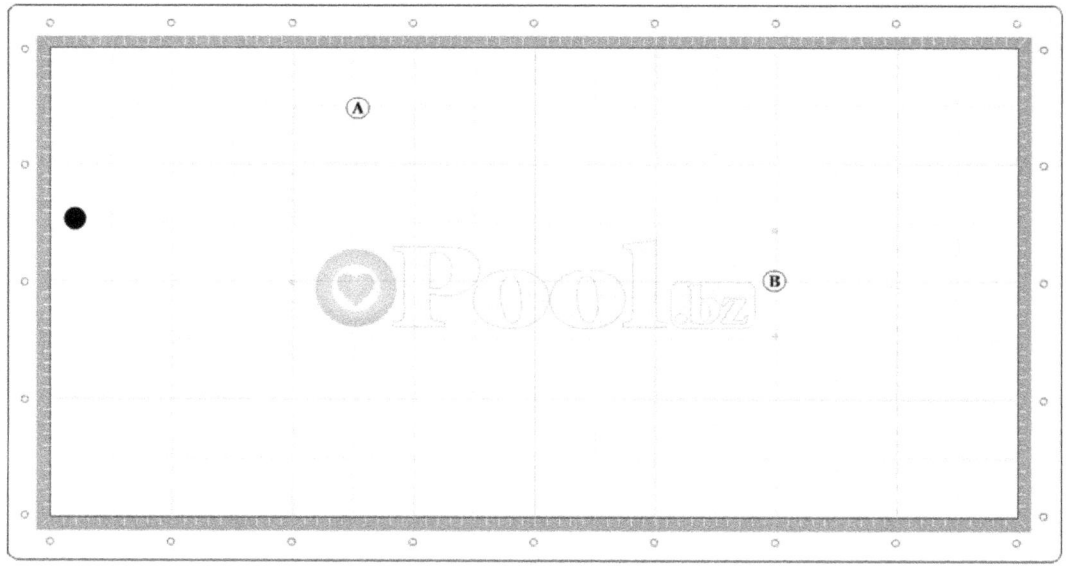

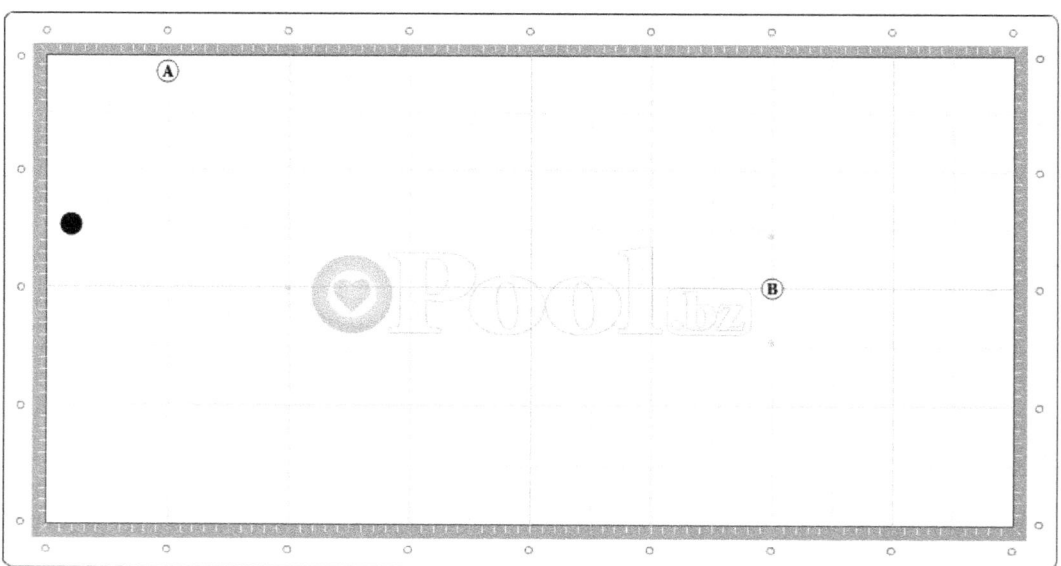

NOTAS VIR JOU IDEES:

Groep 3, stel 8

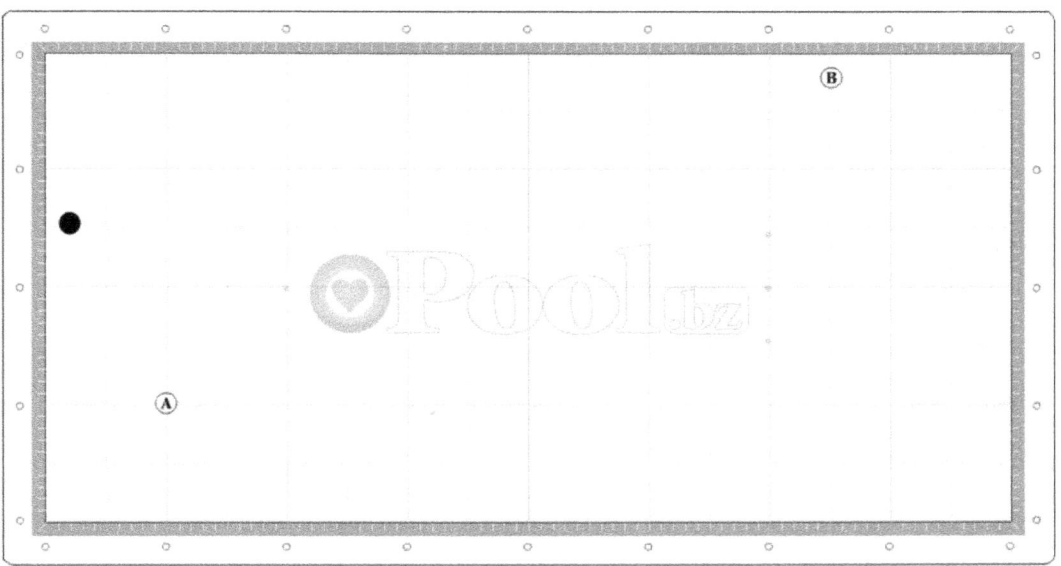

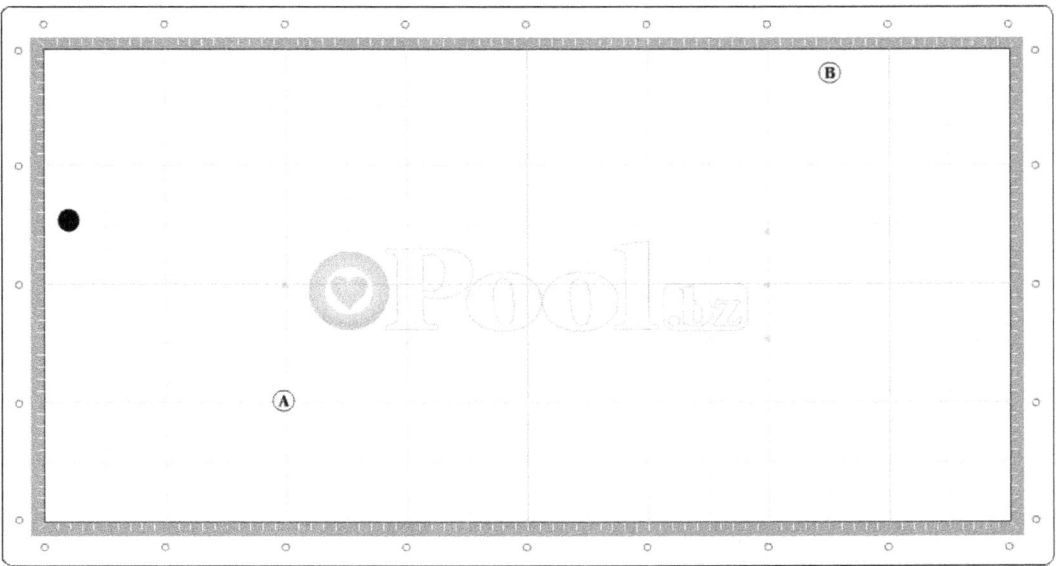

NOTAS VIR JOU IDEES:

Carambole Biljart: Meer raaisels en legkaarte

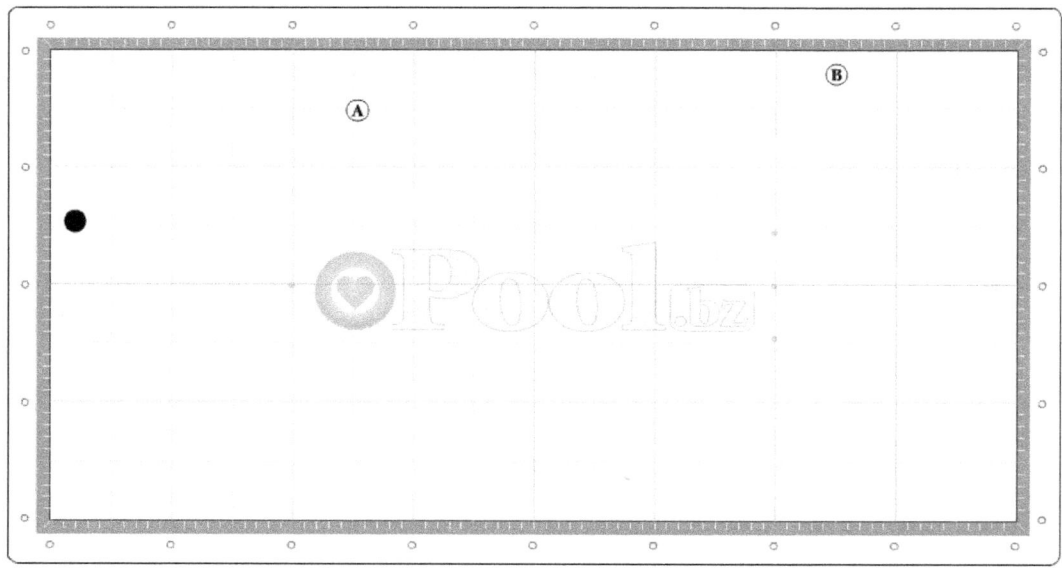

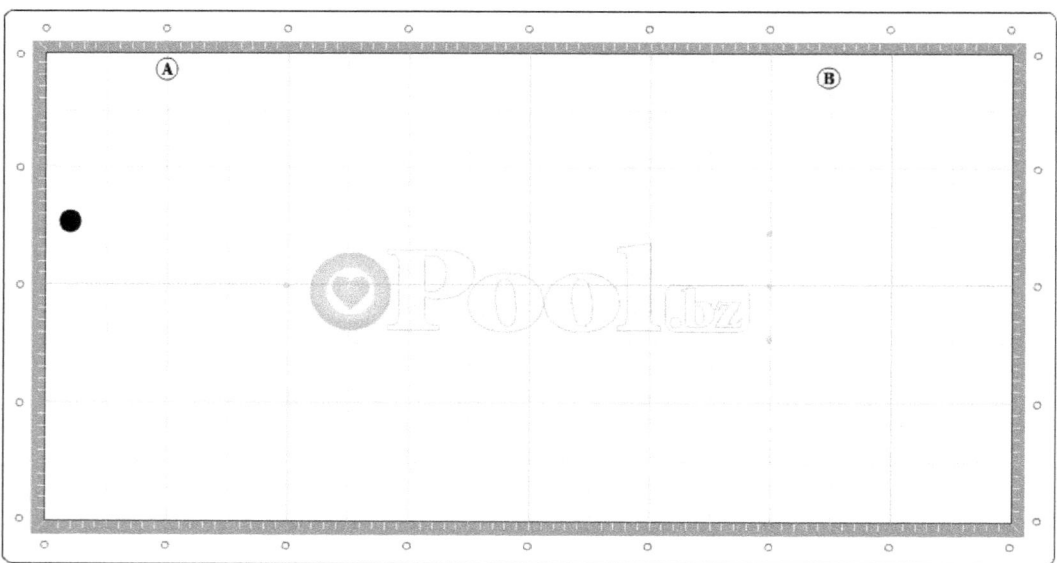

NOTAS VIR JOU IDEES:

Groep 3, stel 9

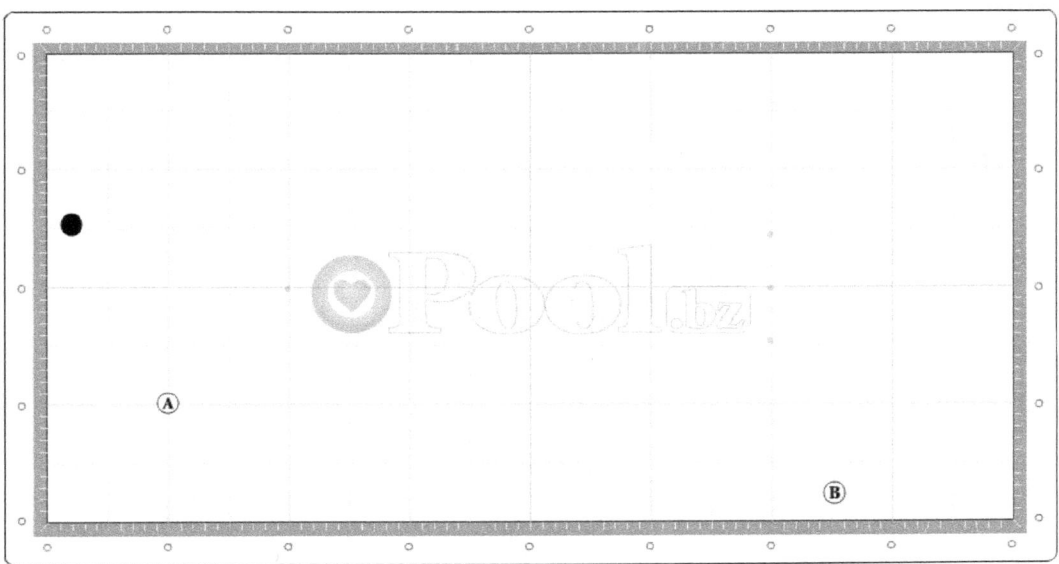

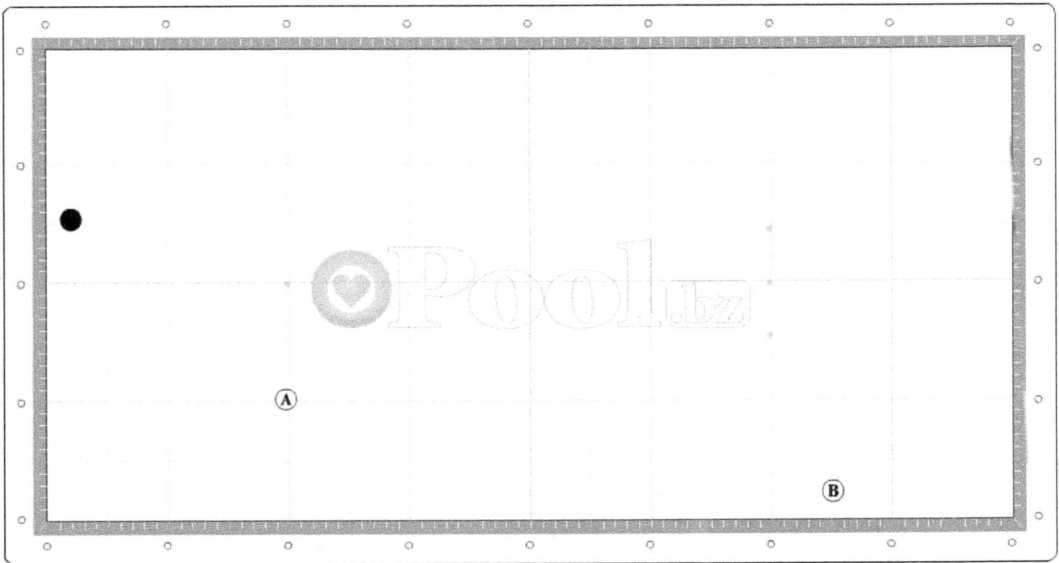

NOTAS VIR JOU IDEES:

Carambole Biljart: Meer raaisels en legkaarte

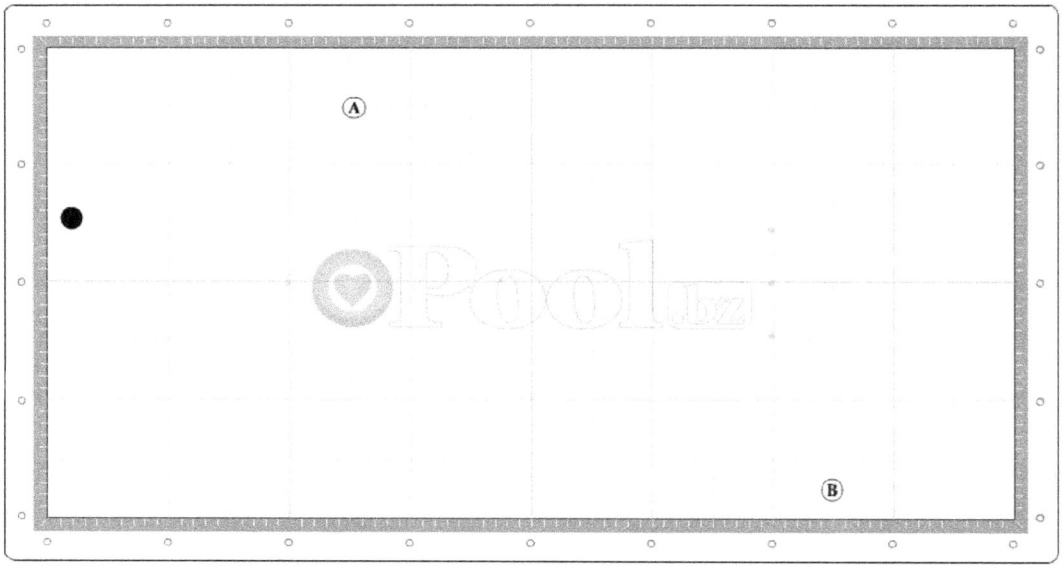

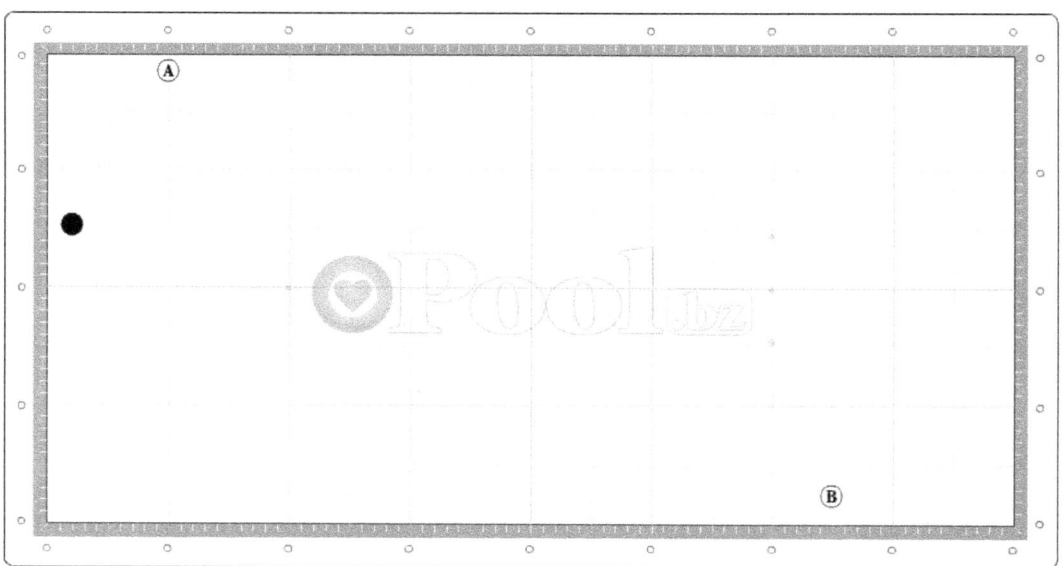

NOTAS VIR JOU IDEES:

Groep 3, stel 10

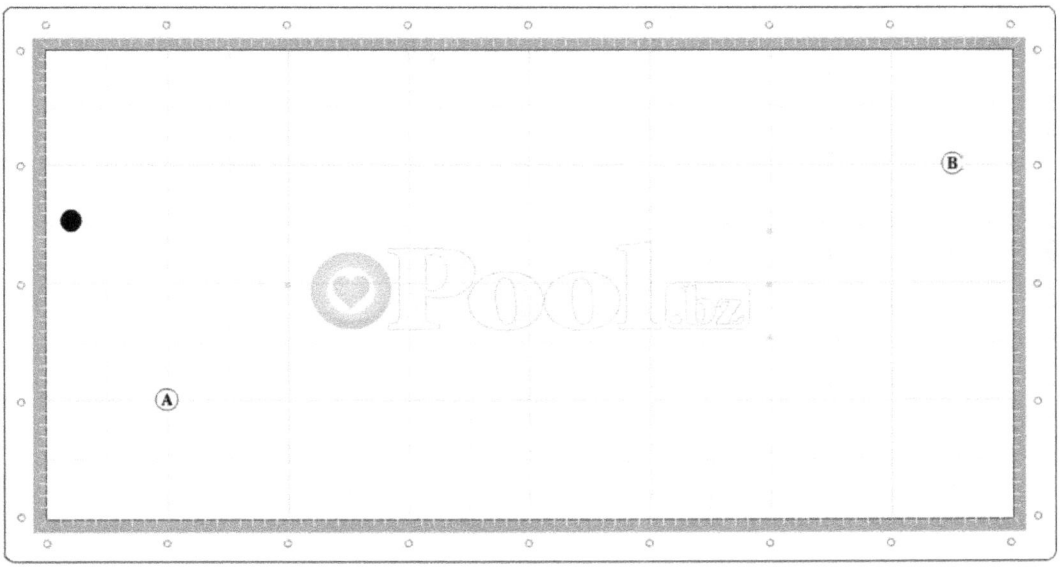

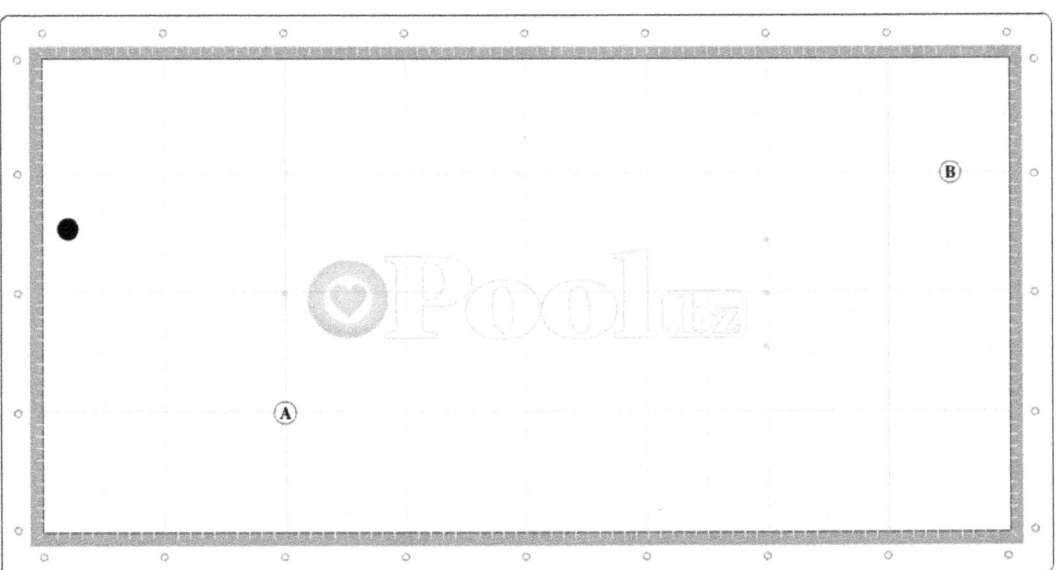

NOTAS VIR JOU IDEES:

Carambole Biljart: Meer raaisels en legkaarte

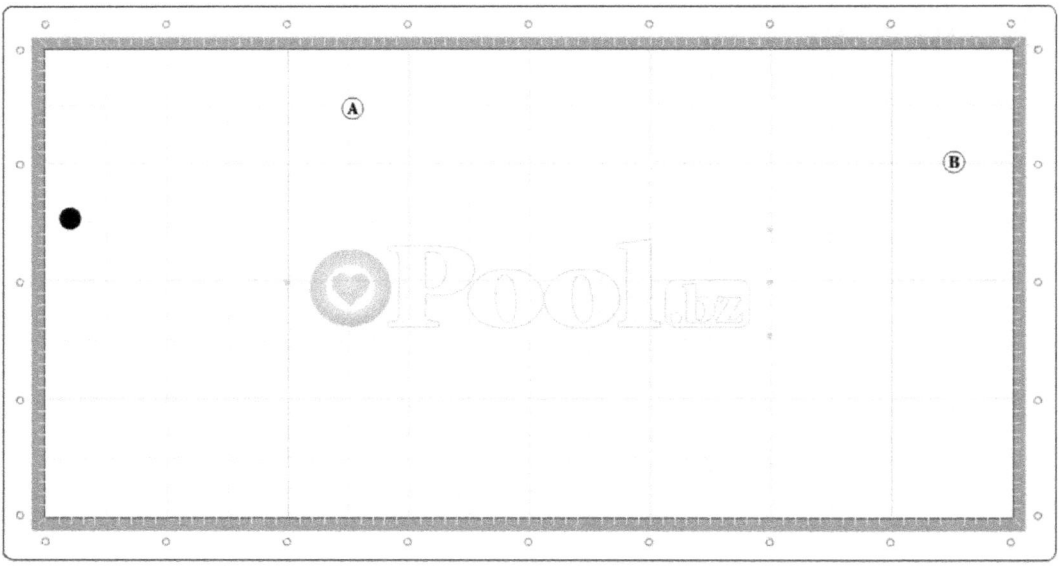

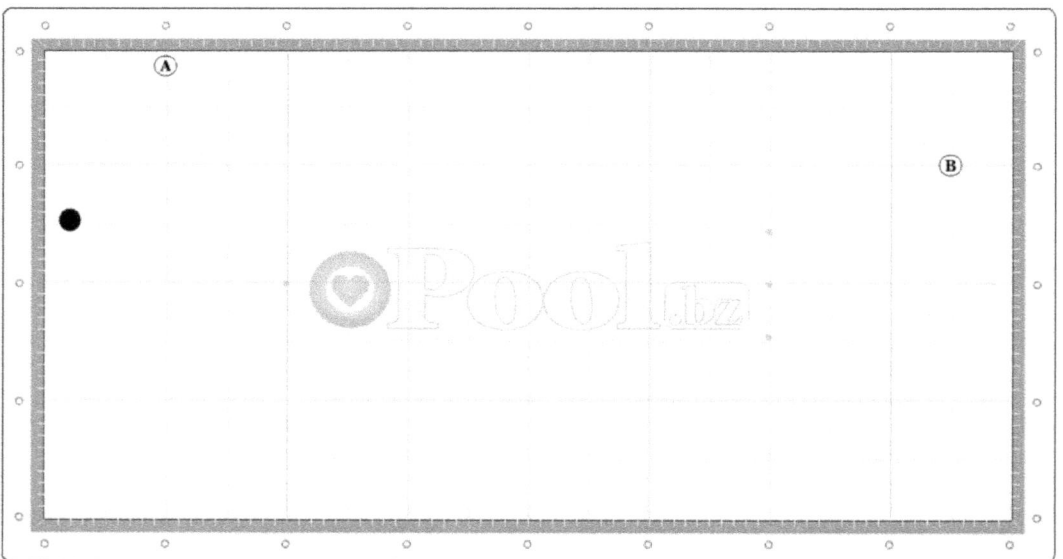

NOTAS VIR JOU IDEES:

Groep 3, stel 11

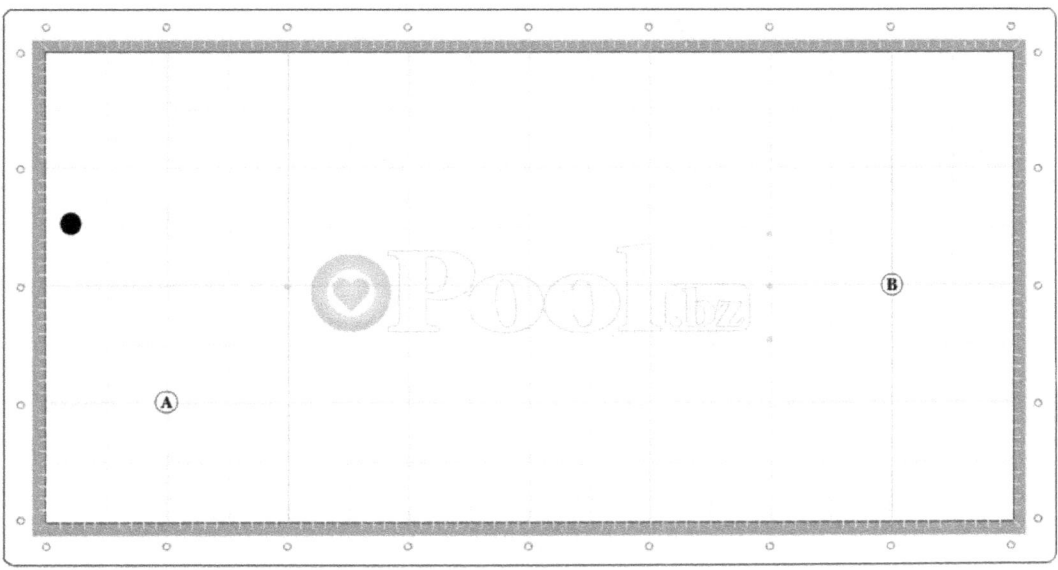

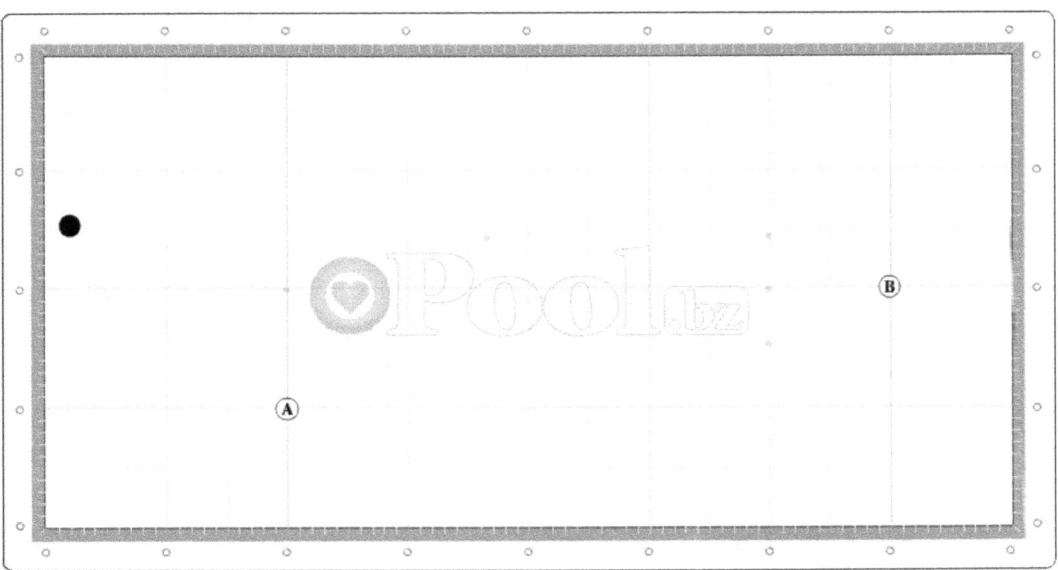

NOTAS VIR JOU IDEES:

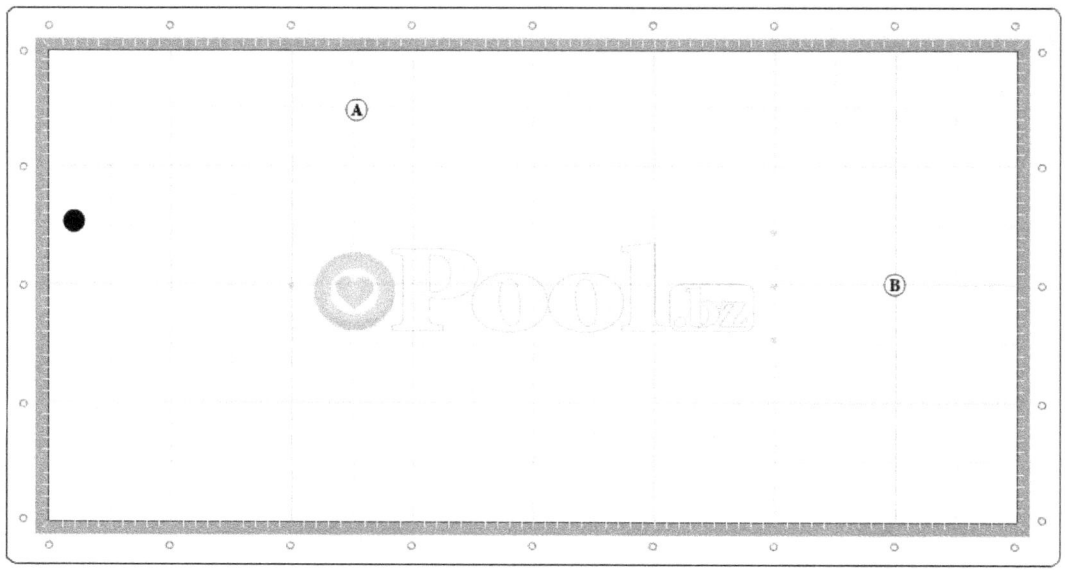

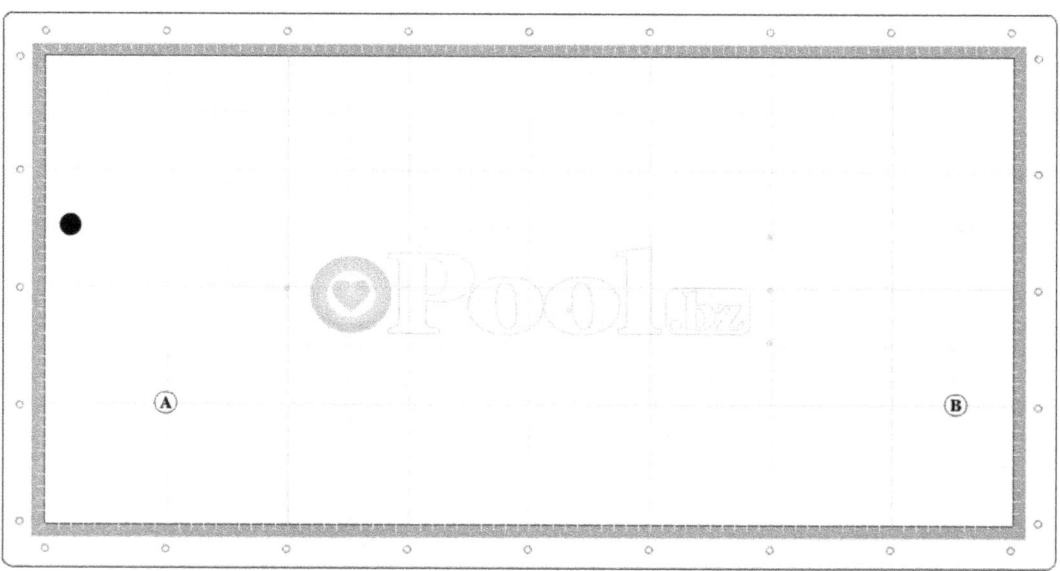

NOTAS VIR JOU IDEES:

Groep 3, stel 12

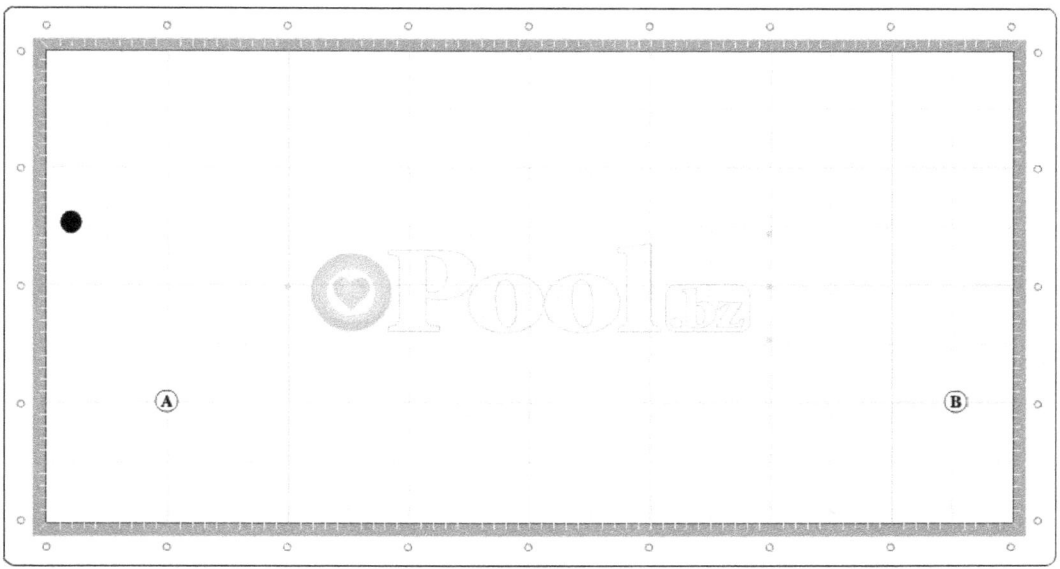

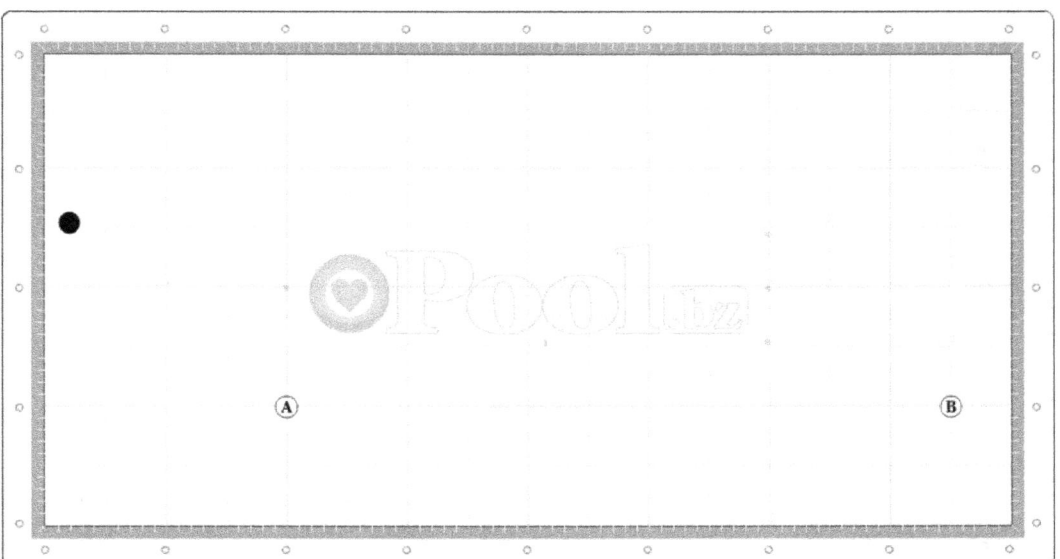

NOTAS VIR JOU IDEES:

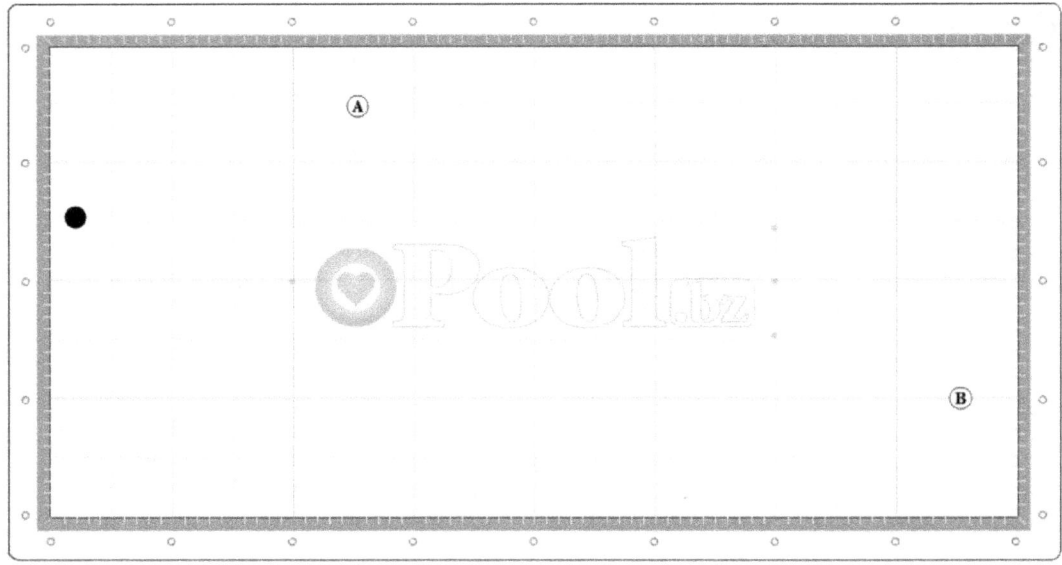

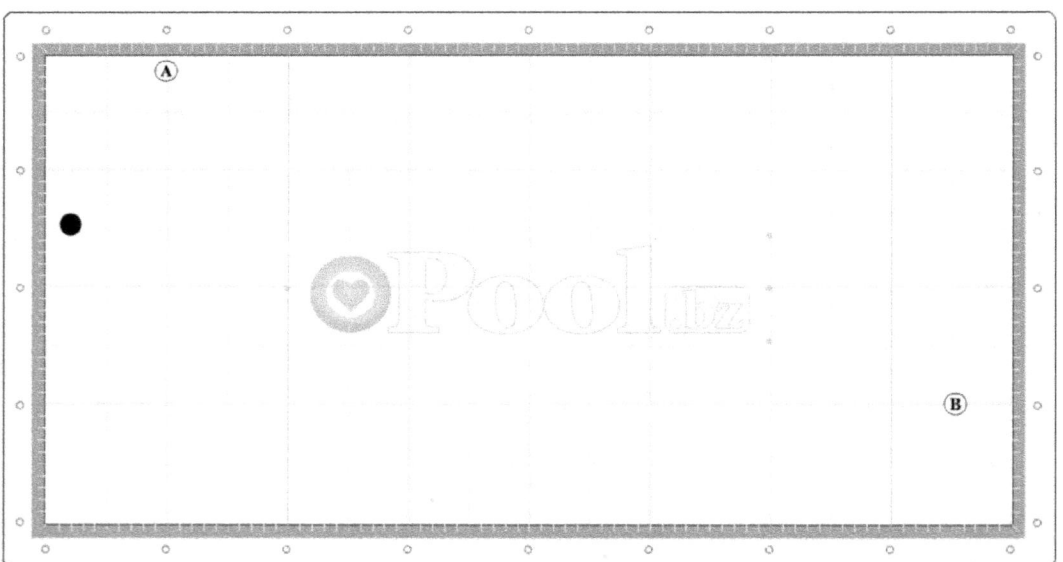

NOTAS VIR JOU IDEES:

Groep 4 tabel situasies

Groep 4, stel 1

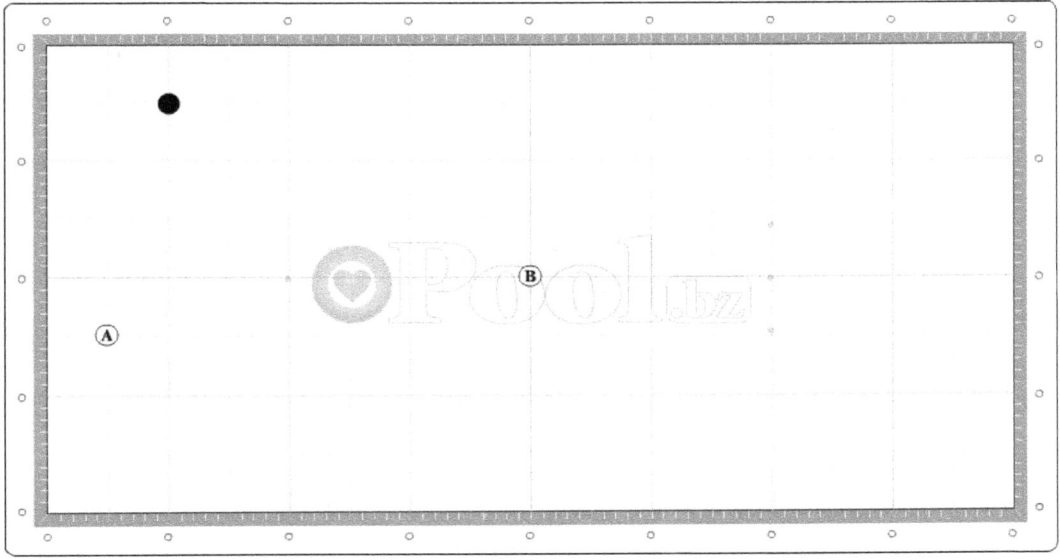

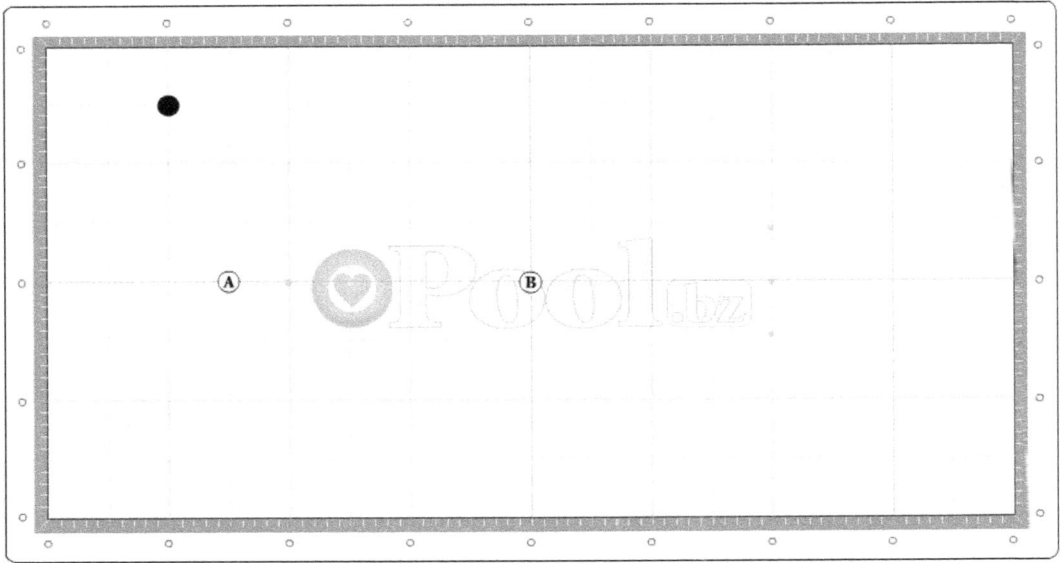

NOTAS VIR JOU IDEES:

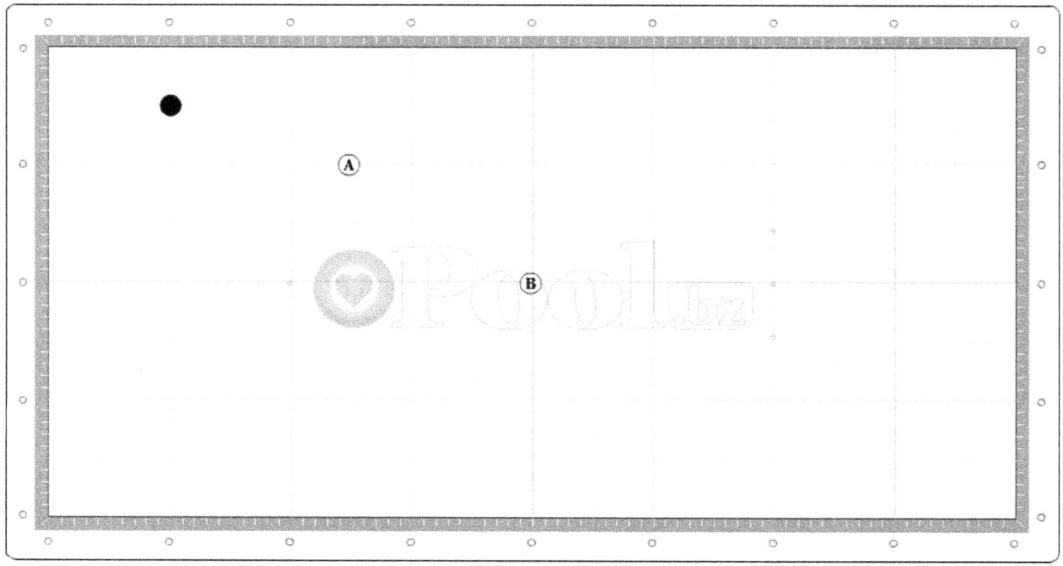

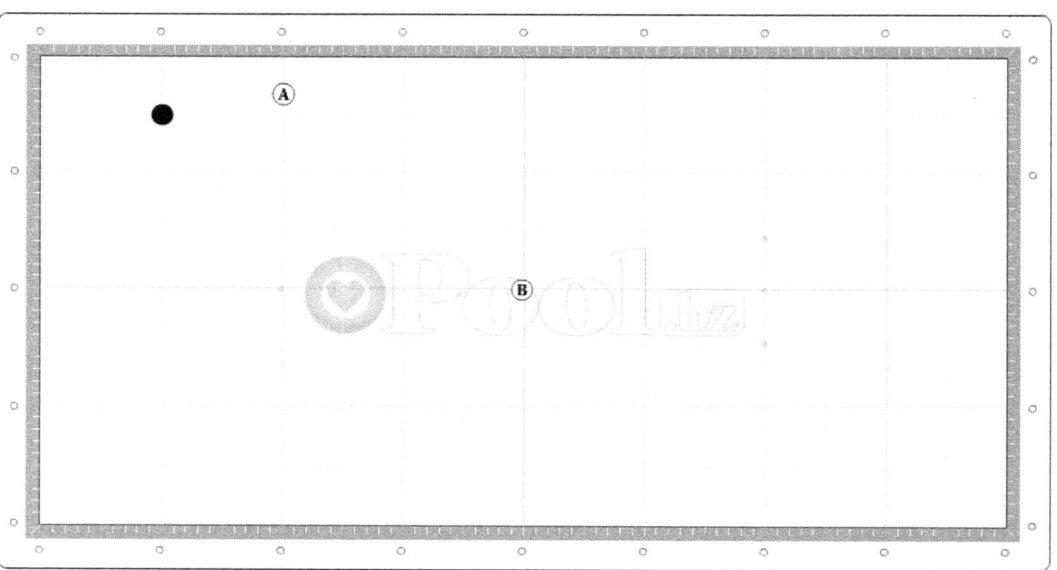

NOTAS VIR JOU IDEES:

Groep 4, stel 2

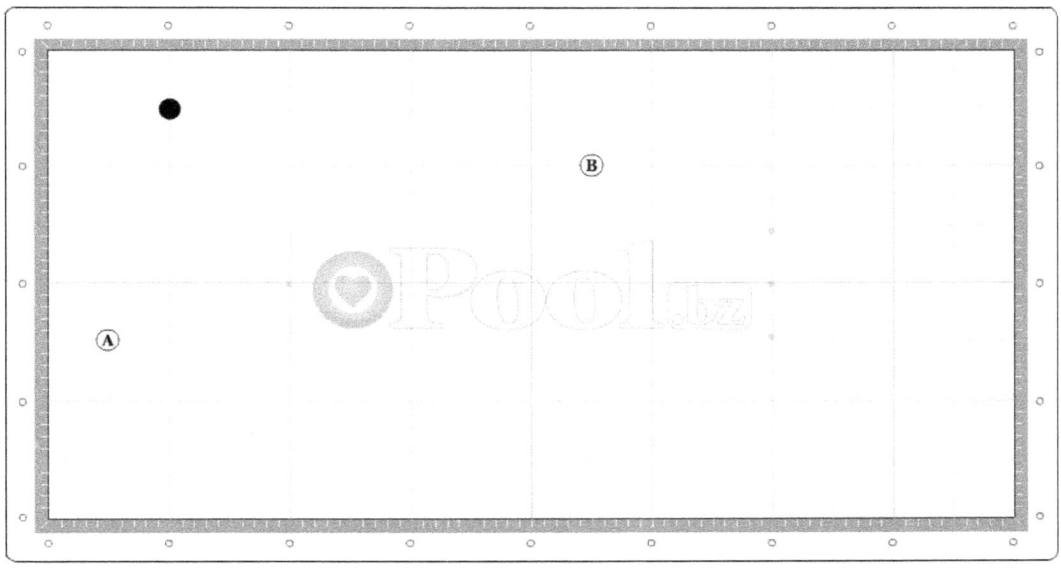

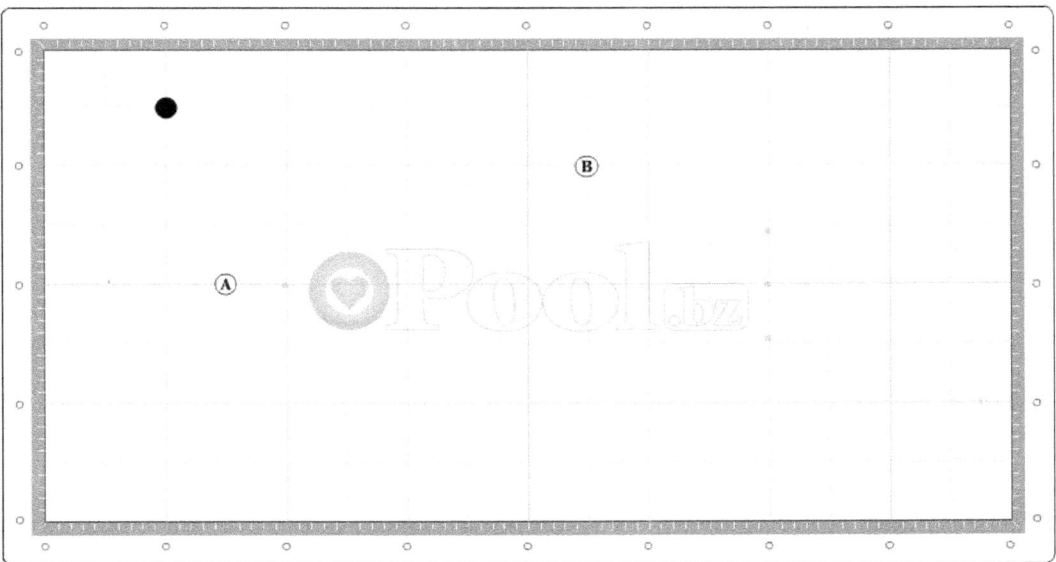

NOTAS VIR JOU IDEES:

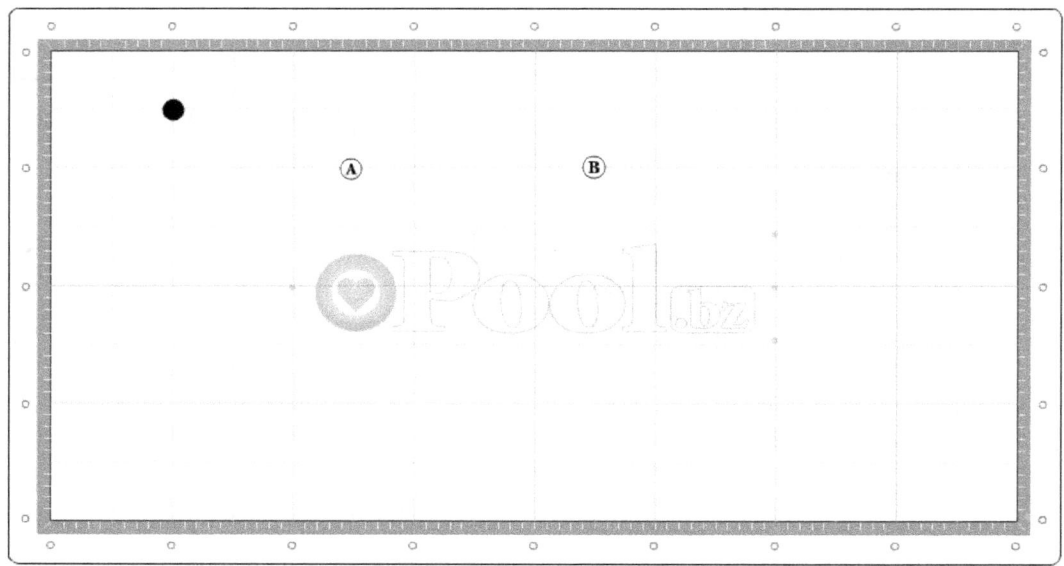

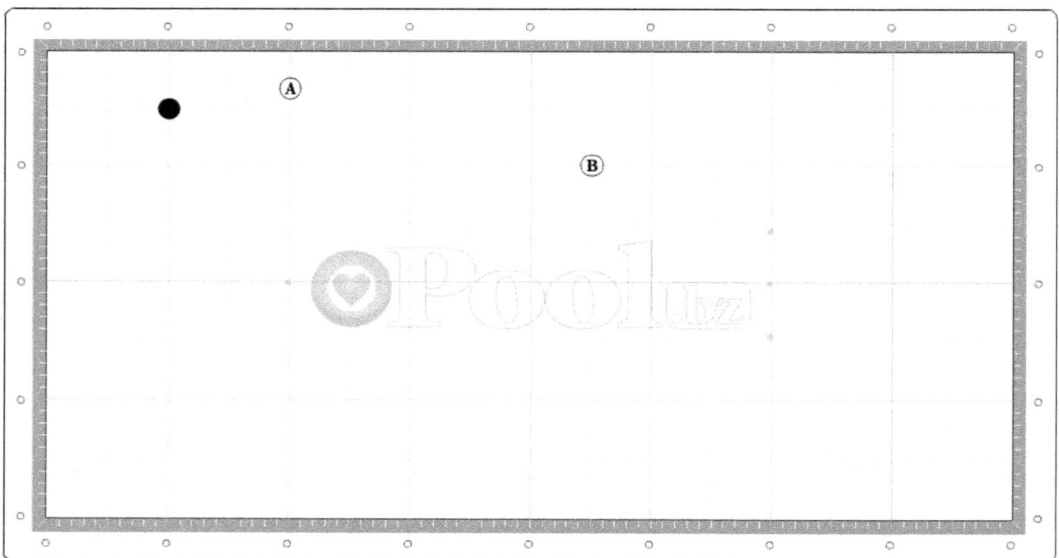

NOTAS VIR JOU IDEES:

Groep 4, stel 3

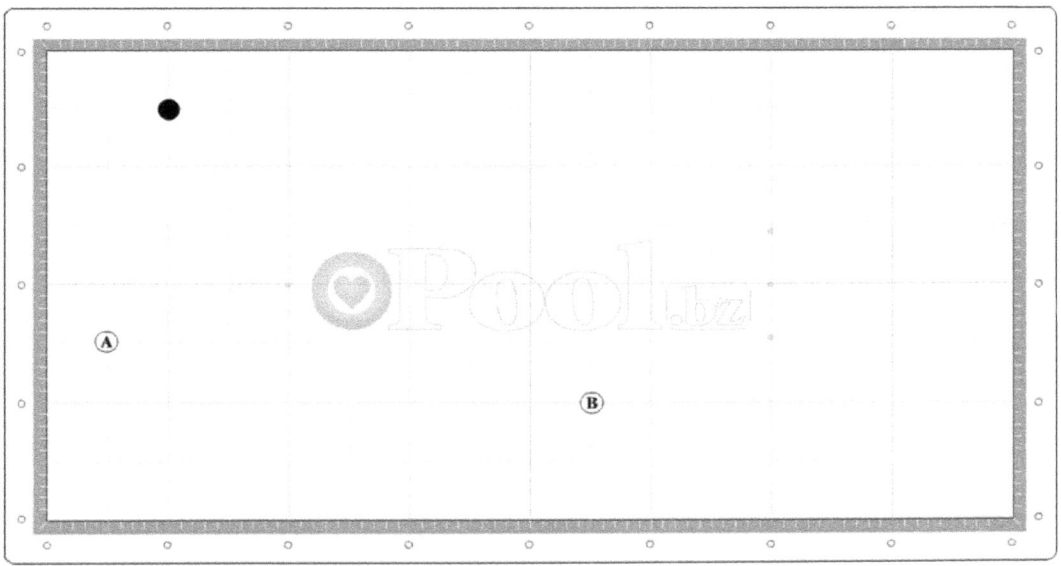

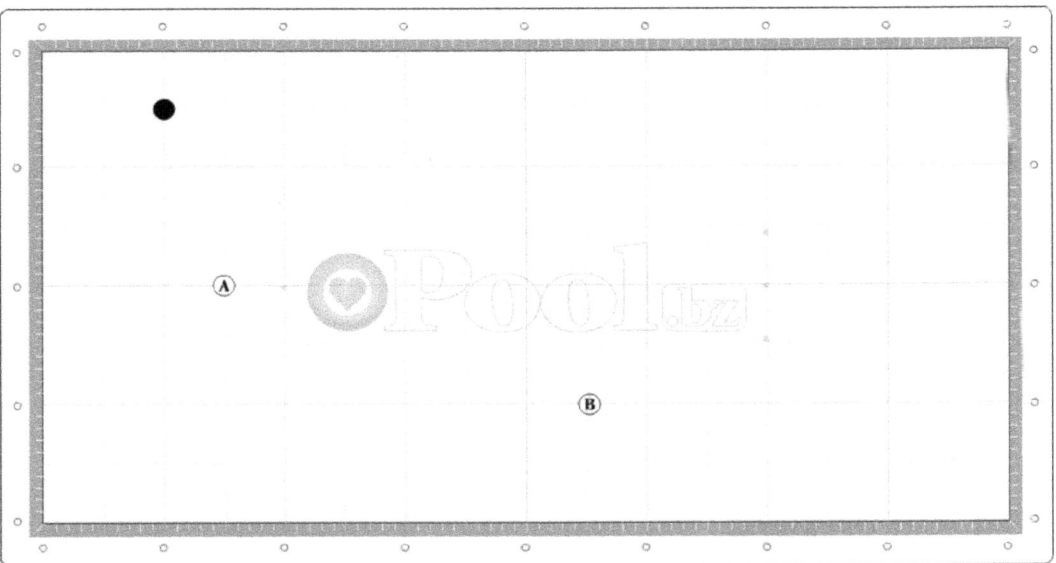

NOTAS VIR JOU IDEES:

Carambole Biljart: Meer raaisels en legkaarte

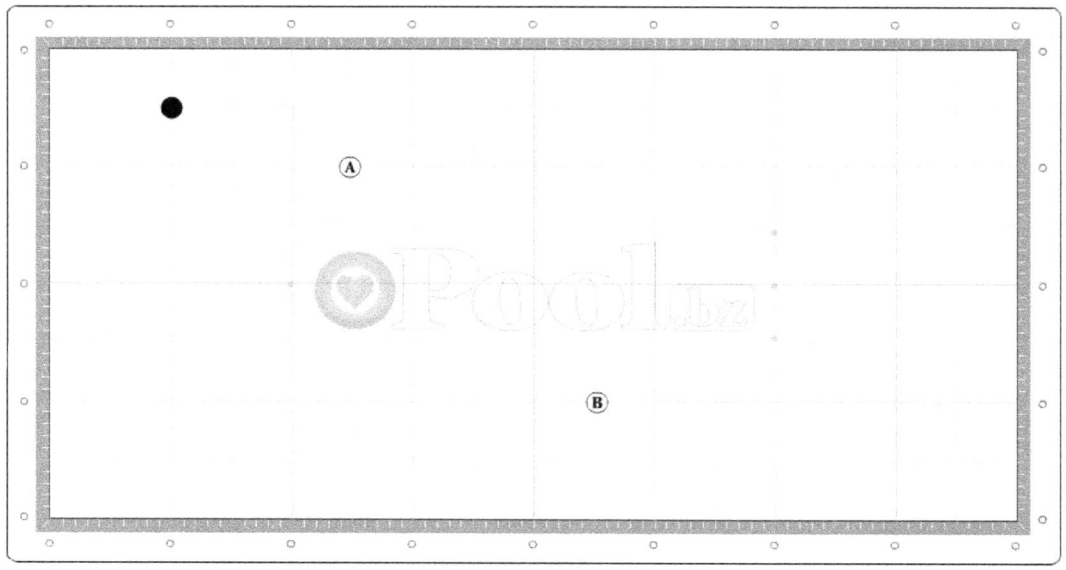

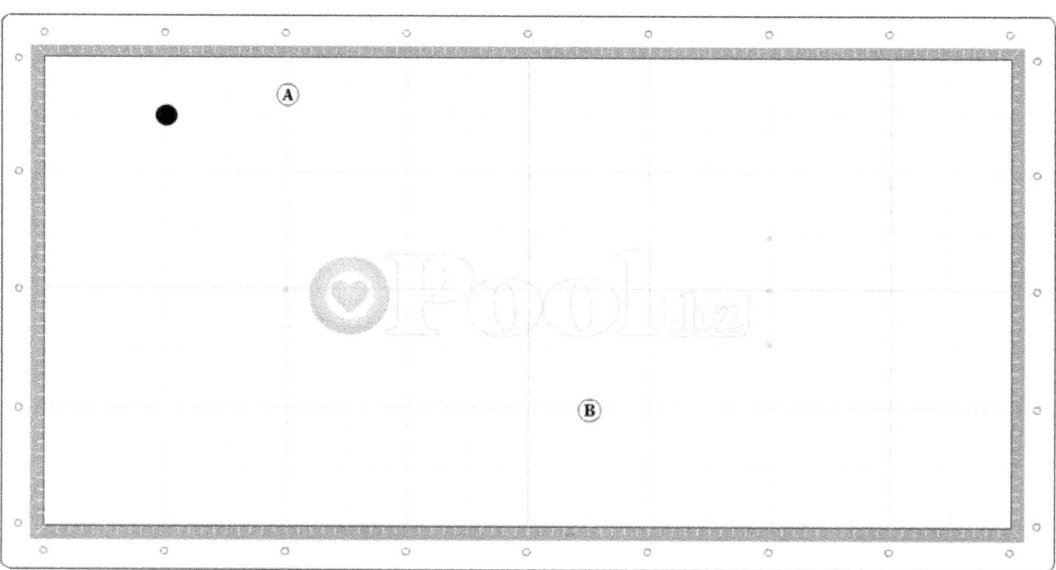

NOTAS VIR JOU IDEES:

Groep 4, stel 4

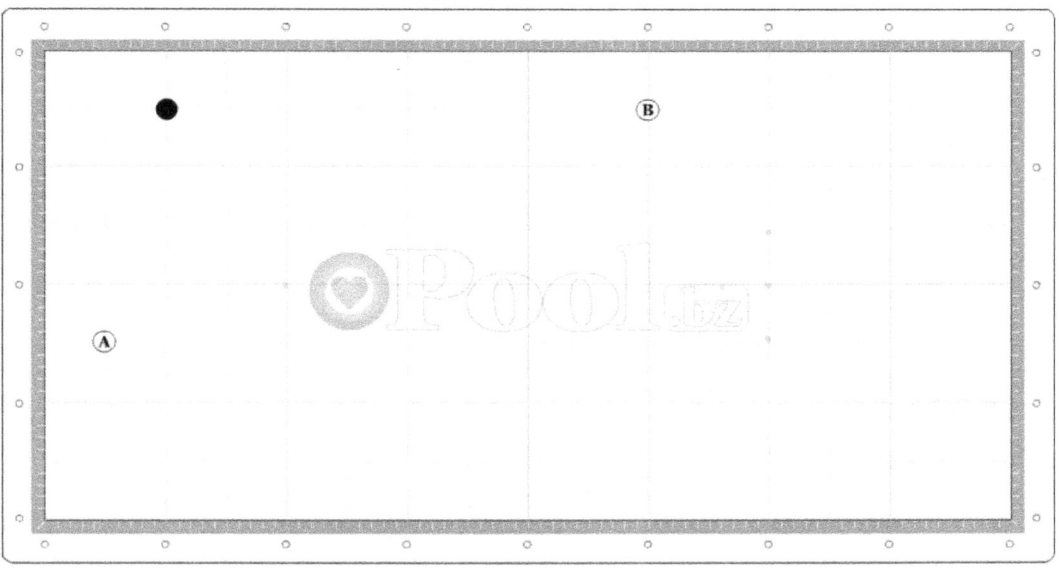

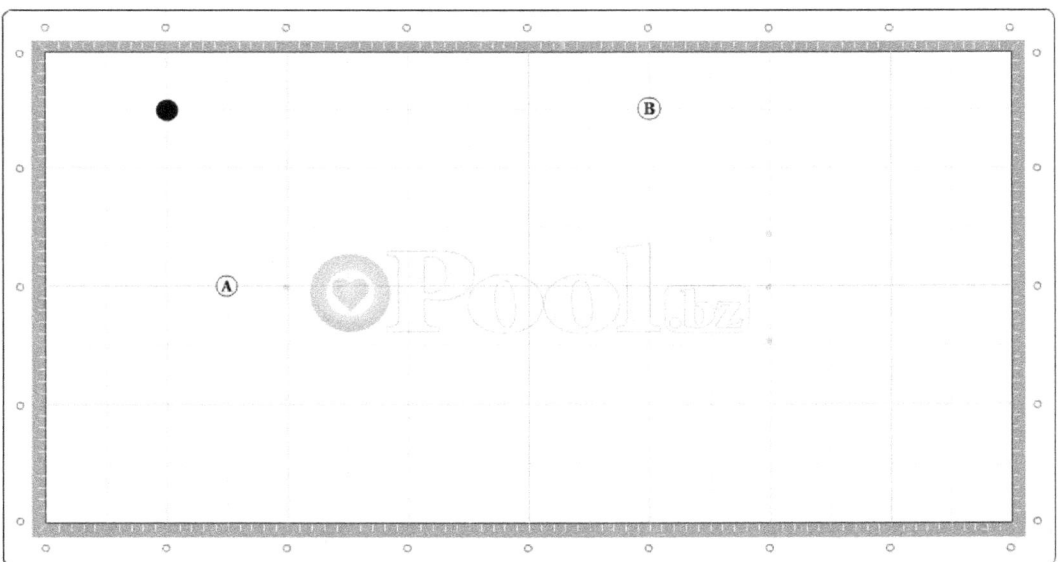

Yyy

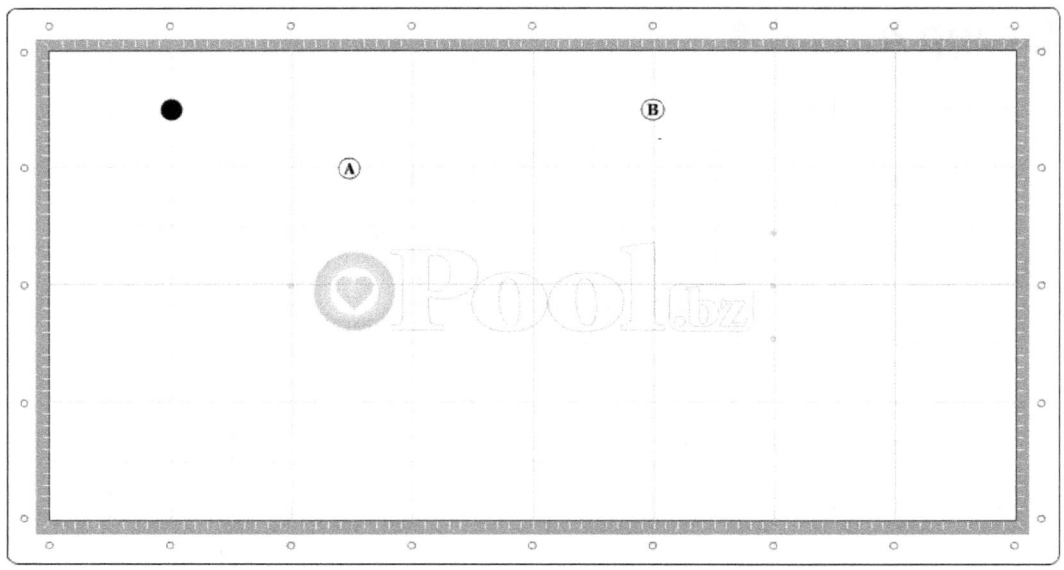

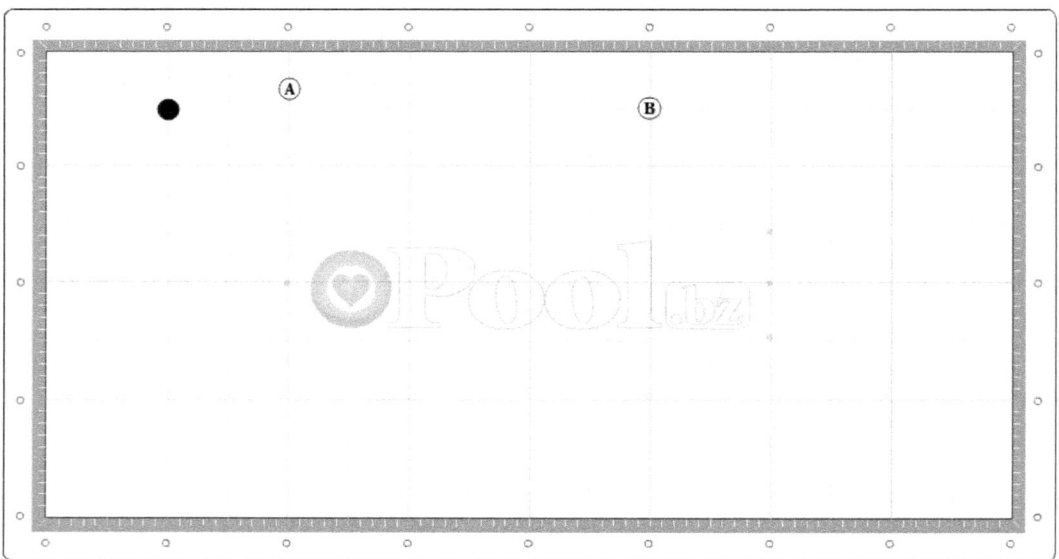

NOTAS VIR JOU IDEES:

Groep 4, stel 5

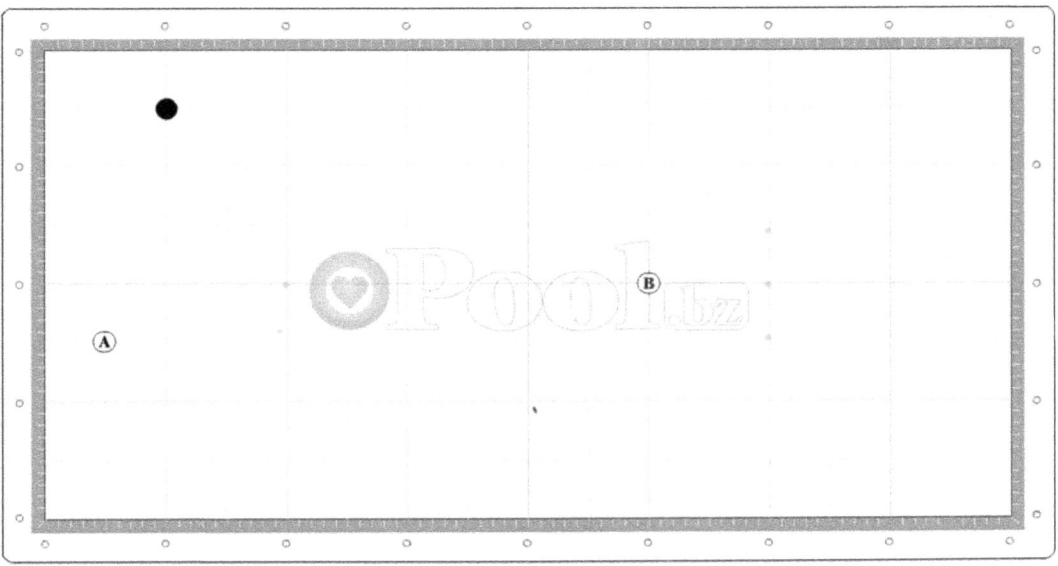

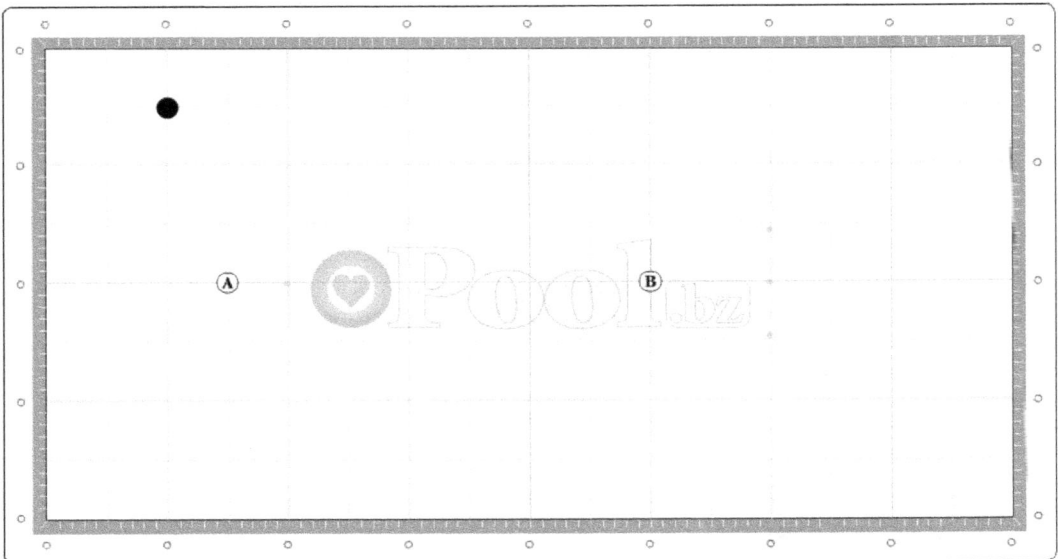

NOTAS VIR JOU IDEES:

Carambole Biljart: Meer raaisels en legkaarte

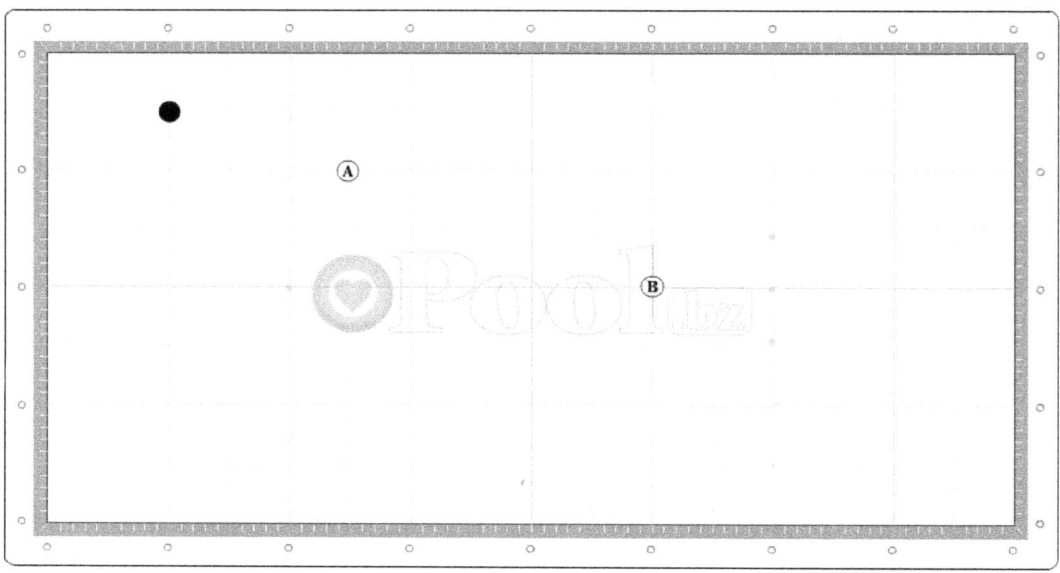

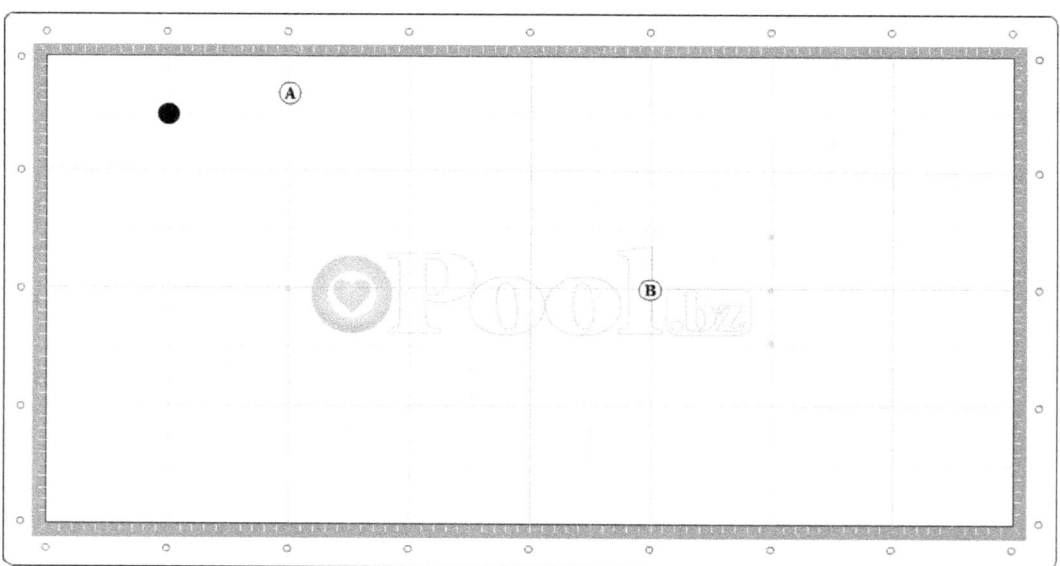

NOTAS VIR JOU IDEES:

Groep 4, stel 6

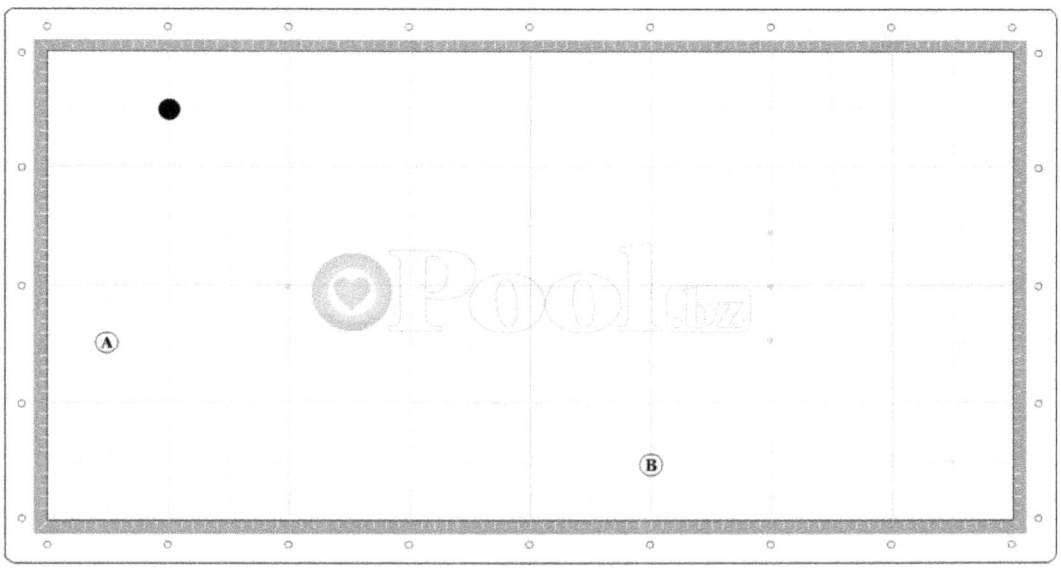

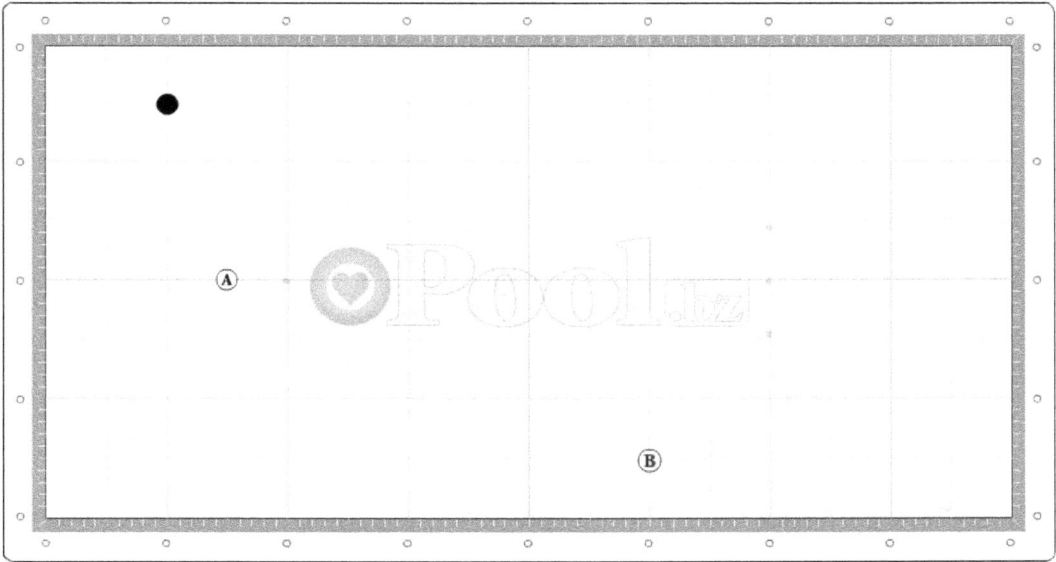

NOTAS VIR JOU IDEES:

Carambole Biljart: Meer raaisels en legkaarte

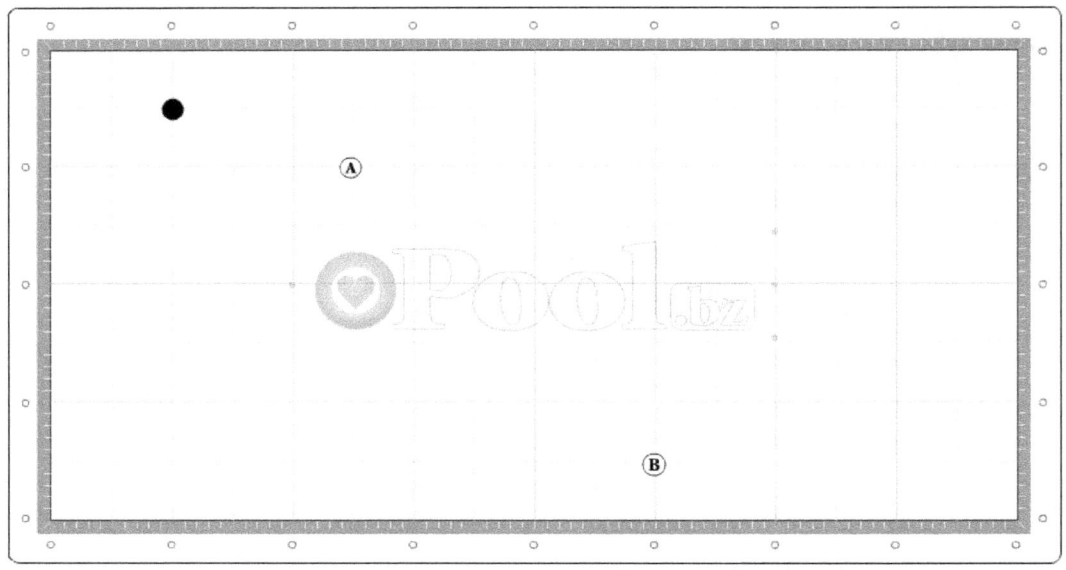

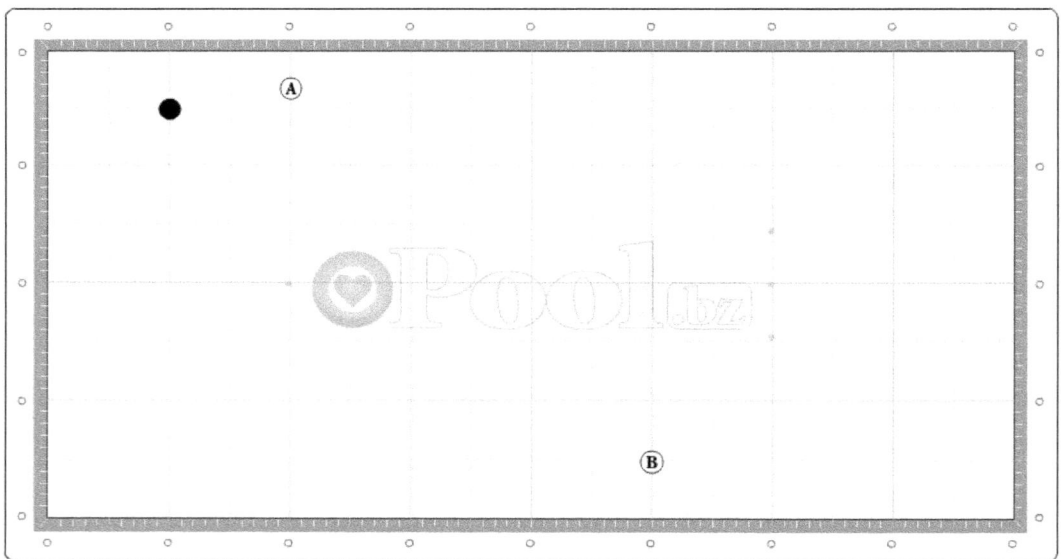

NOTAS VIR JOU IDEES:

Groep 4, stel 7

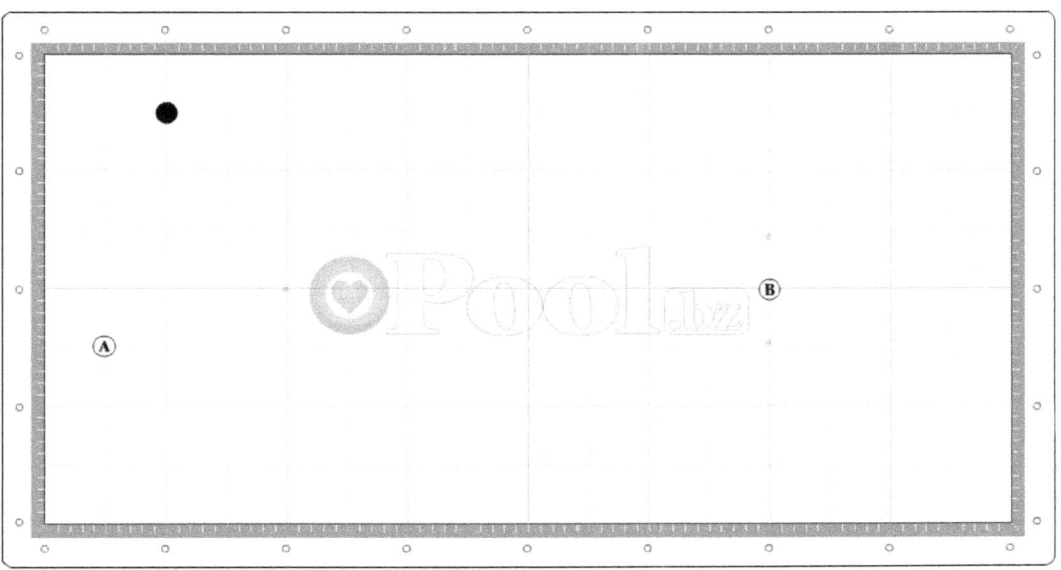

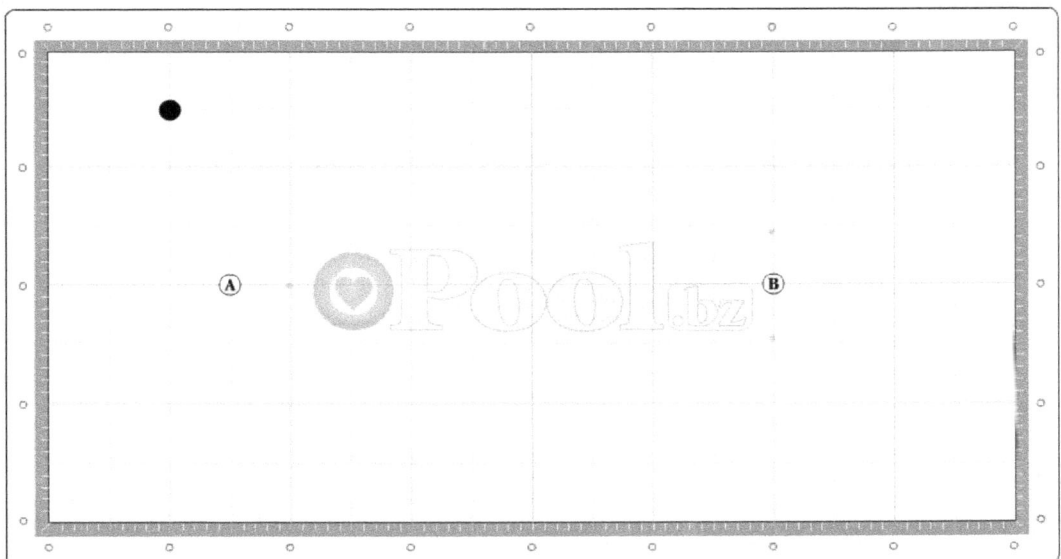

NOTAS VIR JOU IDEES:

Carambole Biljart: Meer raaisels en legkaarte

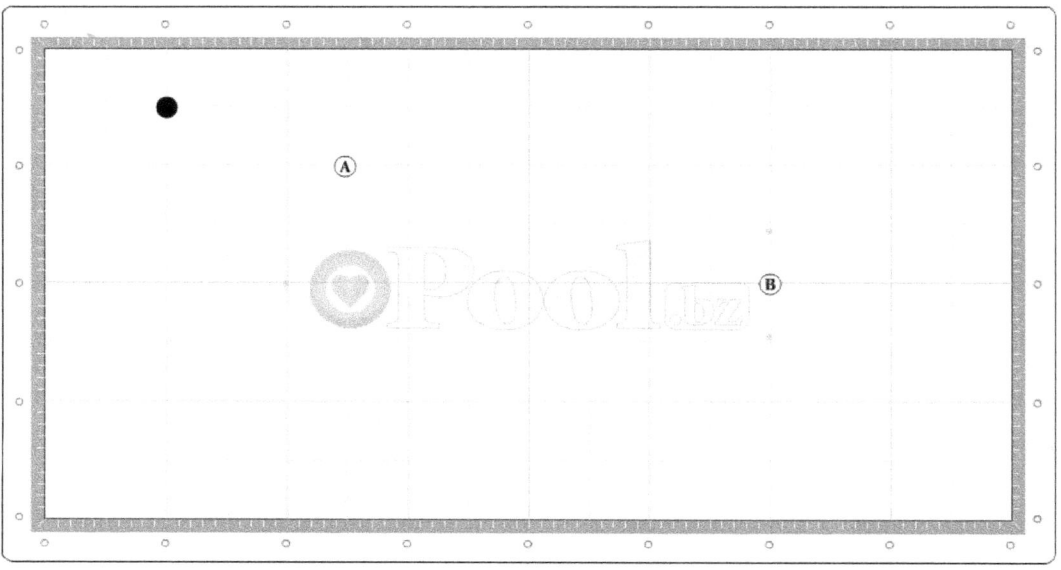

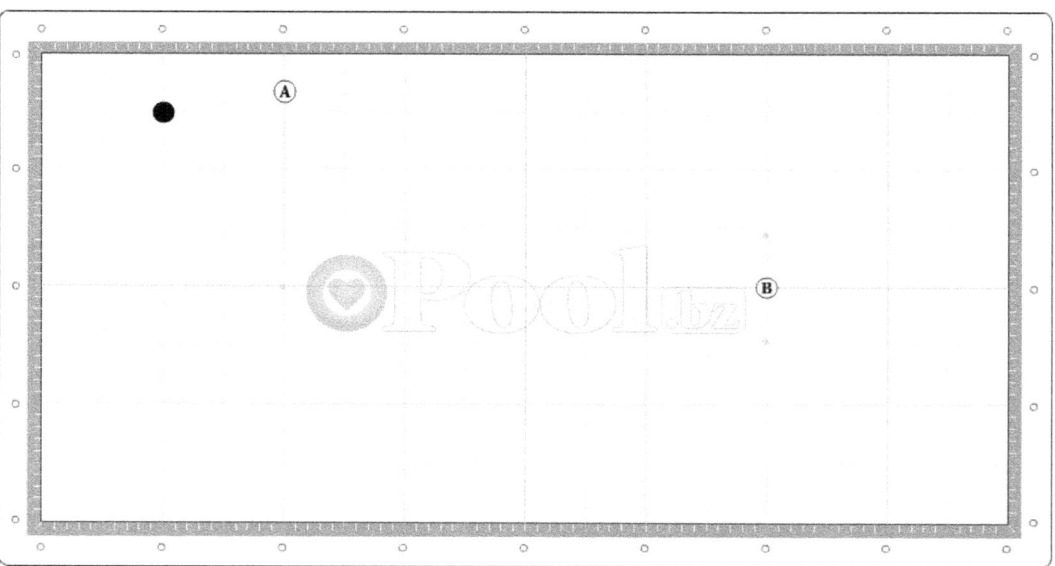

NOTAS VIR JOU IDEES:

Groep 4, stel 8

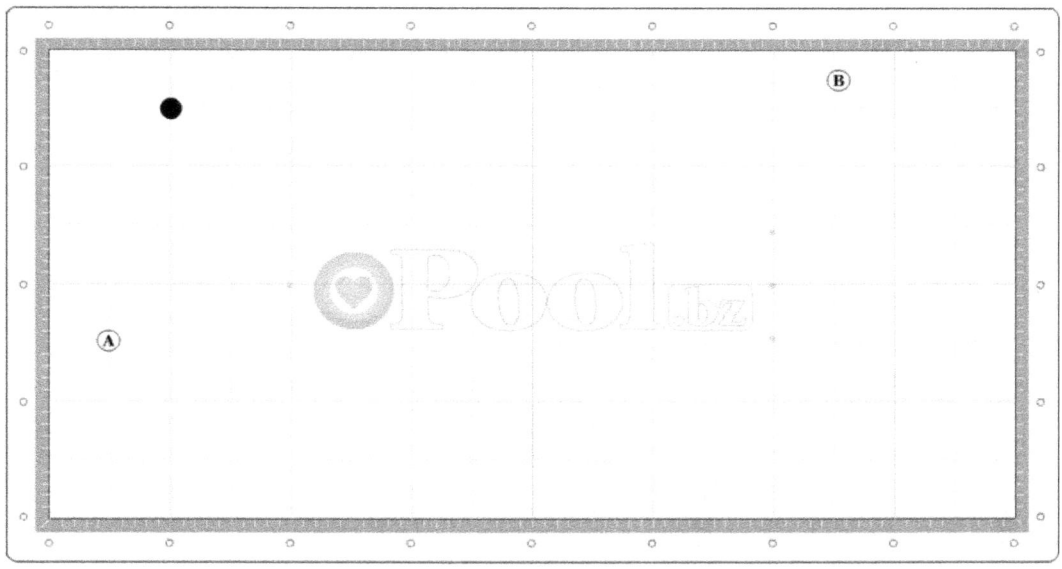

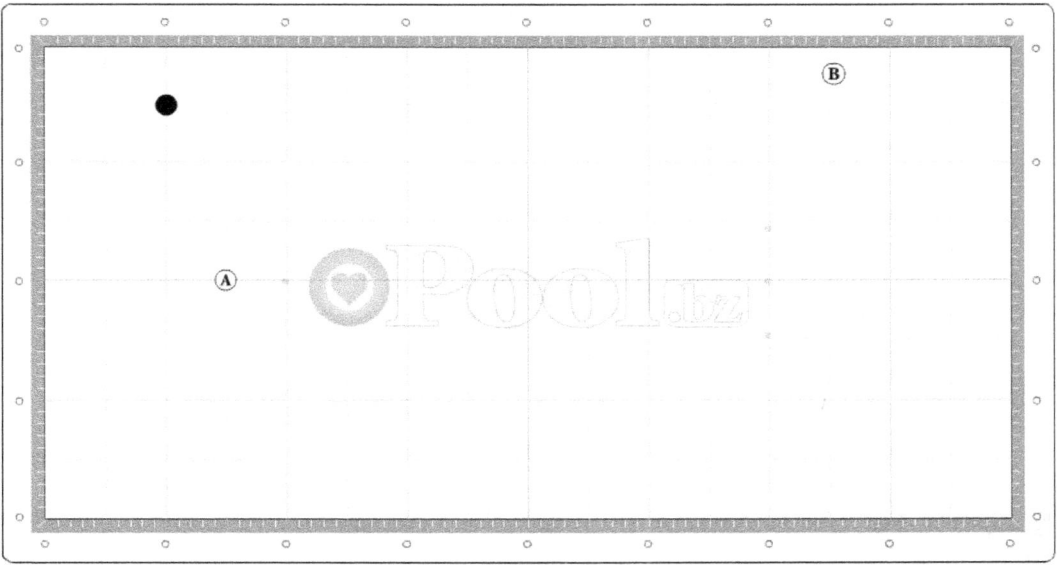

NOTAS VIR JOU IDEES:

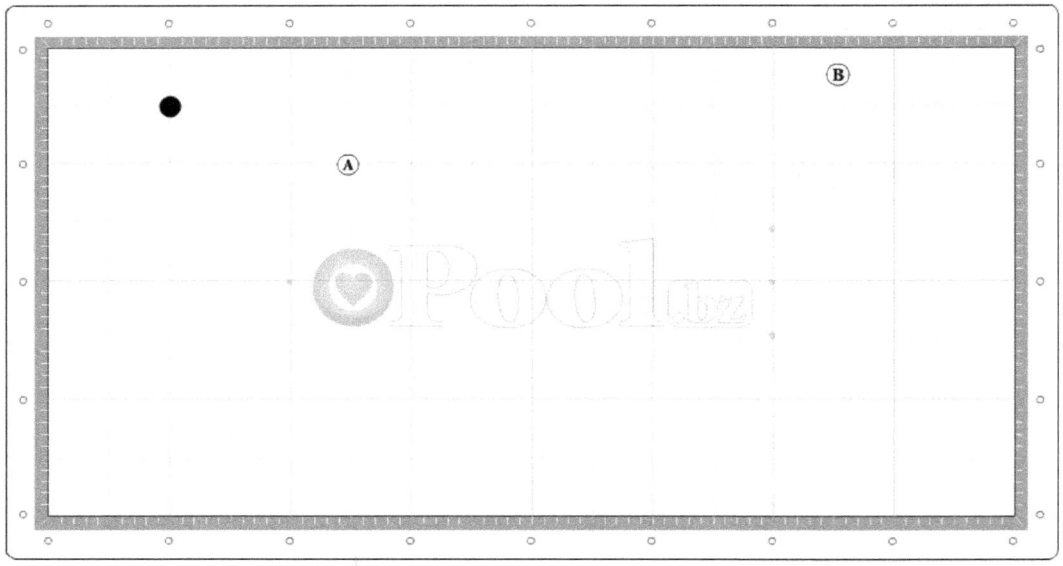

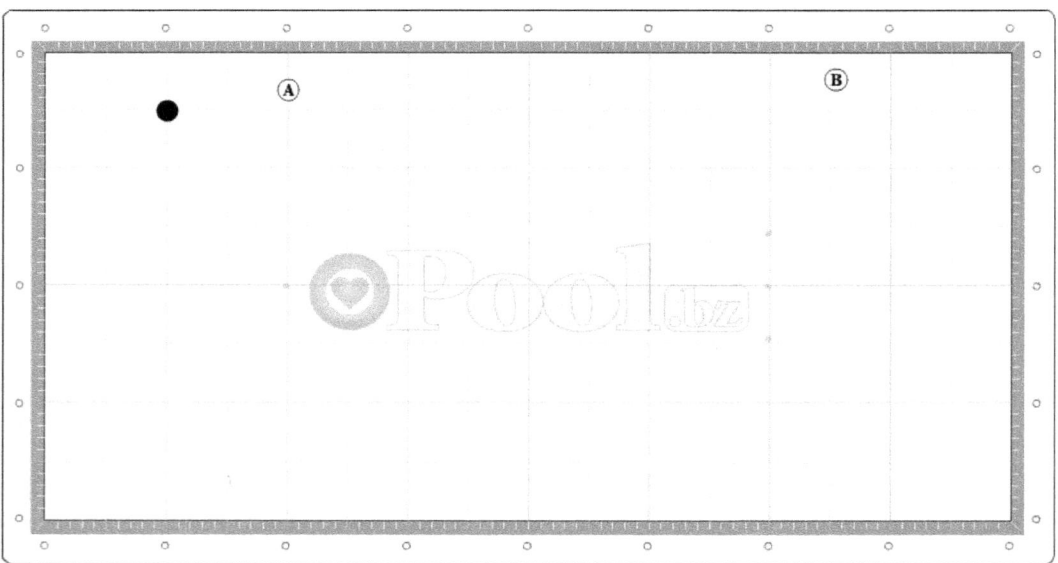

NOTAS VIR JOU IDEES:

Groep 4, stel 9

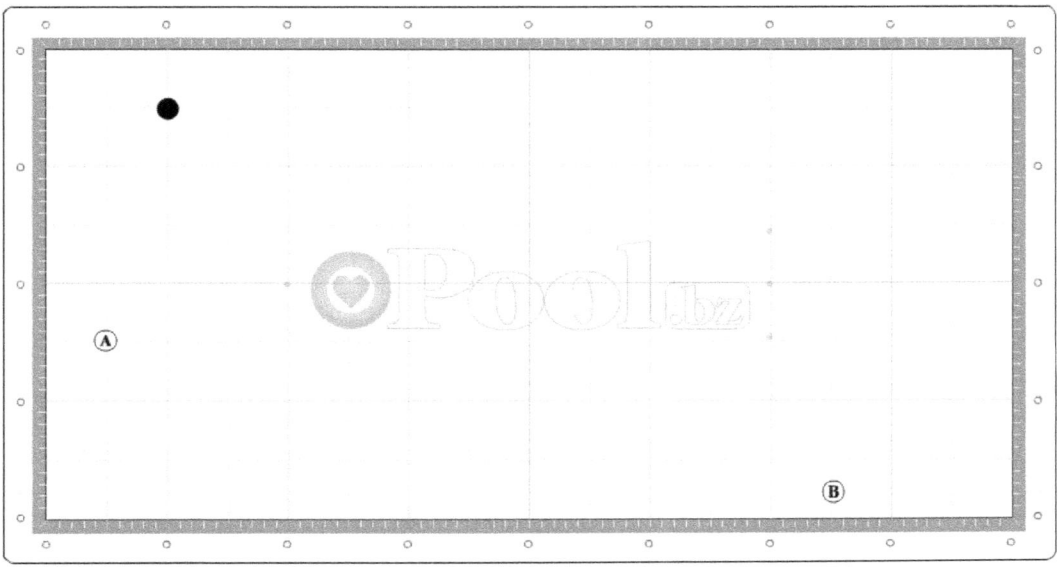

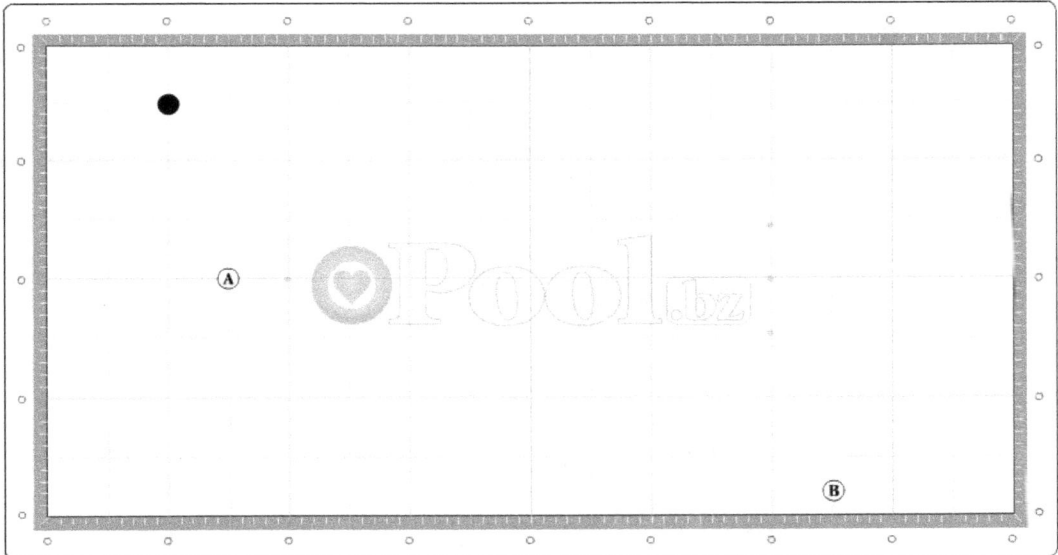

NOTAS VIR JOU IDEES:

Carambole Biljart: Meer raaisels en legkaarte

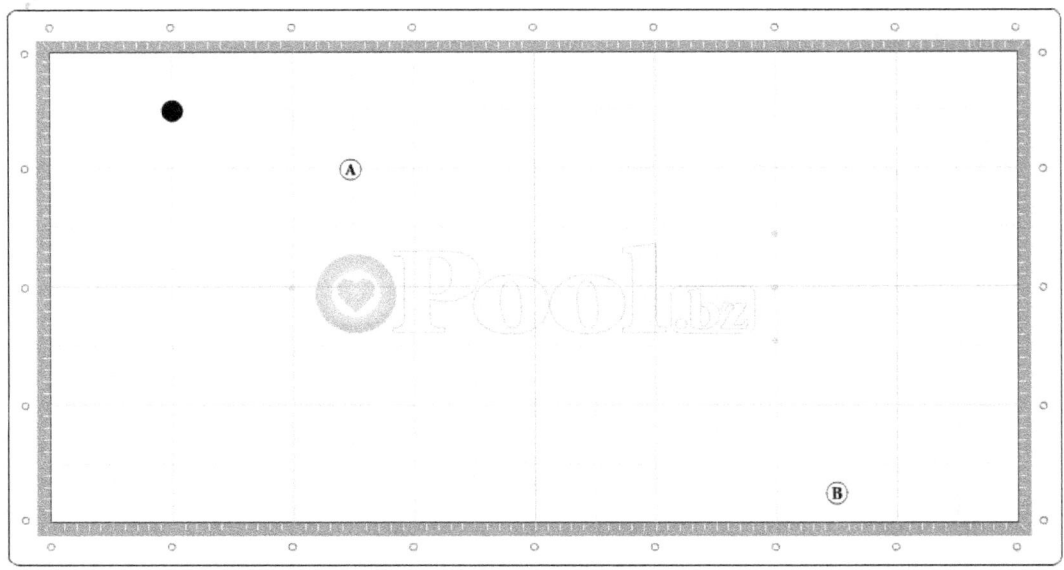

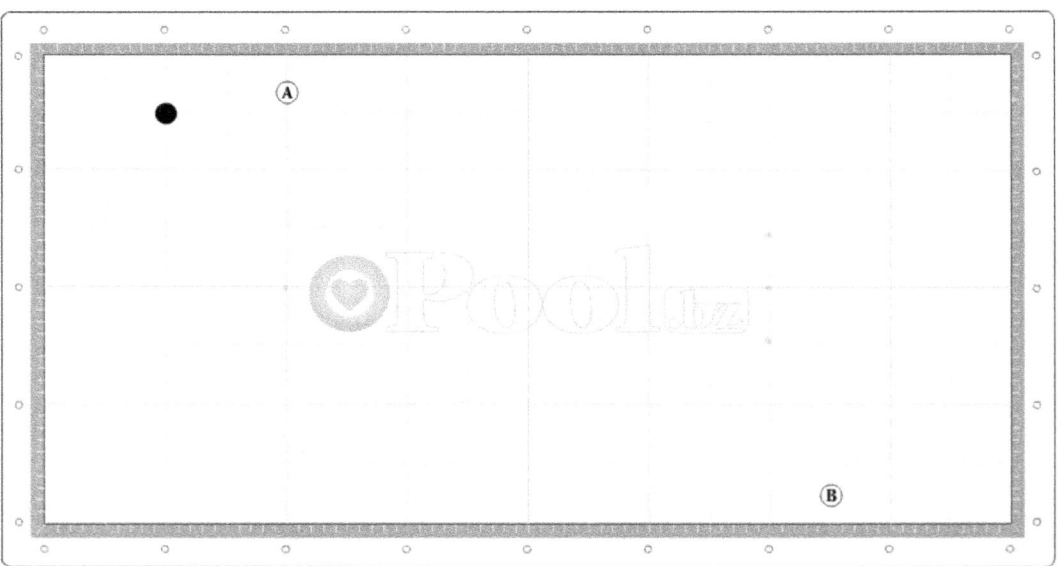

NOTAS VIR JOU IDEES:

Groep 4, stel 10

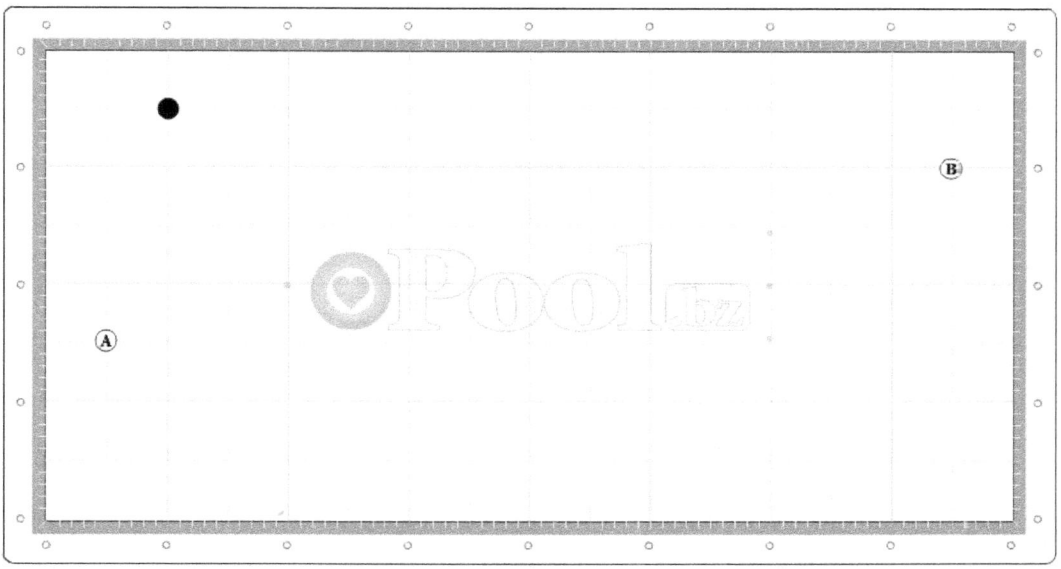

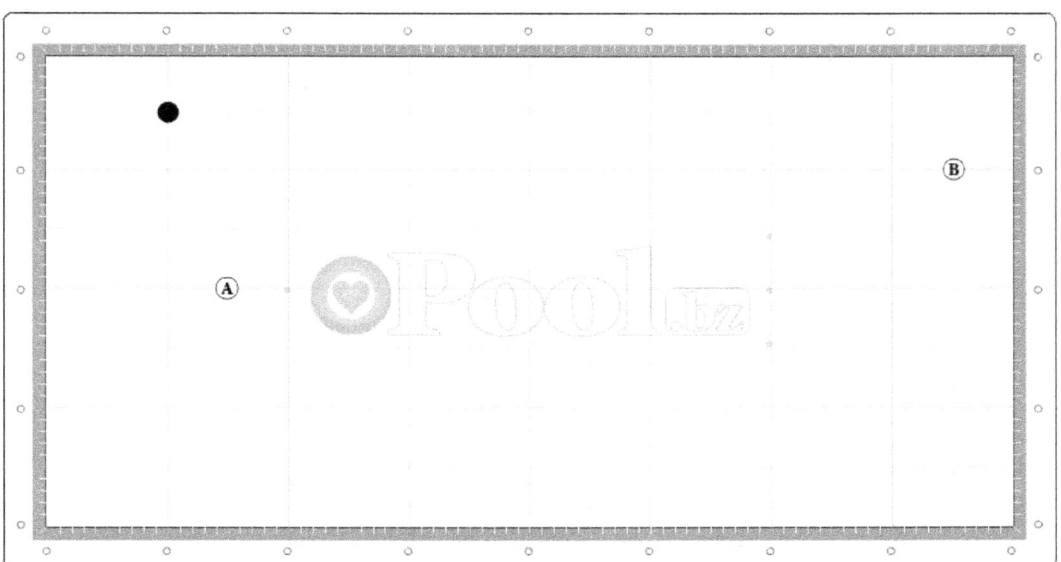

NOTAS VIR JOU IDEES:

Carambole Biljart: Meer raaisels en legkaarte

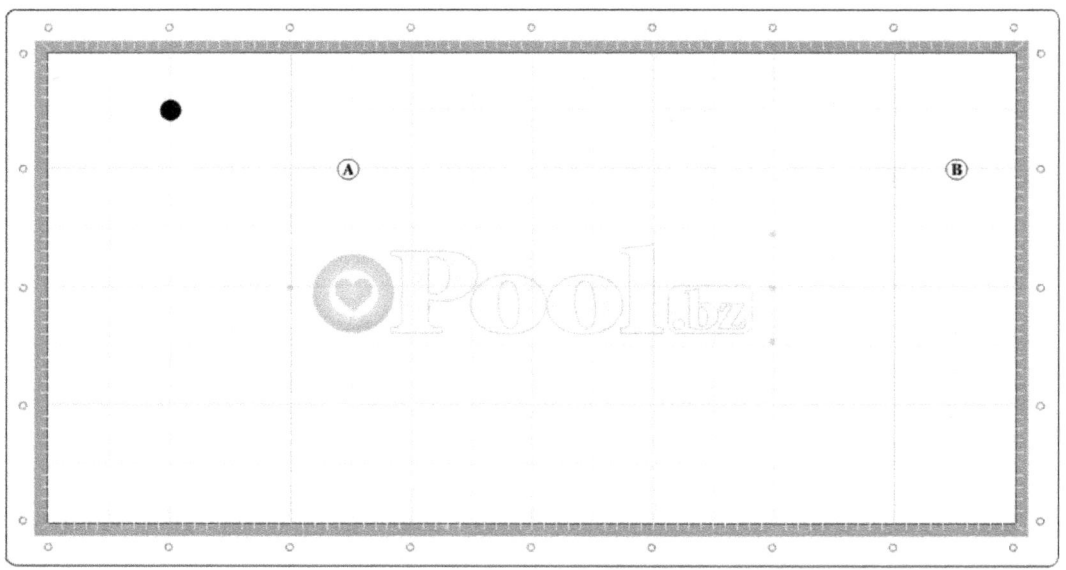

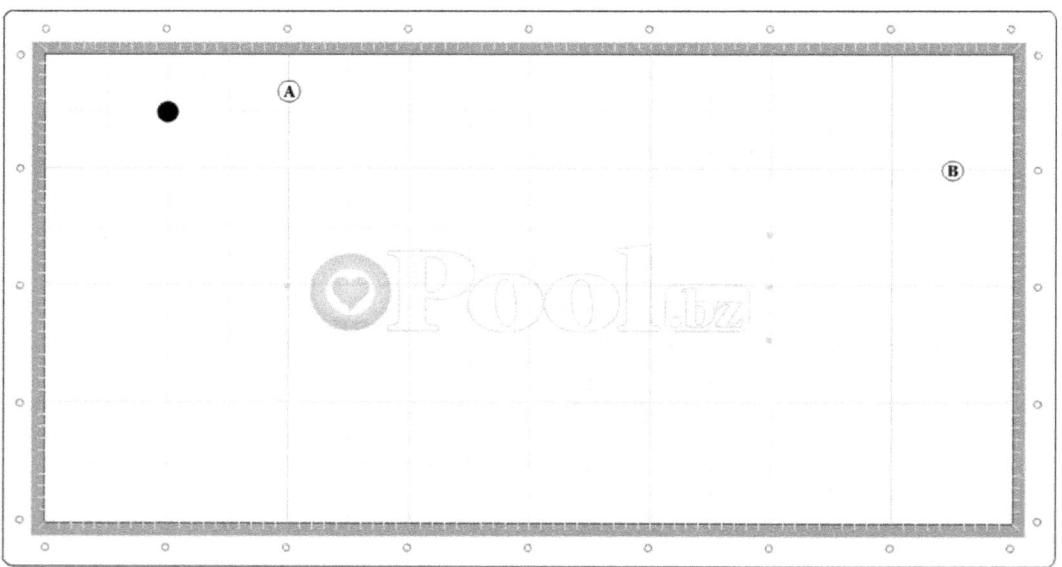

NOTAS VIR JOU IDEES:

Groep 4, stel 11

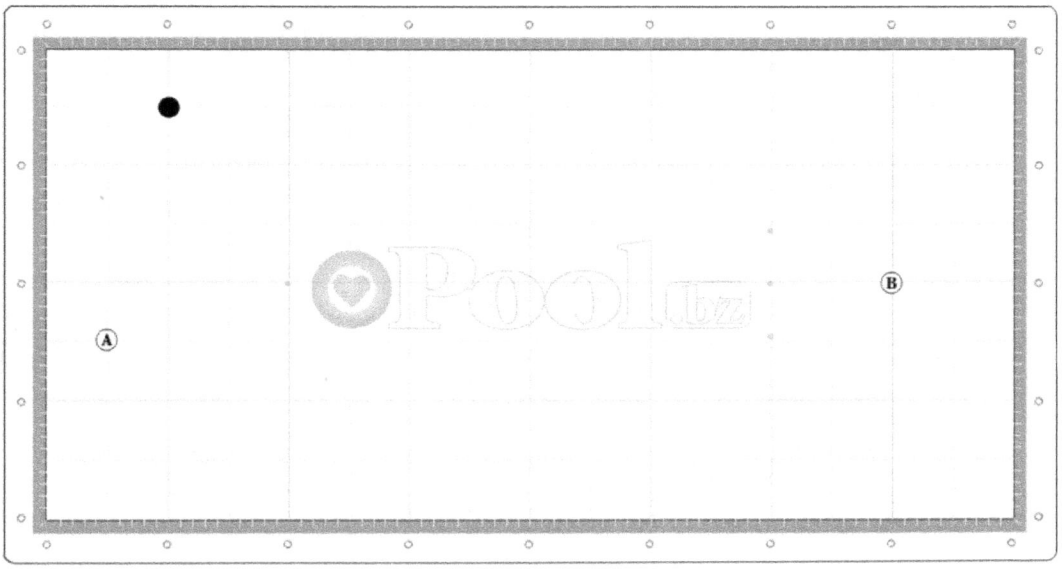

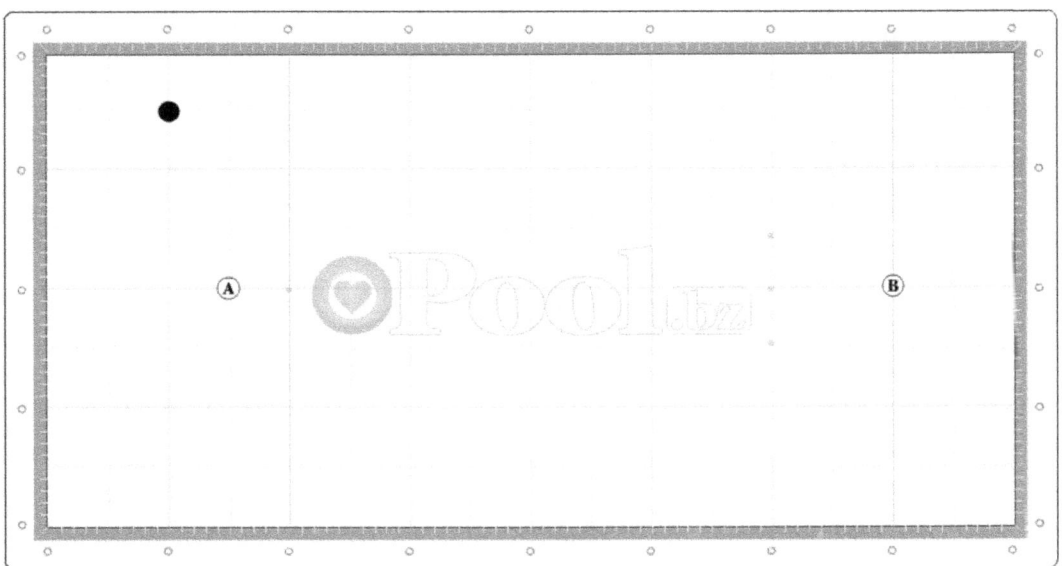

NOTAS VIR JOU IDEES:

Carambole Biljart: Meer raaisels en legkaarte

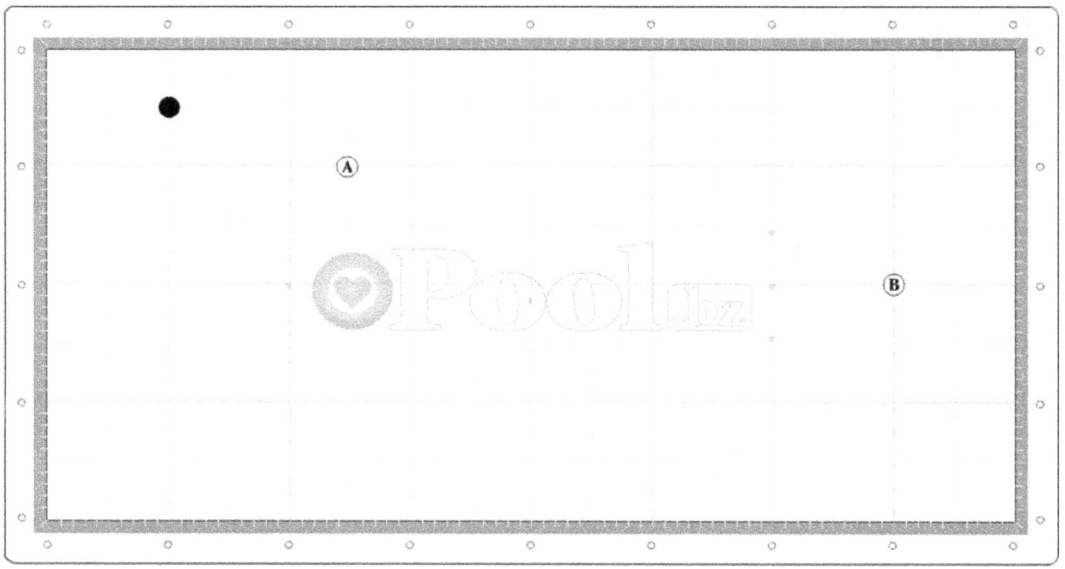

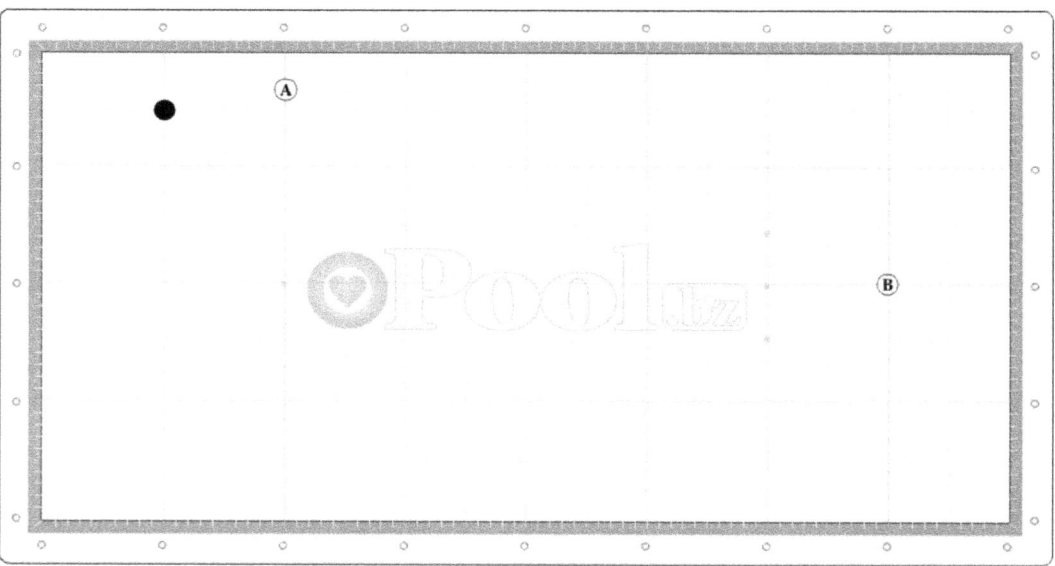

NOTAS VIR JOU IDEES:

Groep 4, stel 12

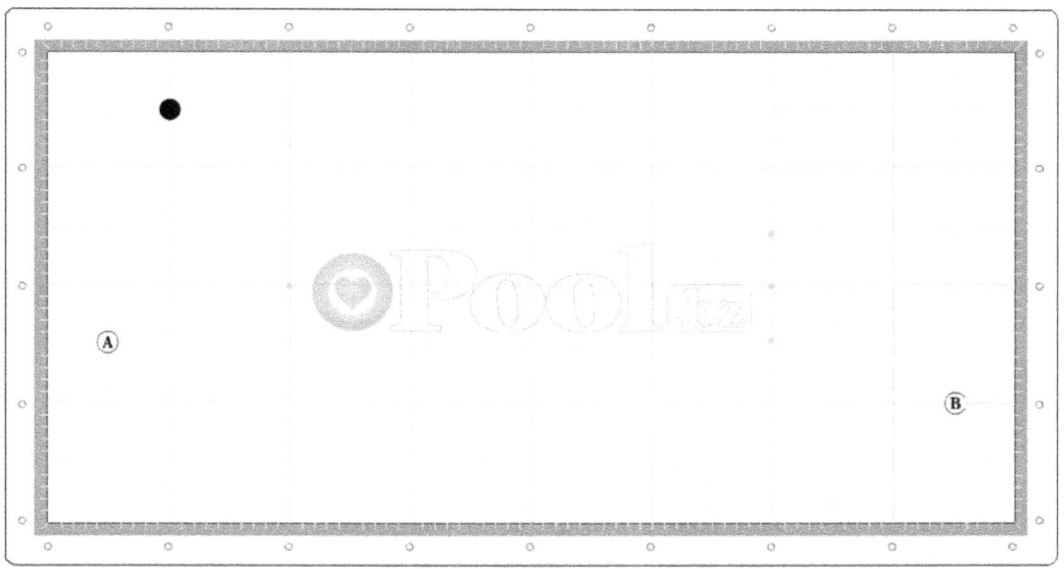

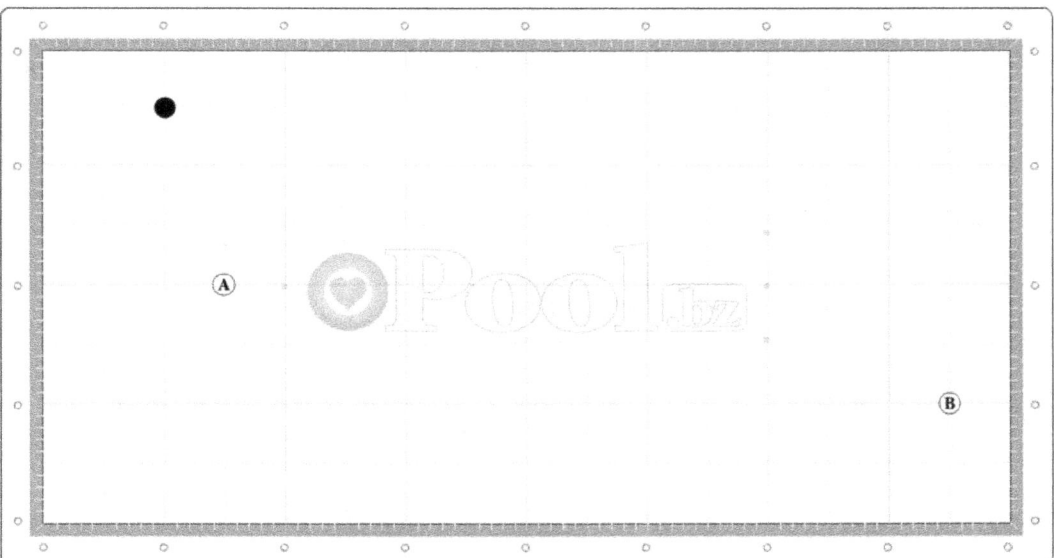

NOTAS VIR JOU IDEES:

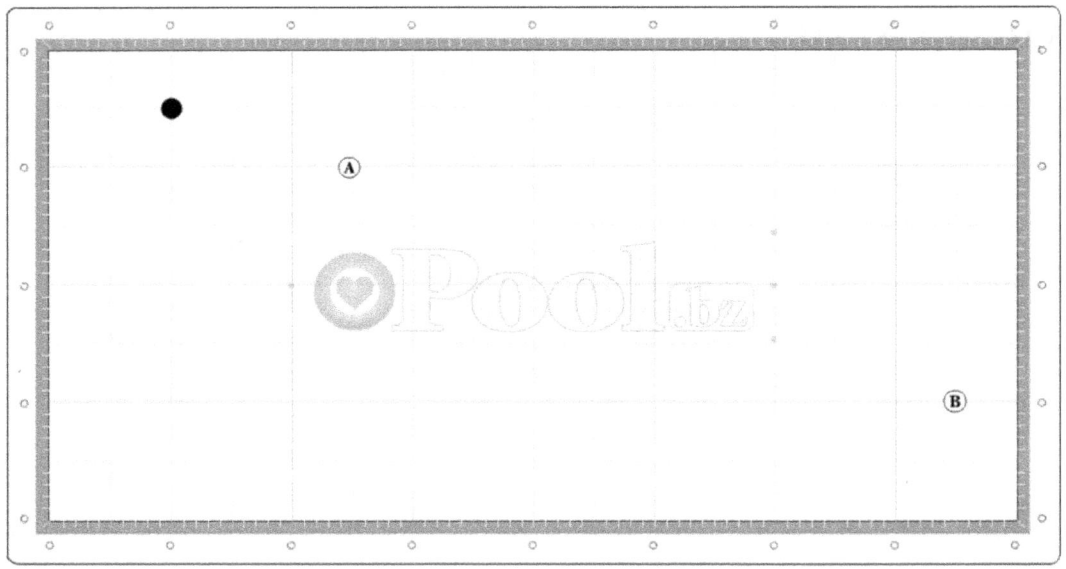

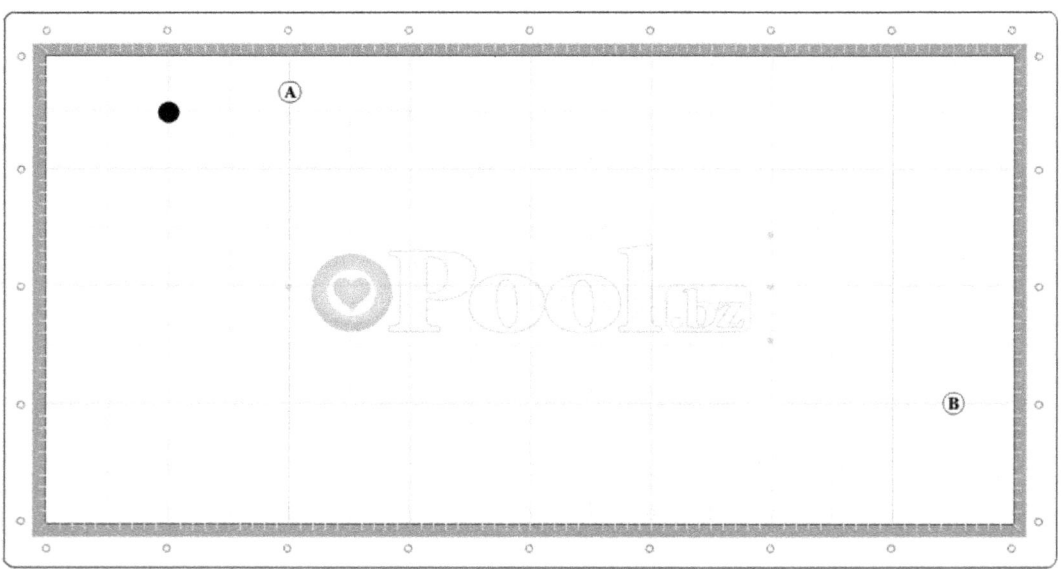

NOTAS VIR JOU IDEES:

Groep 5 tabel situasies
Groep 5, stel 1

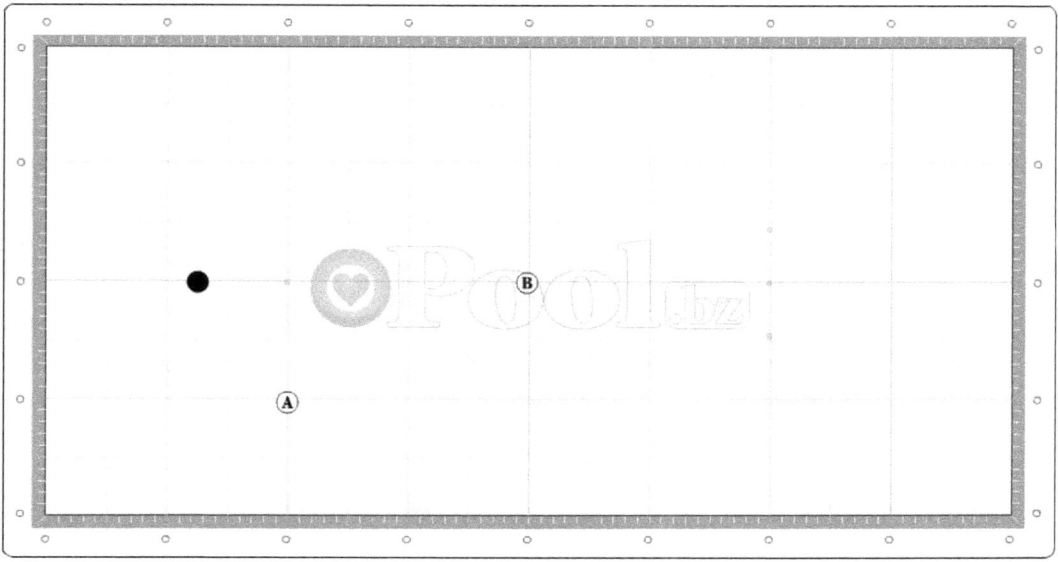

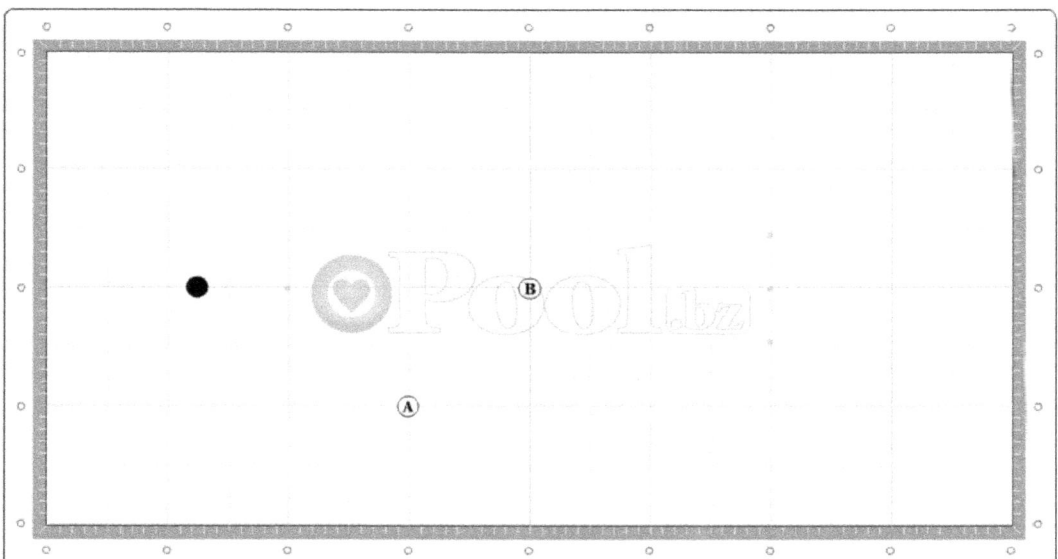

NOTAS VIR JOU IDEES:

Carambole Biljart: Meer raaisels en legkaarte

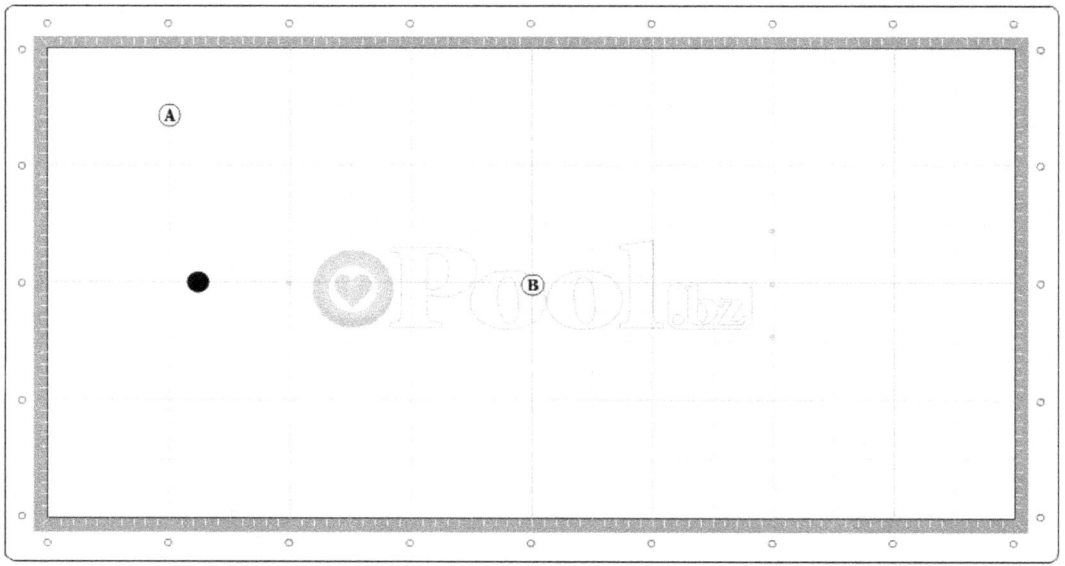

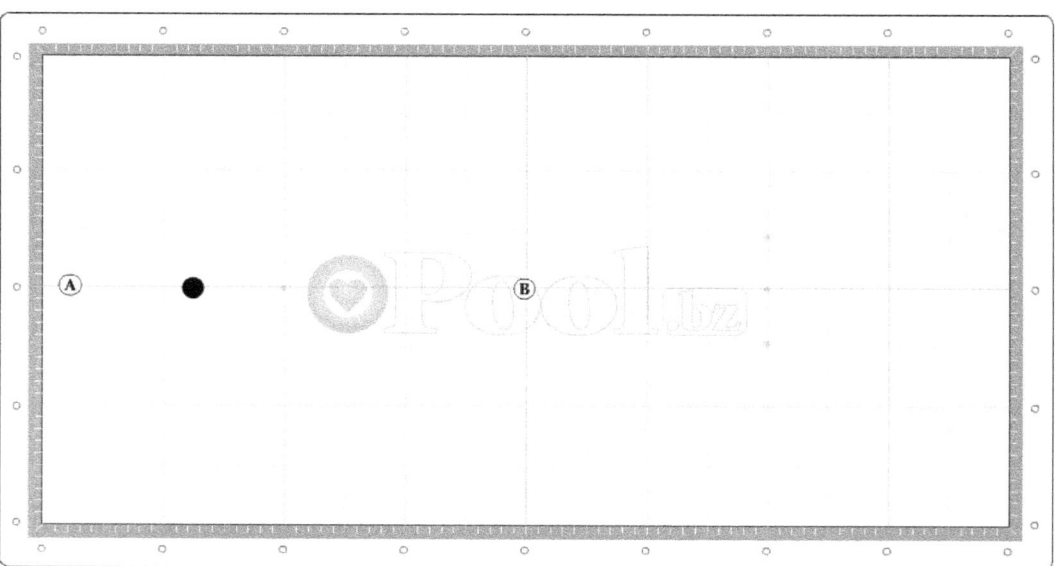

NOTAS VIR JOU IDEES:

Groep 5, stel 2

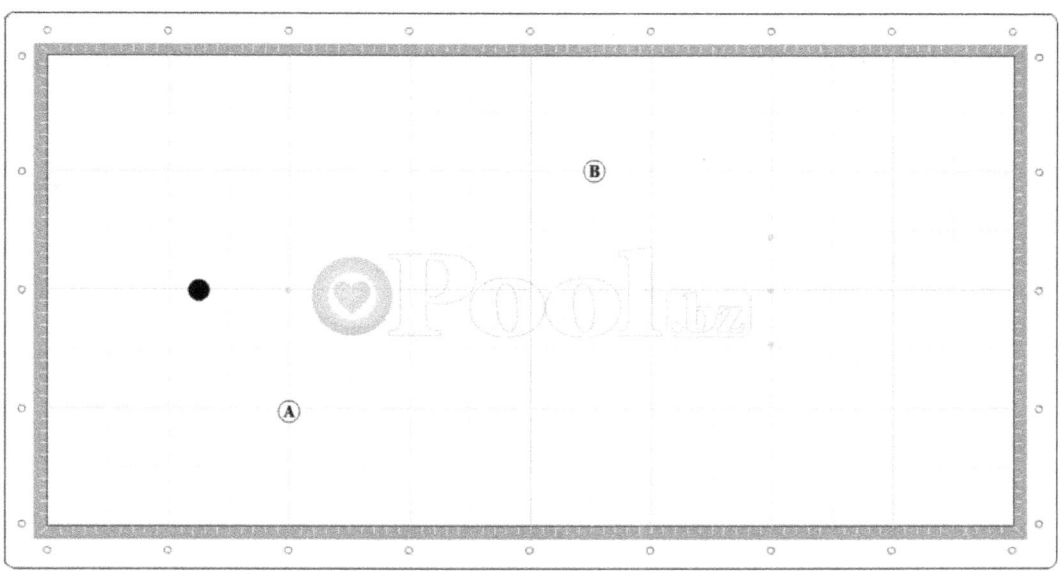

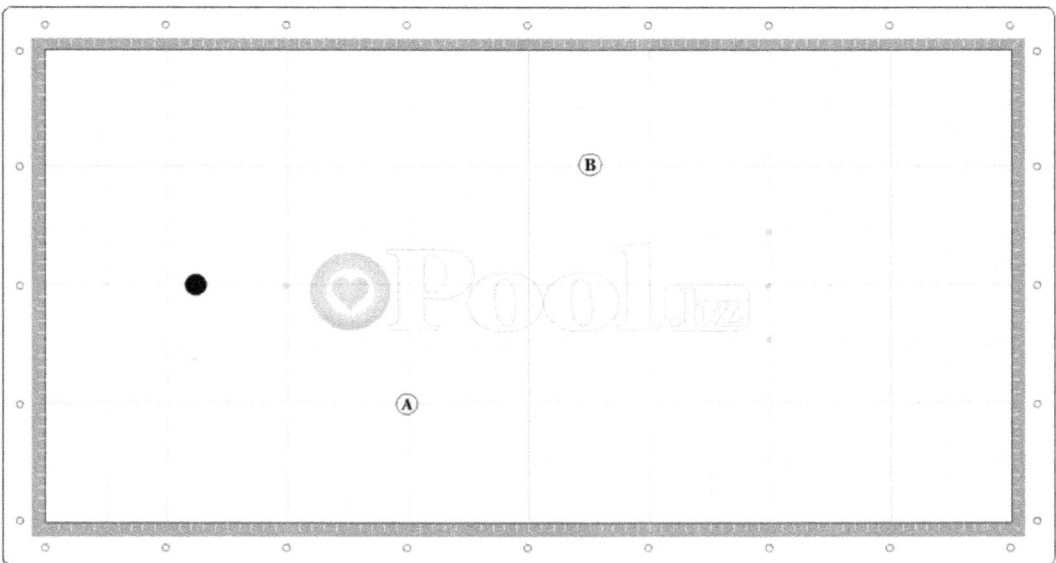

NOTAS VIR JOU IDEES:

Carambole Biljart: Meer raaisels en legkaarte

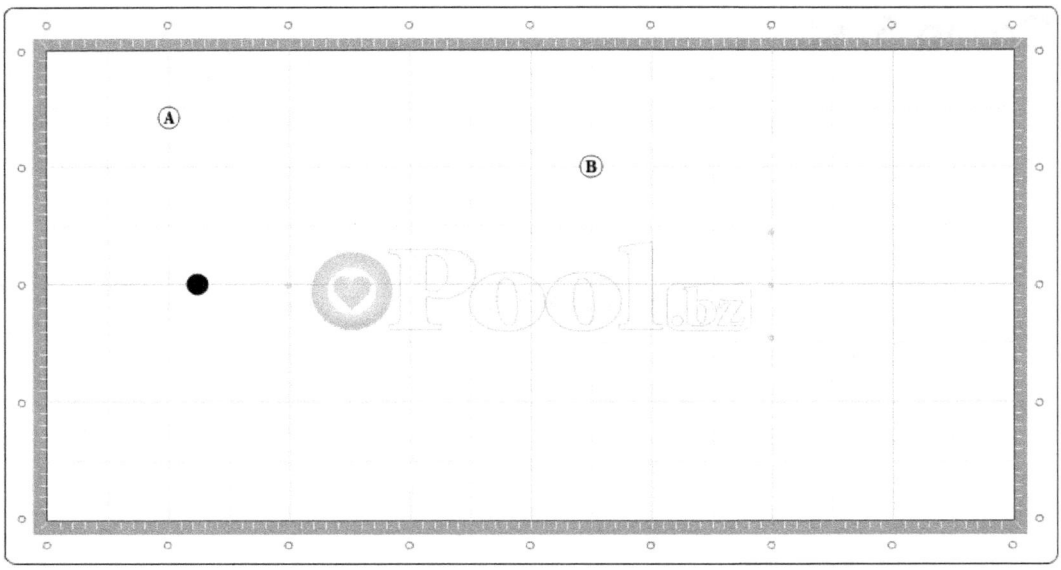

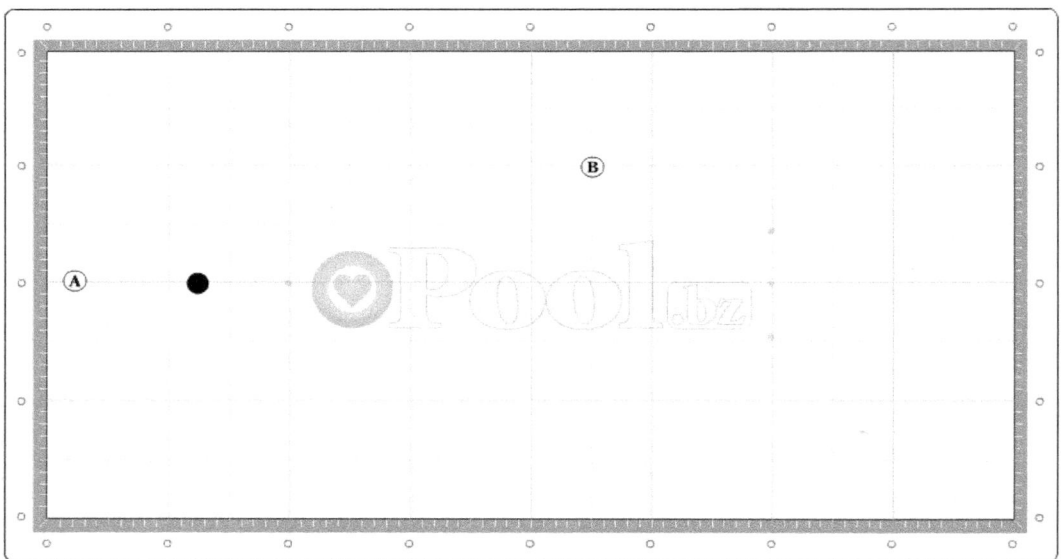

NOTAS VIR JOU IDEES:

Groep 5, stel 3

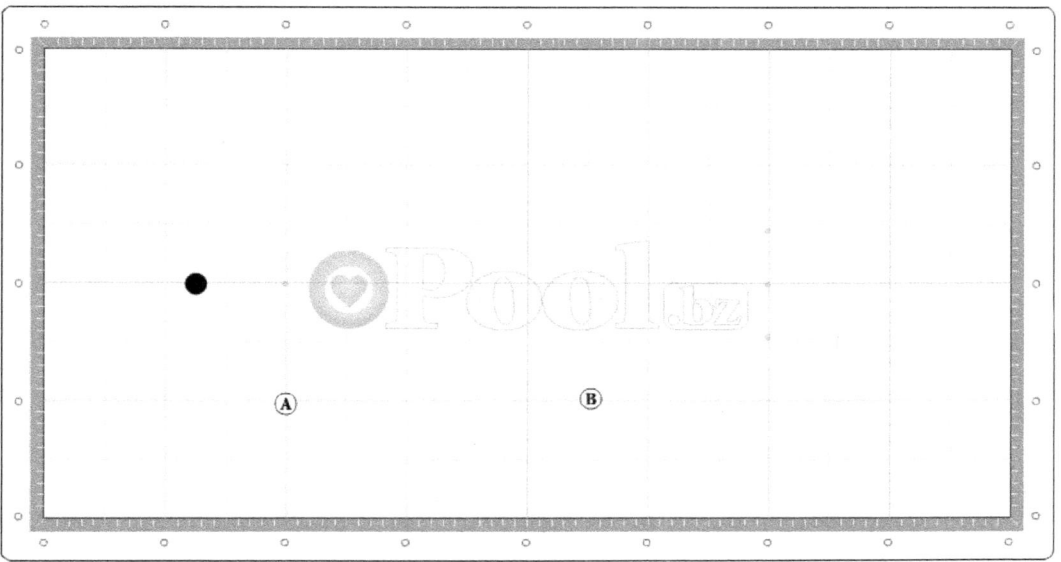

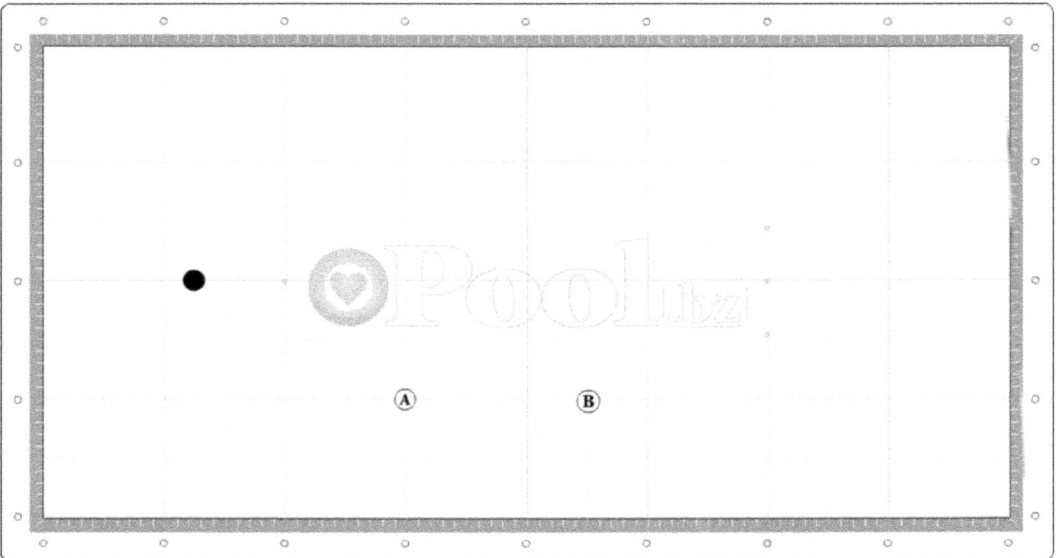

NOTAS VIR JOU IDEES:

Carambole Biljart: Meer raaisels en legkaarte

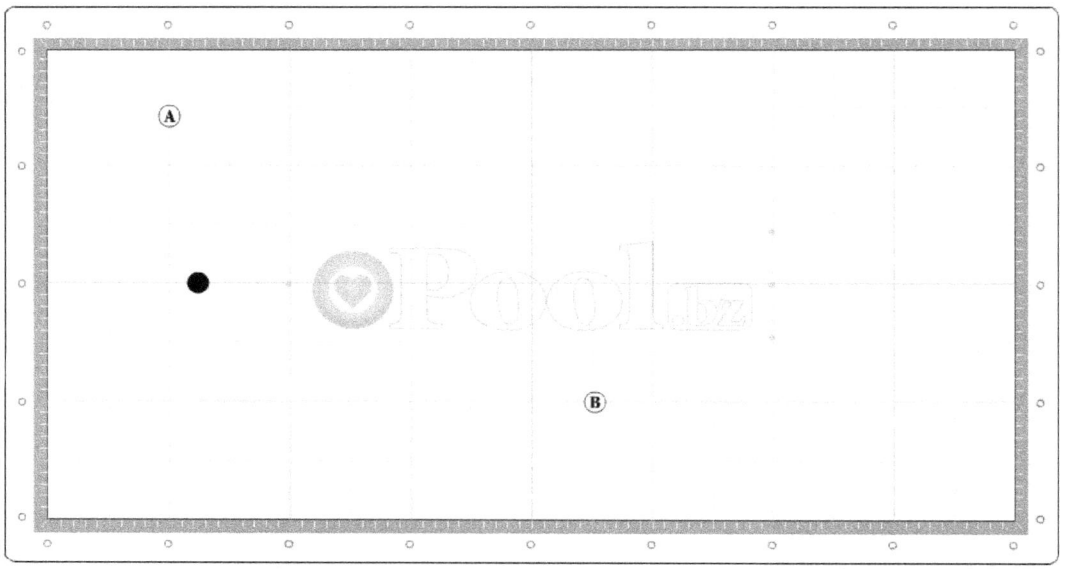

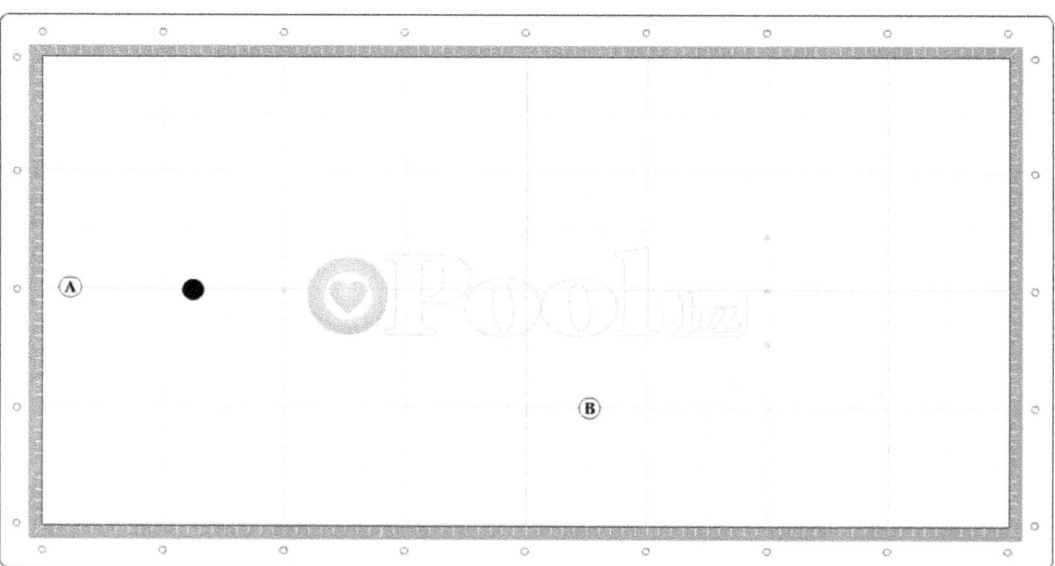

NOTAS VIR JOU IDEES:

Groep 5, stel 4

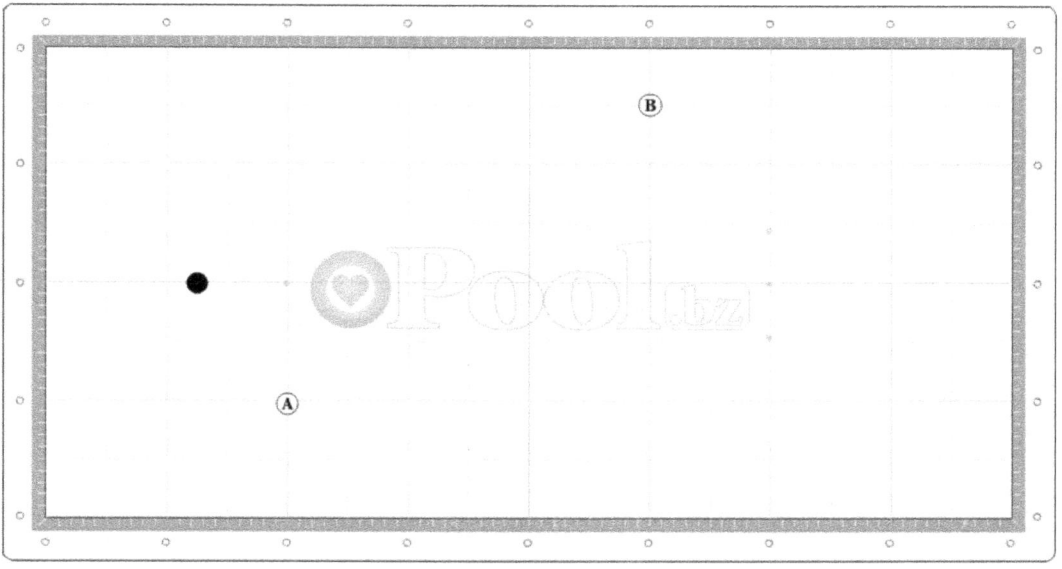

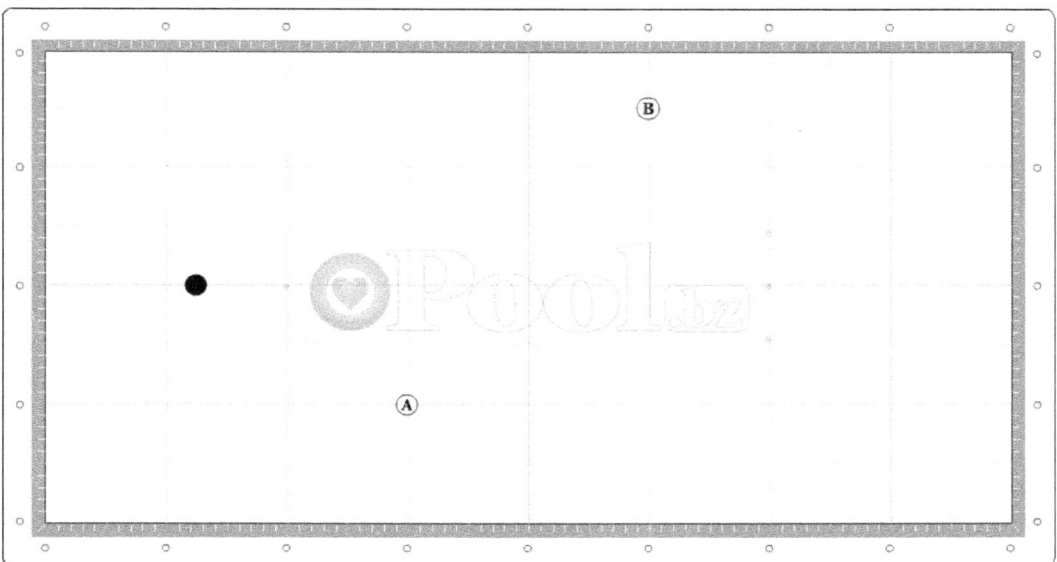

NOTAS VIR JOU IDEES:

Carambole Biljart: Meer raaisels en legkaarte

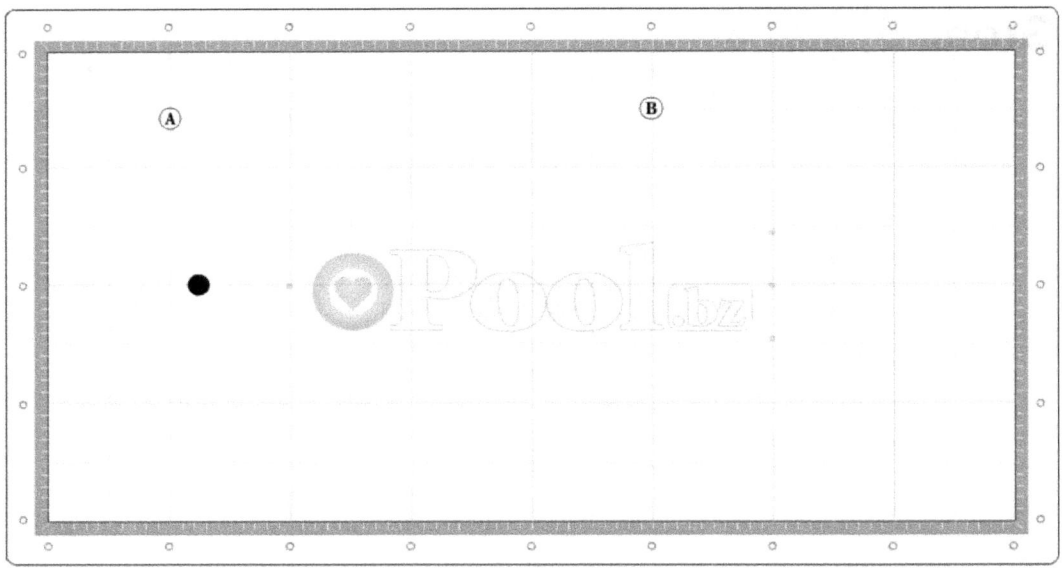

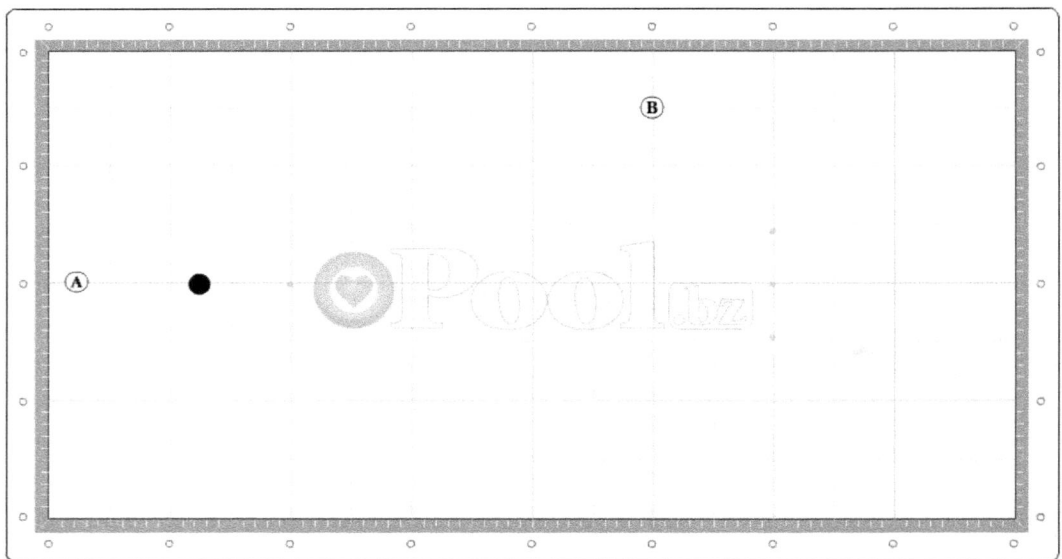

NOTAS VIR JOU IDEES:

Groep 5, stel 5

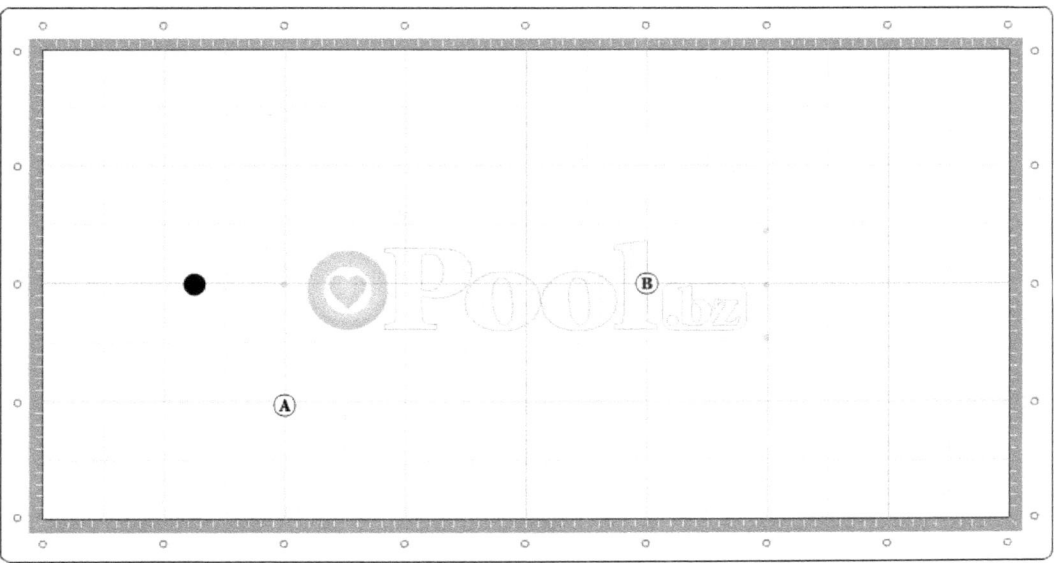

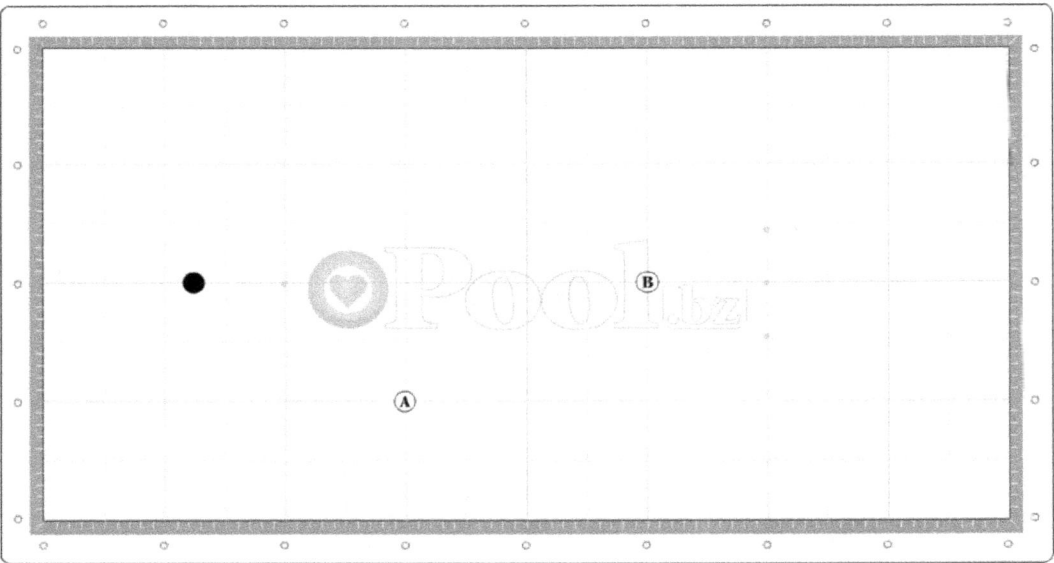

NOTAS VIR JOU IDEES:

Carambole Biljart: Meer raaisels en legkaarte

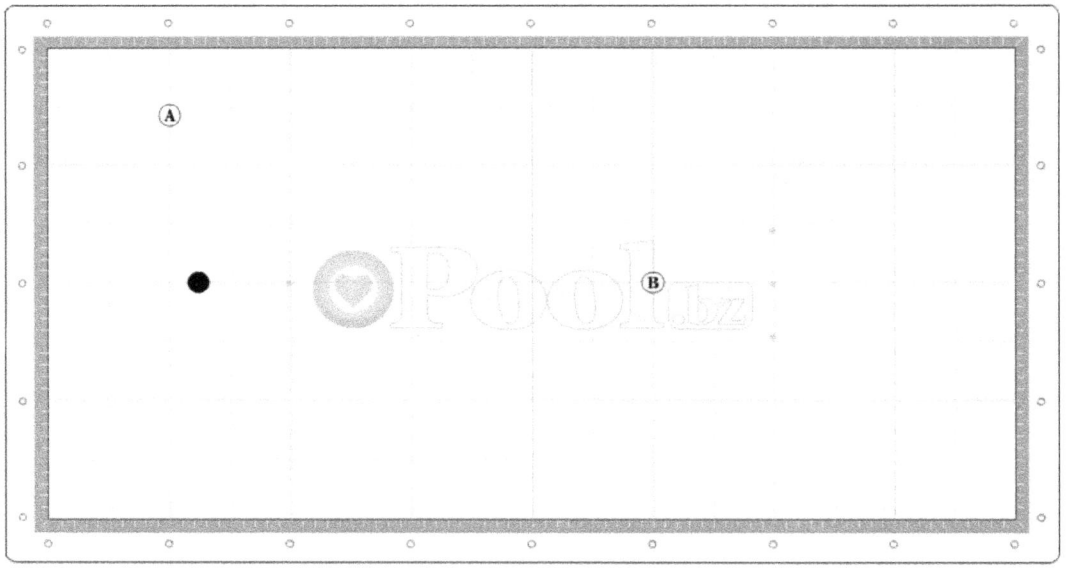

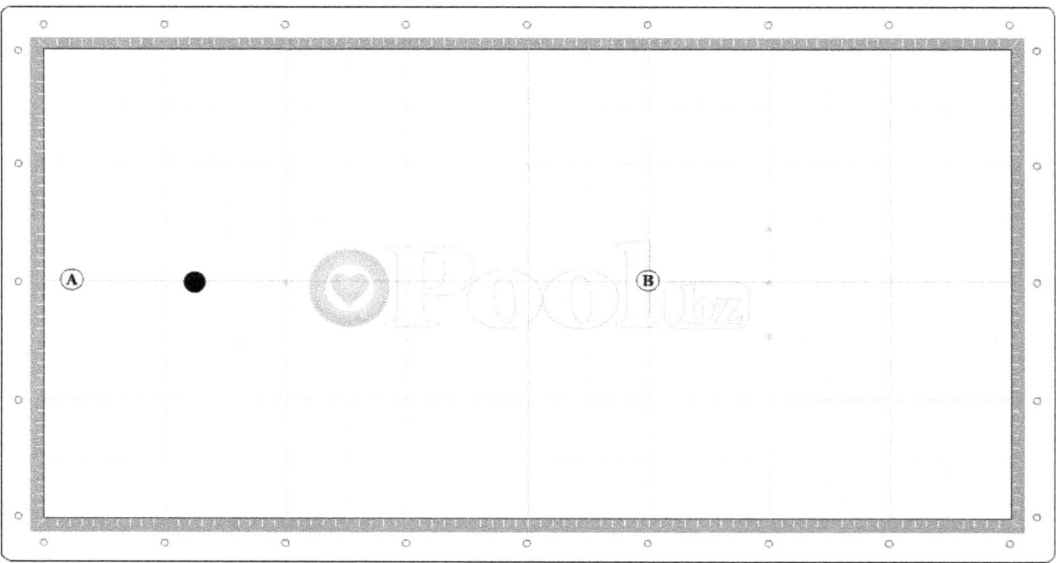

NOTAS VIR JOU IDEES:

Groep 5, stel 6

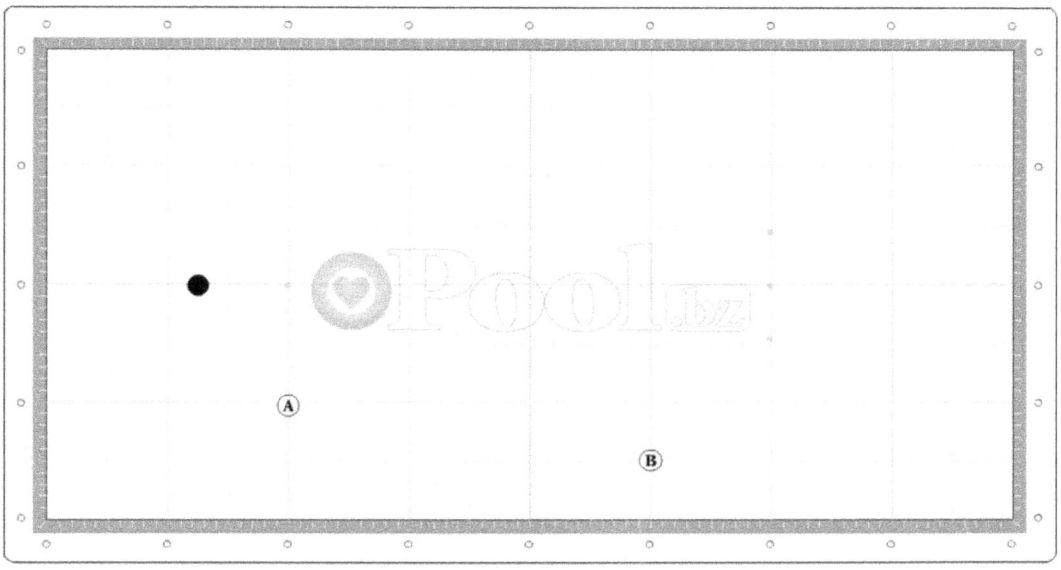

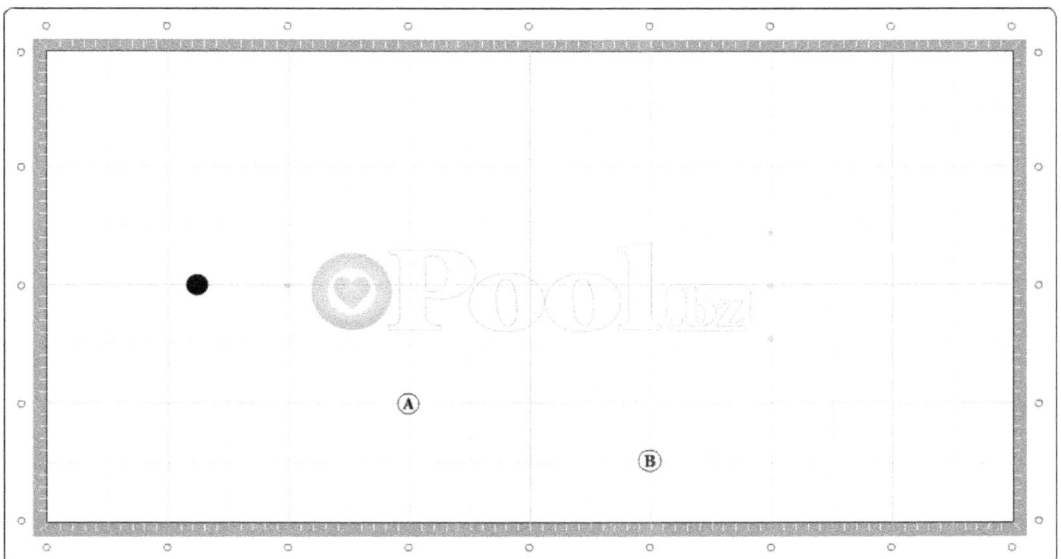

NOTAS VIR JOU IDEES:

Carambole Biljart: Meer raaisels en legkaarte

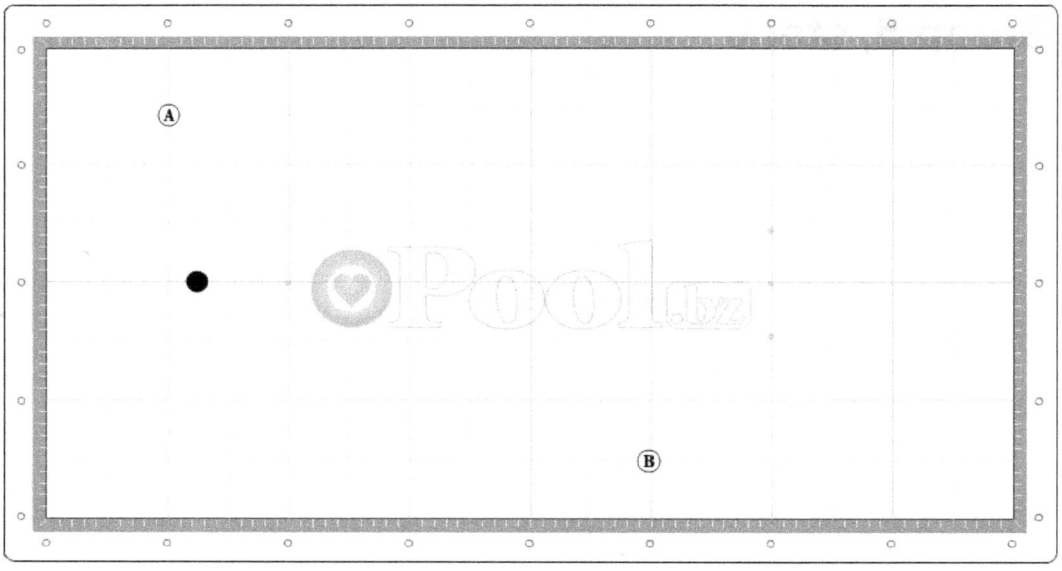

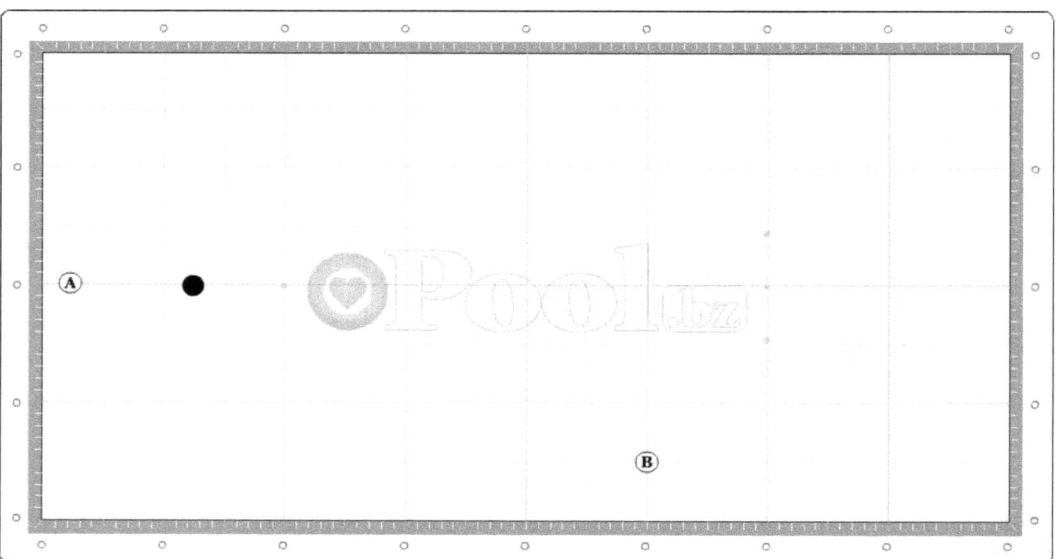

NOTAS VIR JOU IDEES:

Groep 5, stel 7

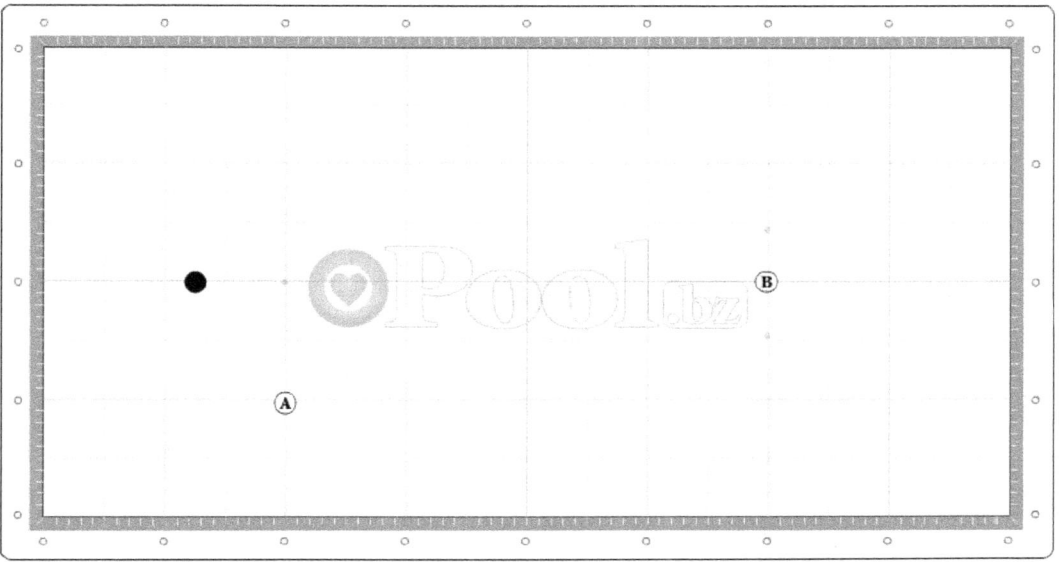

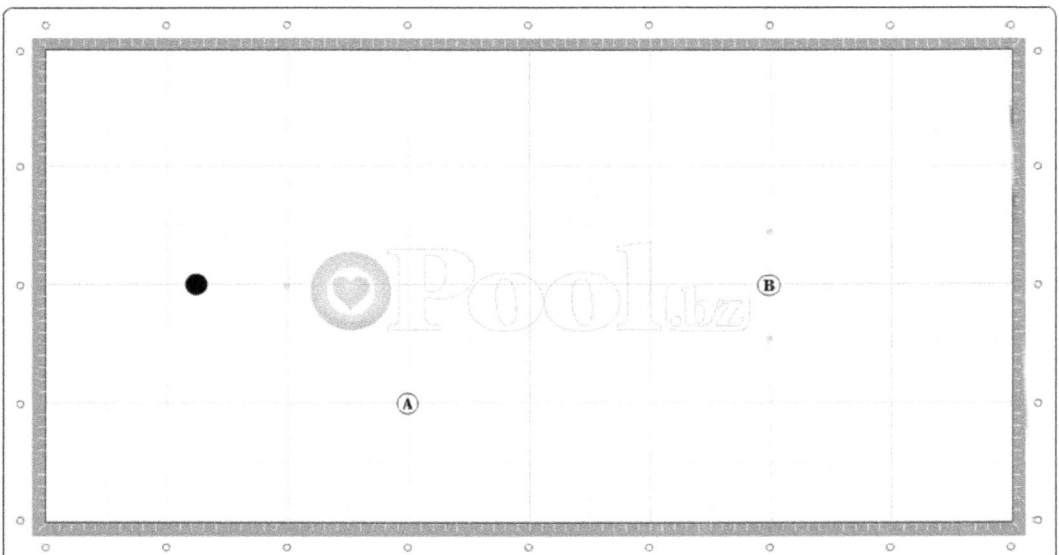

NOTAS VIR JOU IDEES:

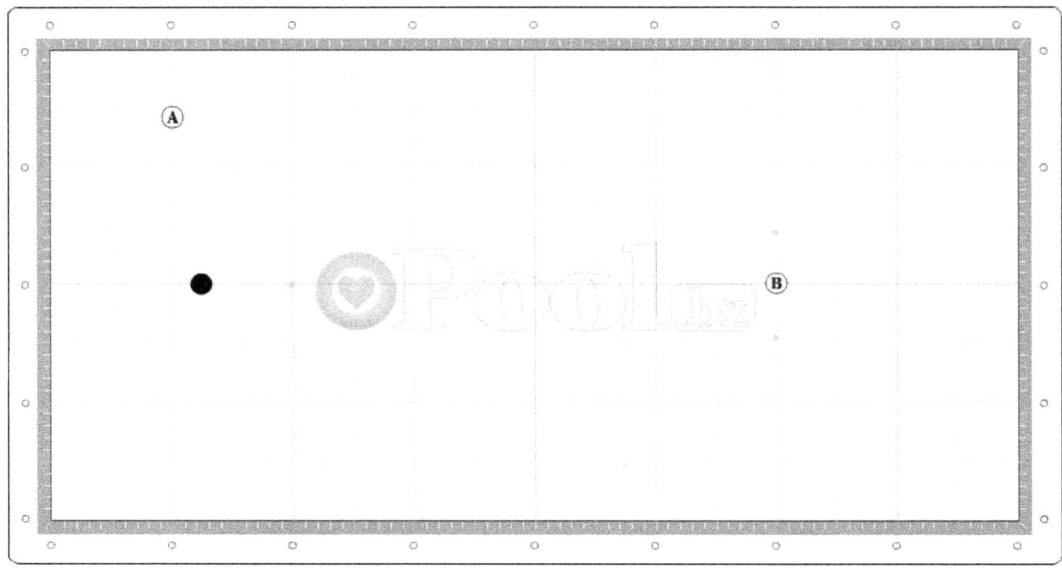

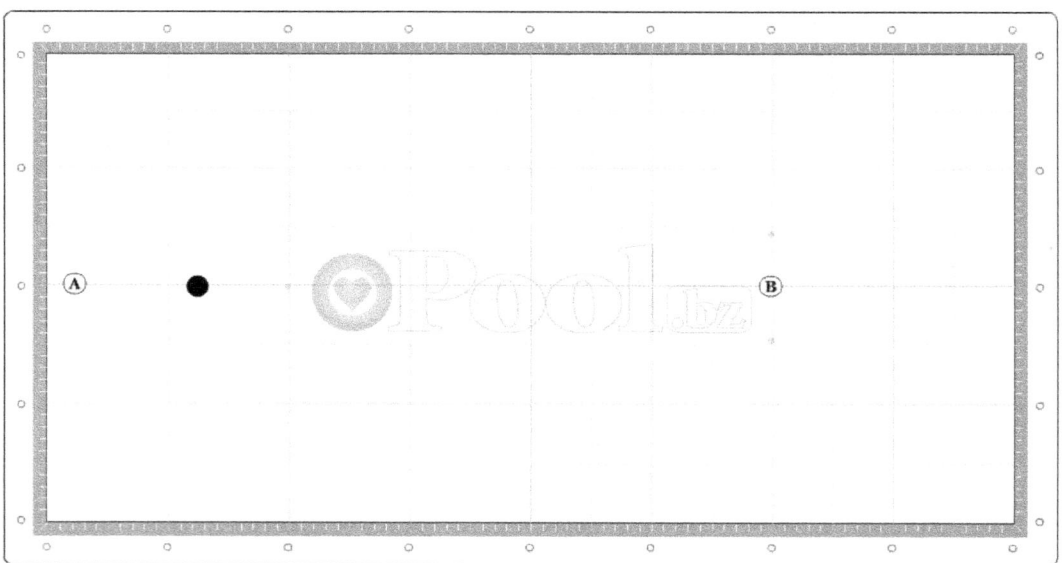

NOTAS VIR JOU IDEES:

Groep 5, stel 8

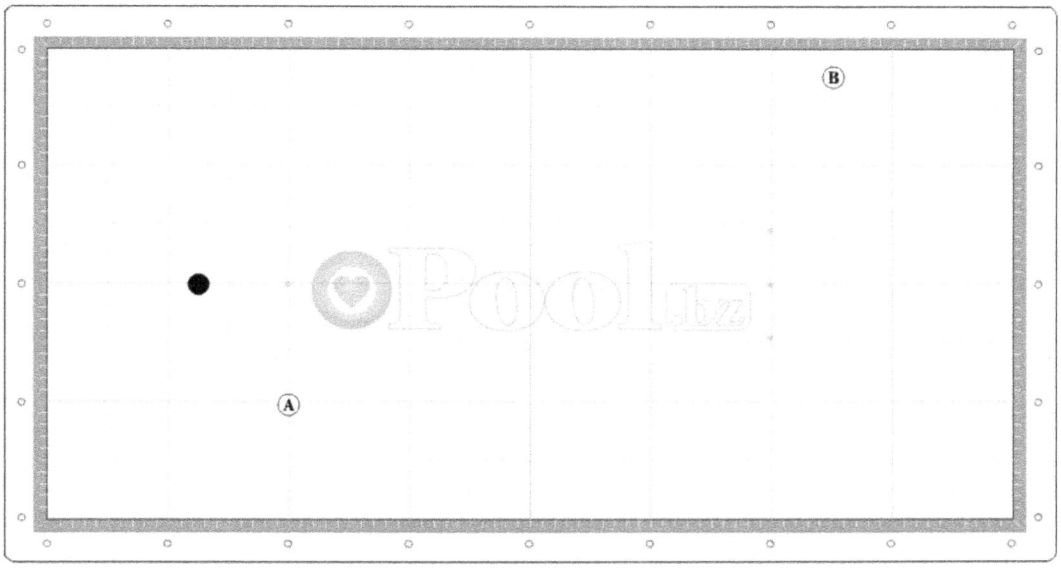

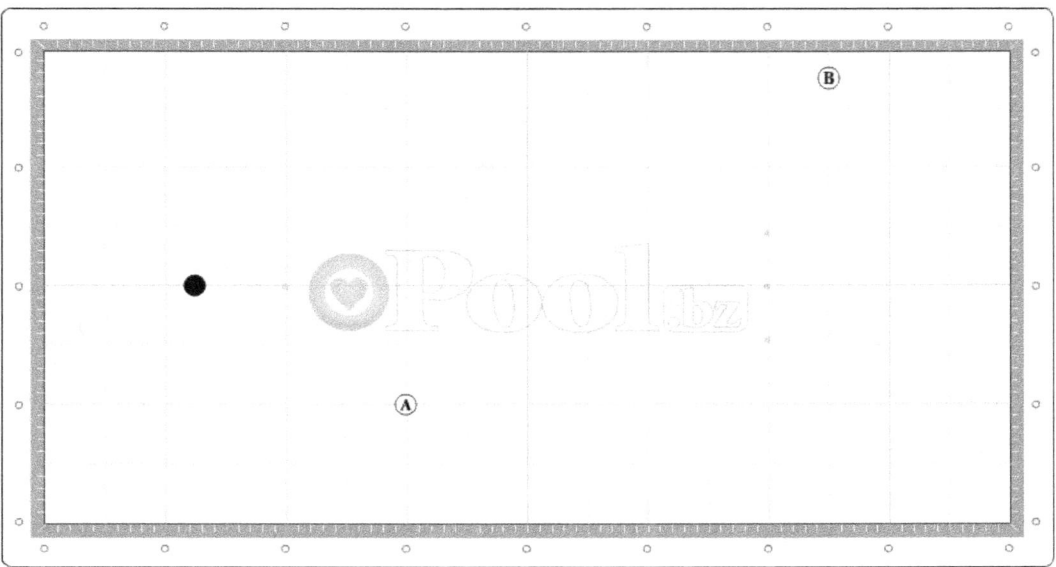

NOTAS VIR JOU IDEES:

Carambole Biljart: Meer raaisels en legkaarte

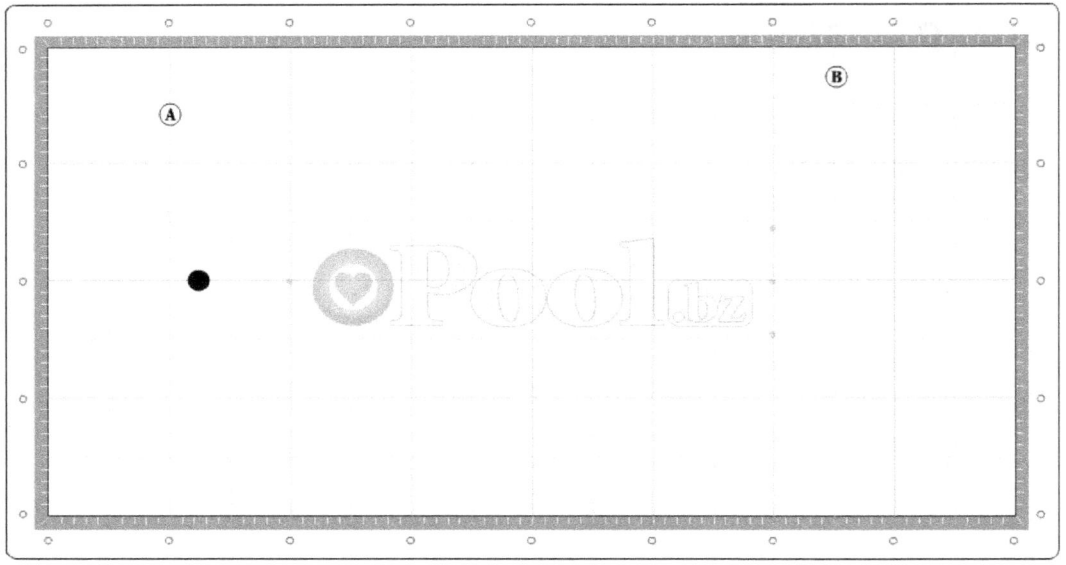

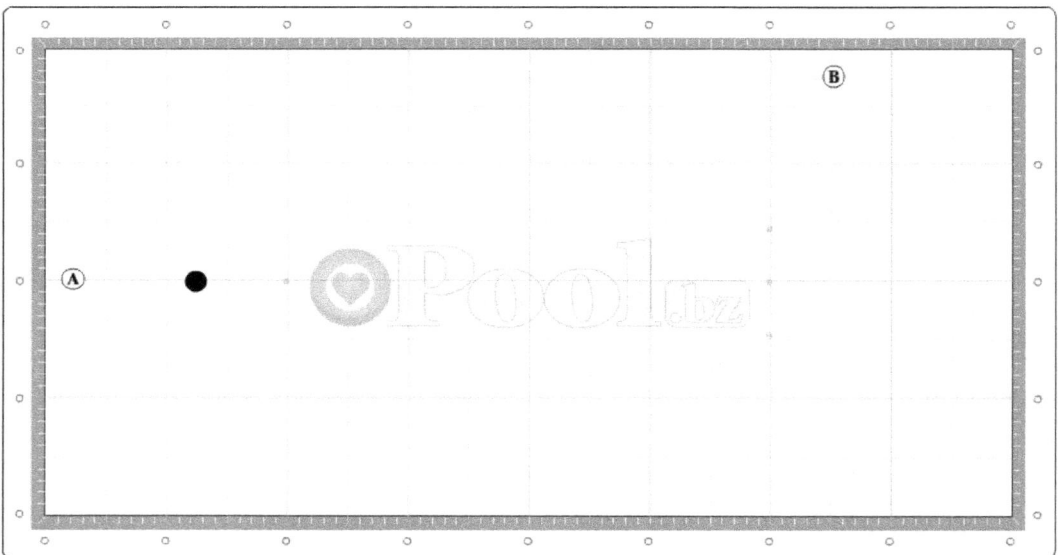

NOTAS VIR JOU IDEES:

Groep 5, stel 9

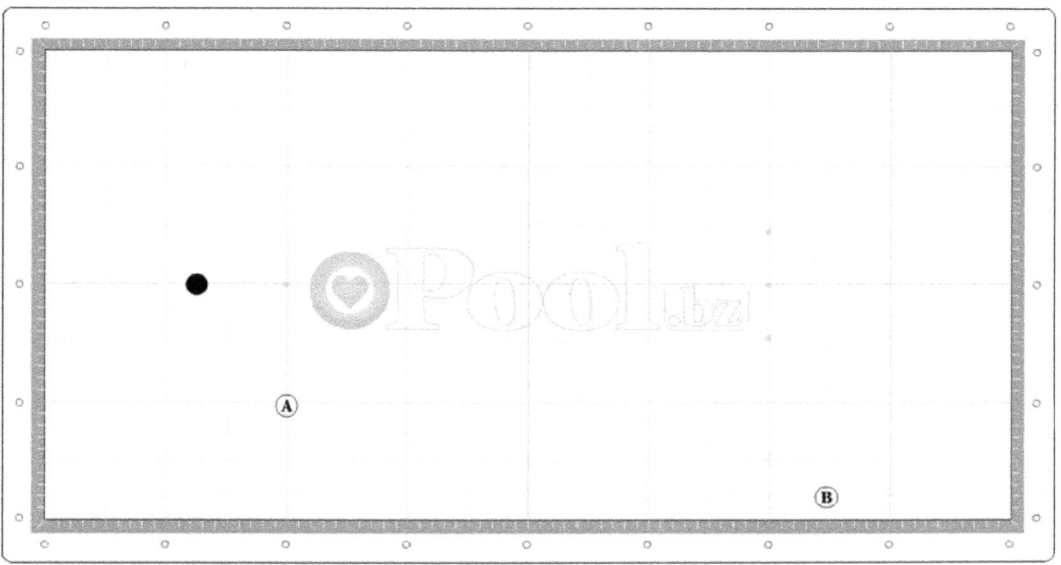

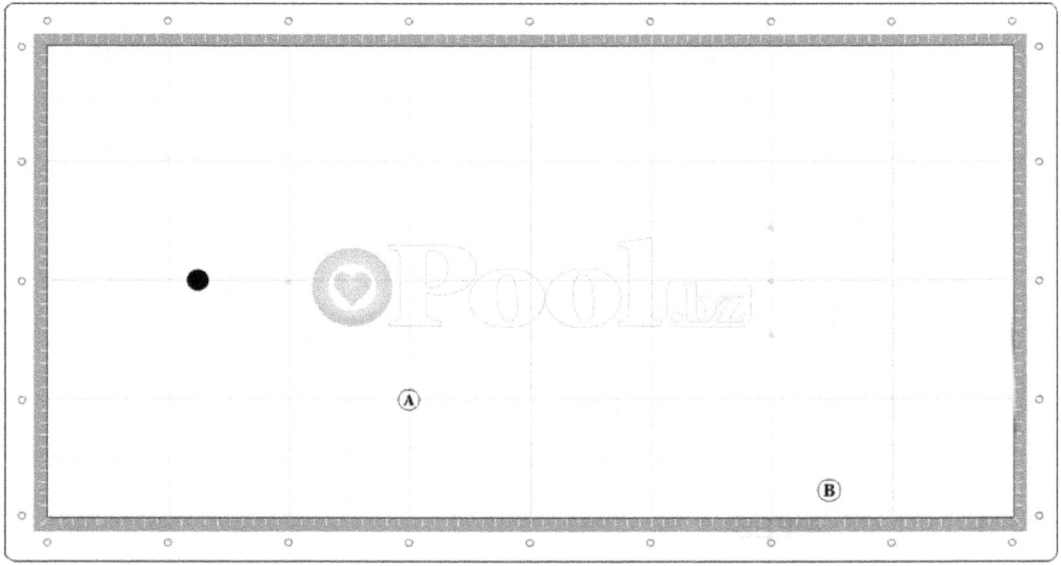

NOTAS VIR JOU IDEES:

Carambole Biljart: Meer raaisels en legkaarte

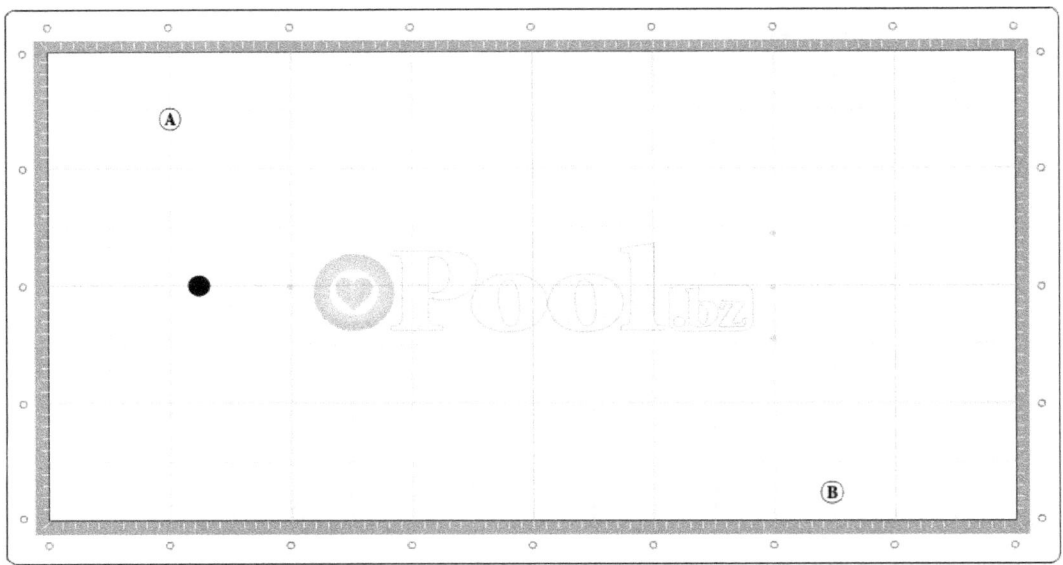

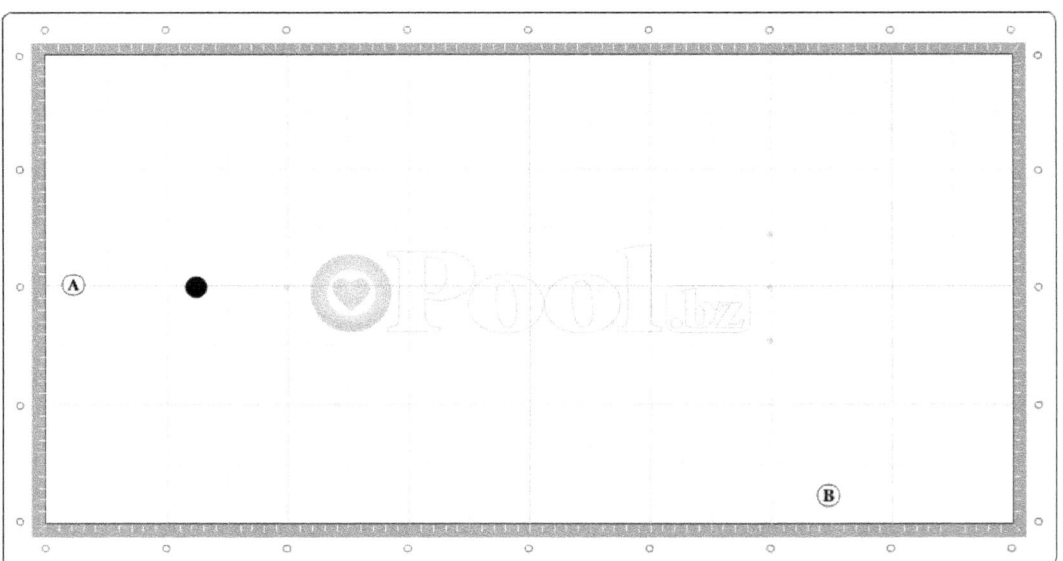

NOTAS VIR JOU IDEES:

Groep 5, stel 10

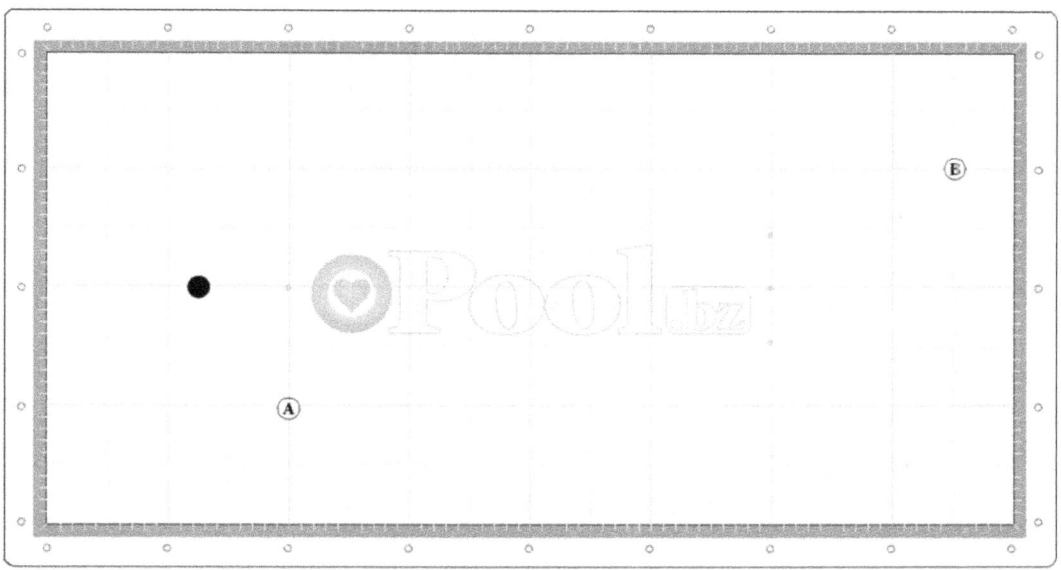

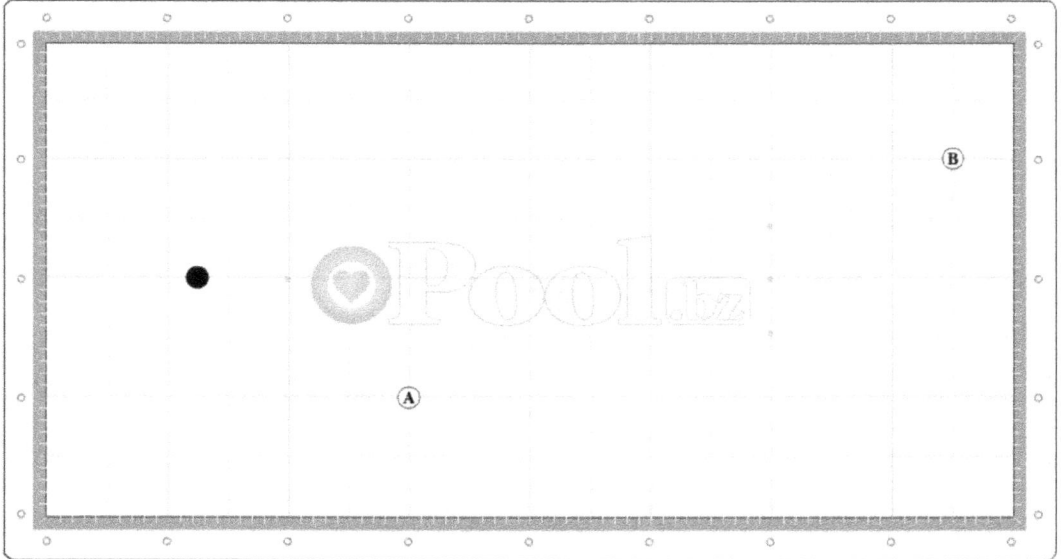

NOTAS VIR JOU IDEES:

Carambole Biljart: Meer raaisels en legkaarte

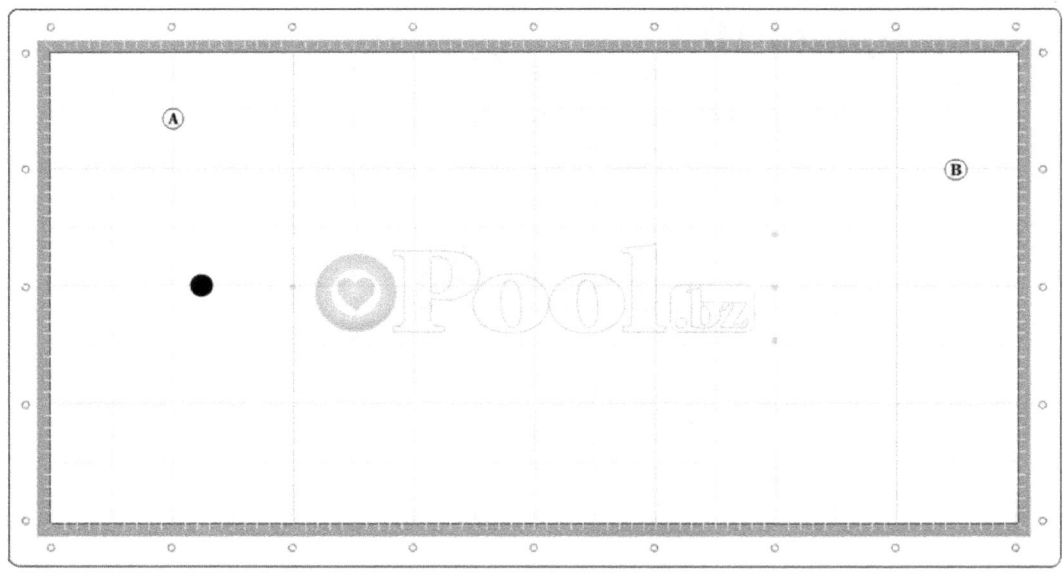

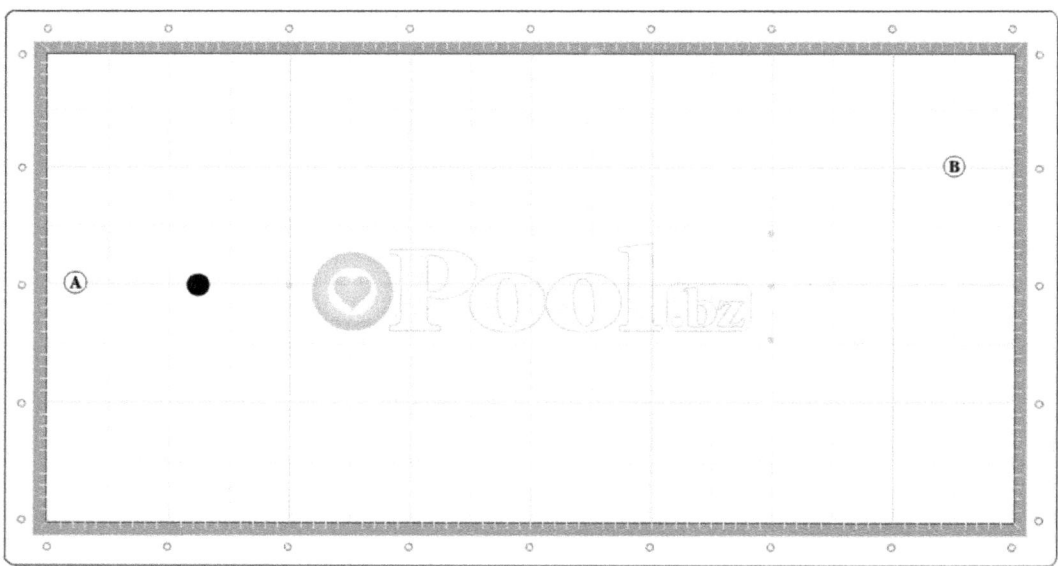

NOTAS VIR JOU IDEES:

Groep 5, stel 11

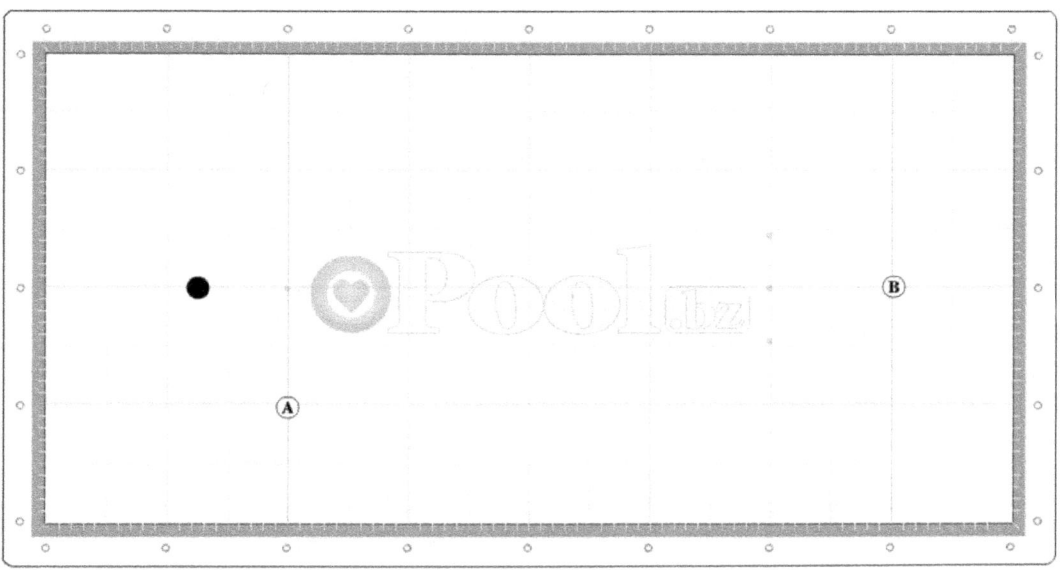

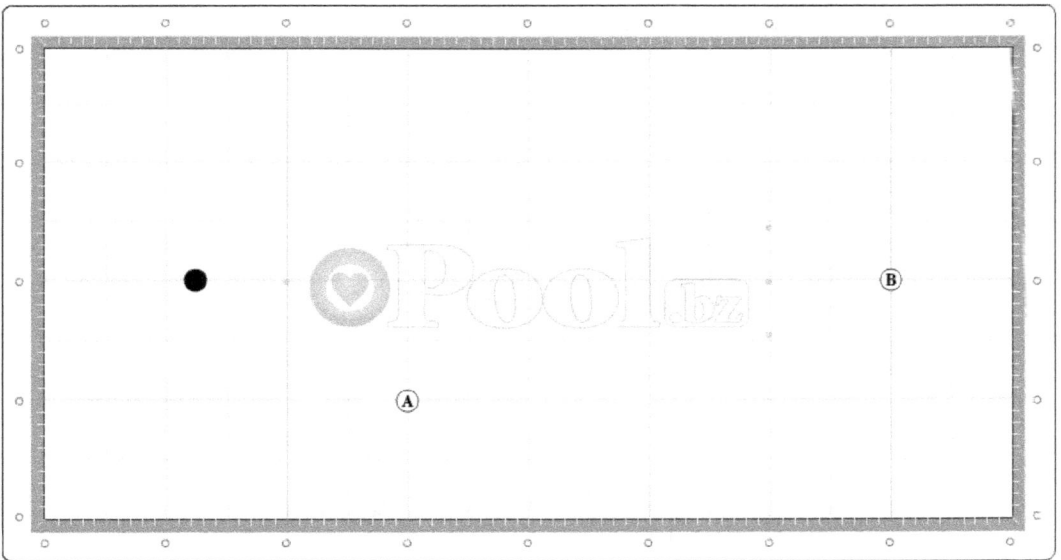

NOTAS VIR JOU IDEES:

(Aan die voorkant van hierdie boek is daar 4 monster 3-kussingspatrone van hierdie uitleg.)

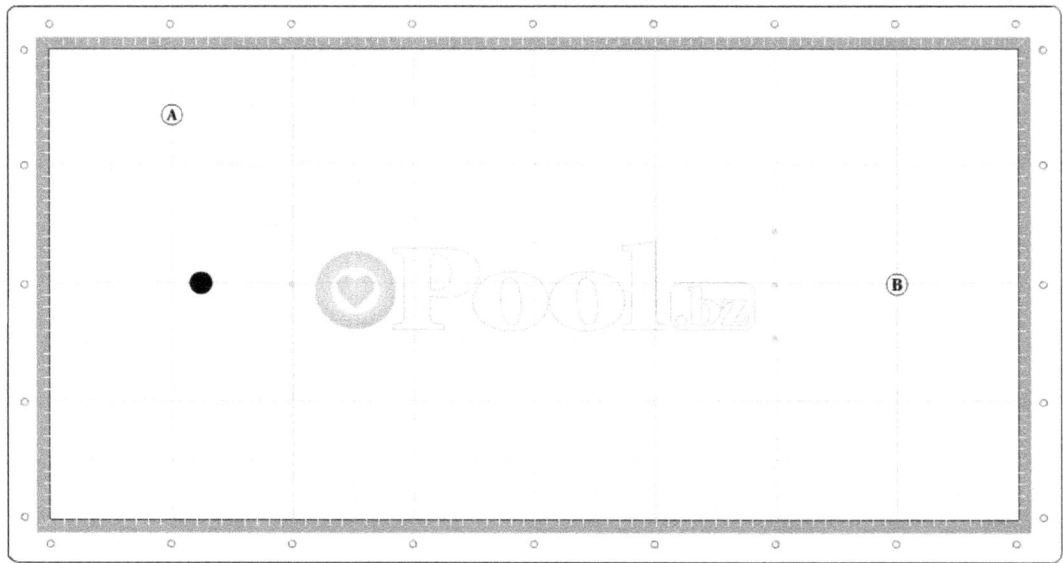

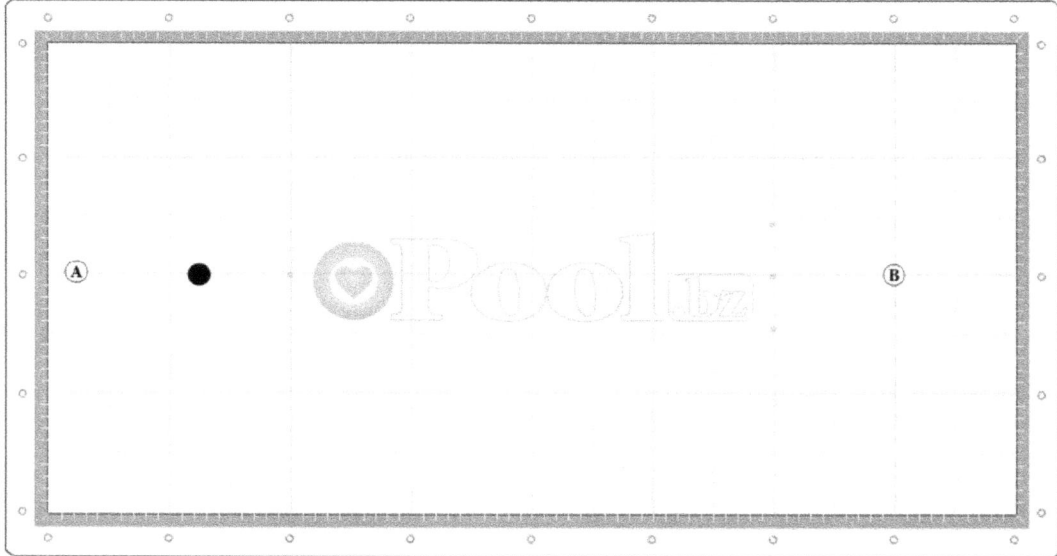

NOTAS VIR JOU IDEES:

Groep 5, stel 12

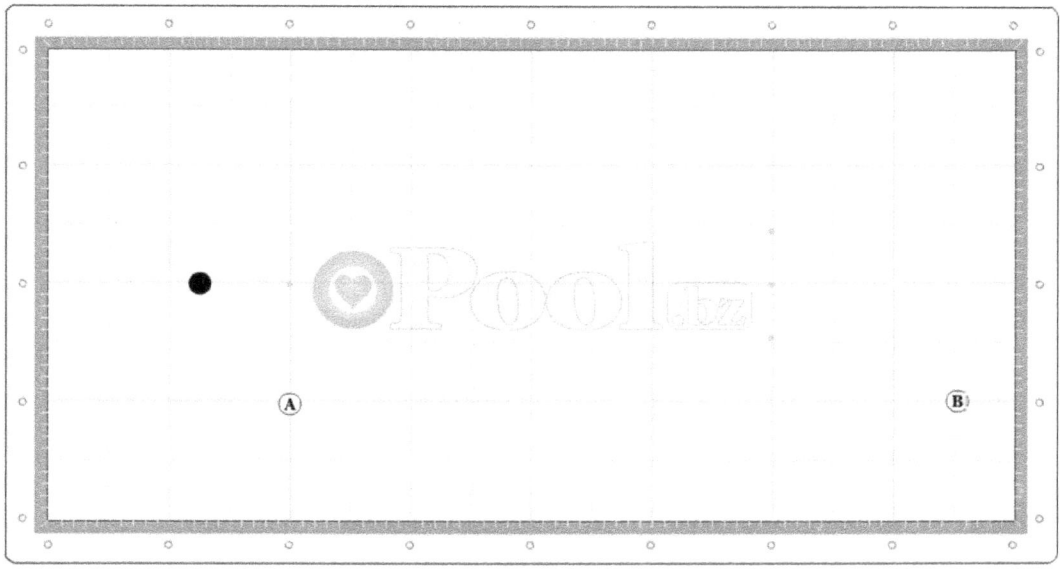

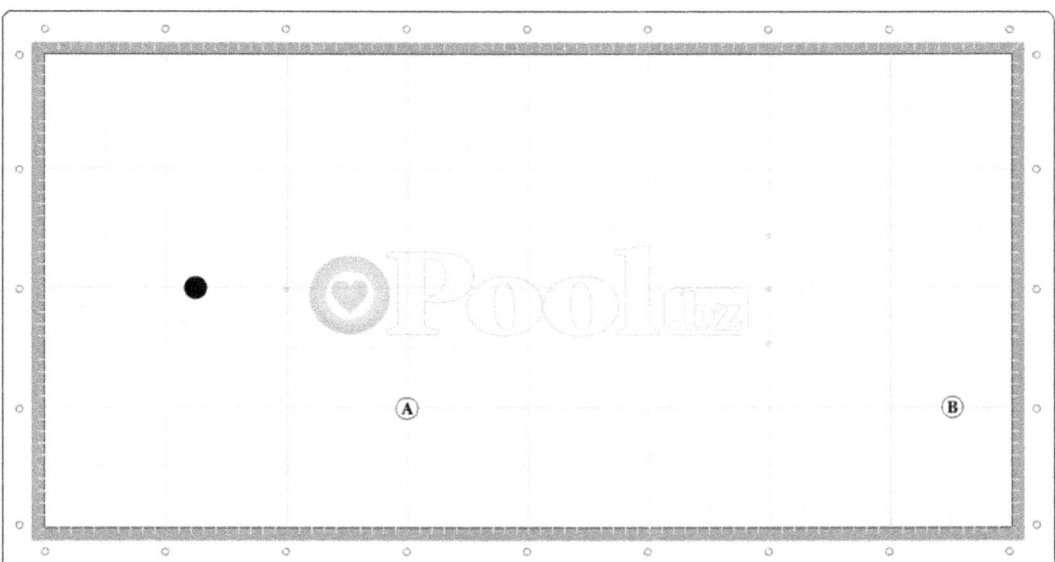

NOTAS VIR JOU IDEES:

Carambole Biljart: Meer raaisels en legkaarte

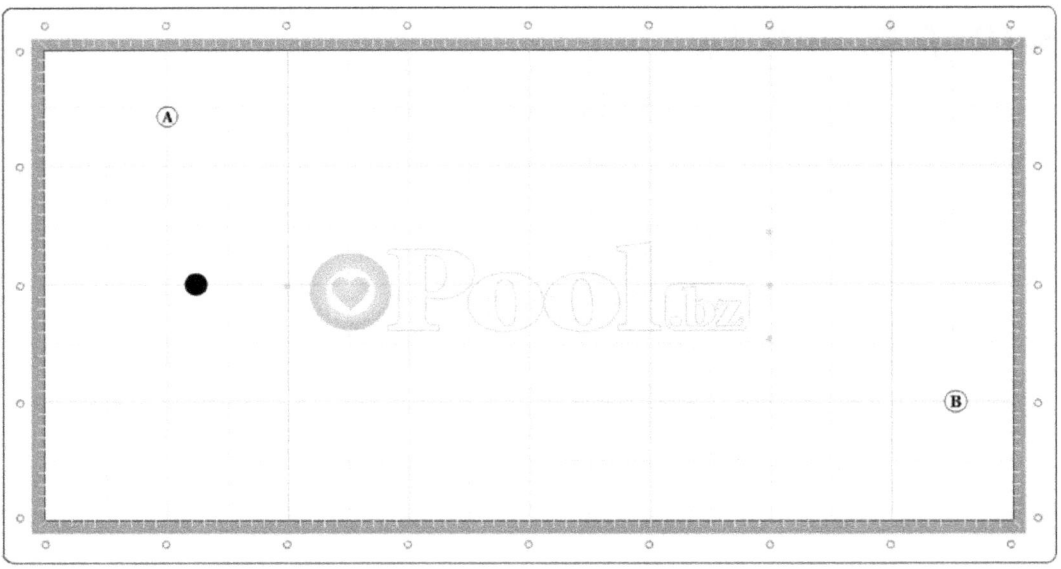

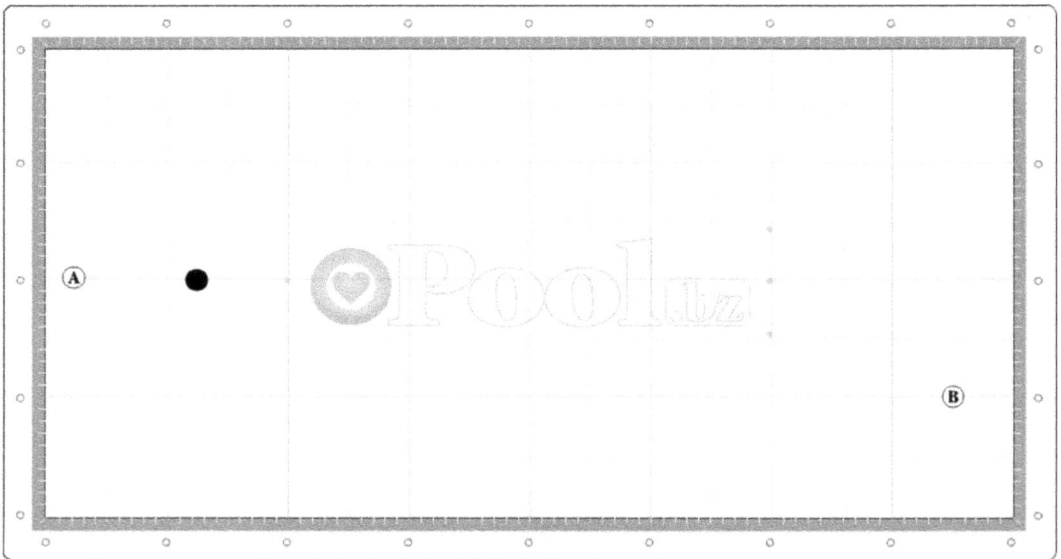

NOTAS VIR JOU IDEES:

Groep 6 tabel situasies
Groep 6, stel 1

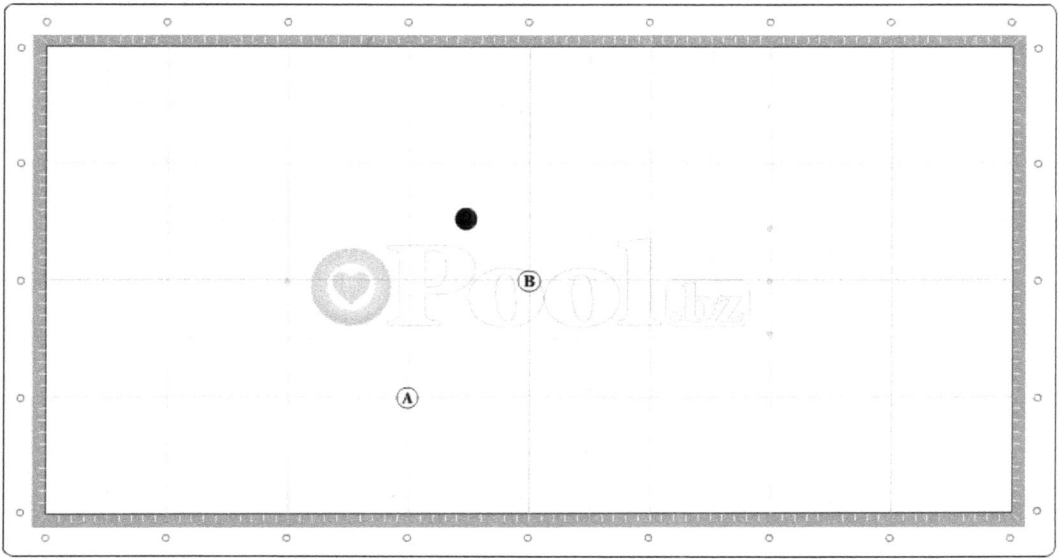

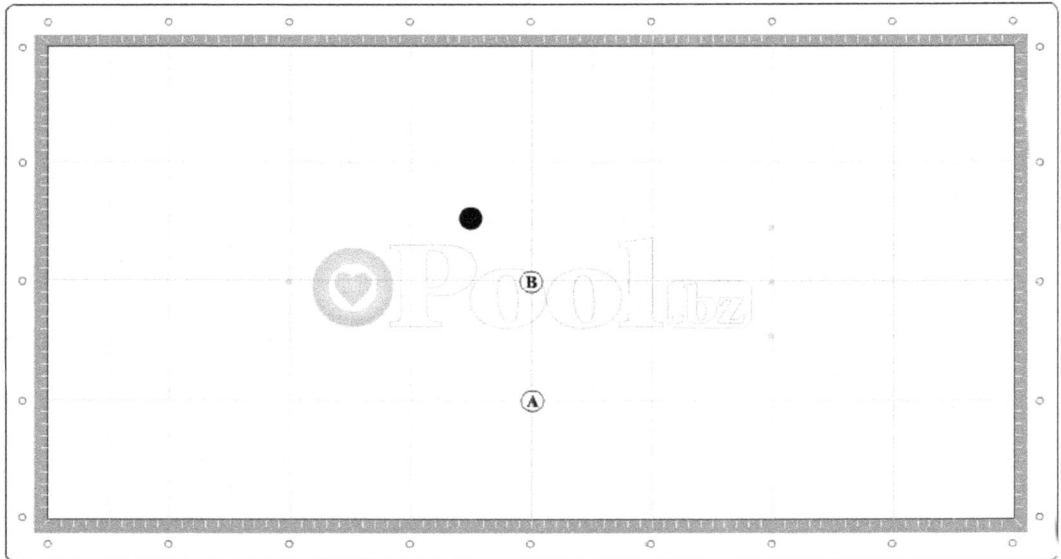

NOTAS VIR JOU IDEES:

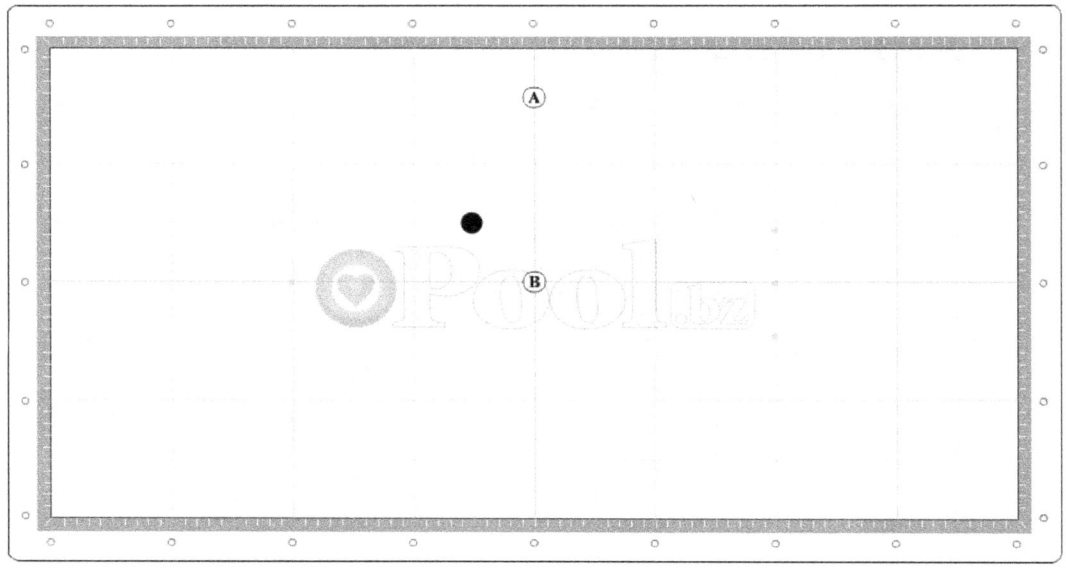

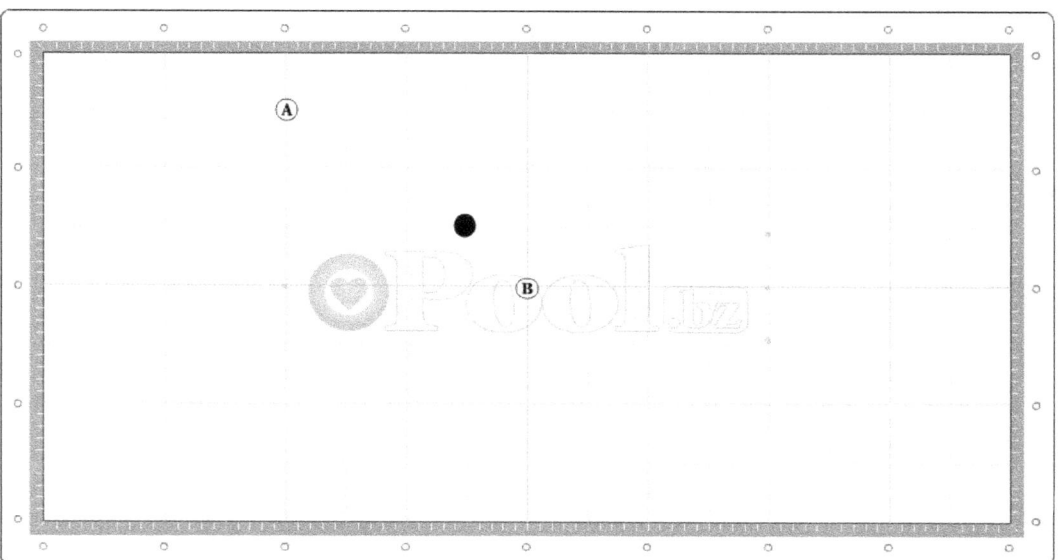

NOTAS VIR JOU IDEES:

Groep 6, stel 2

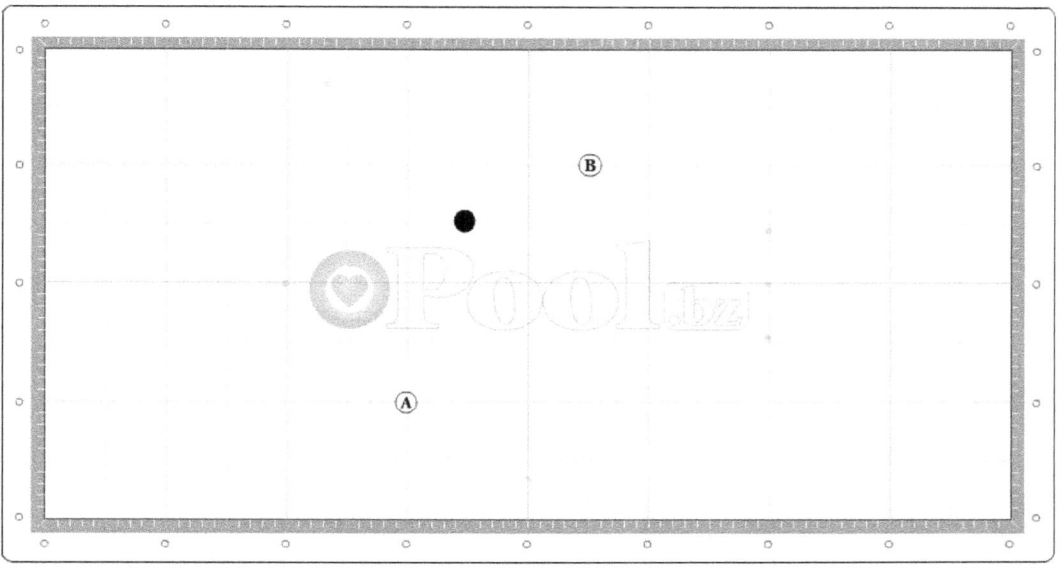

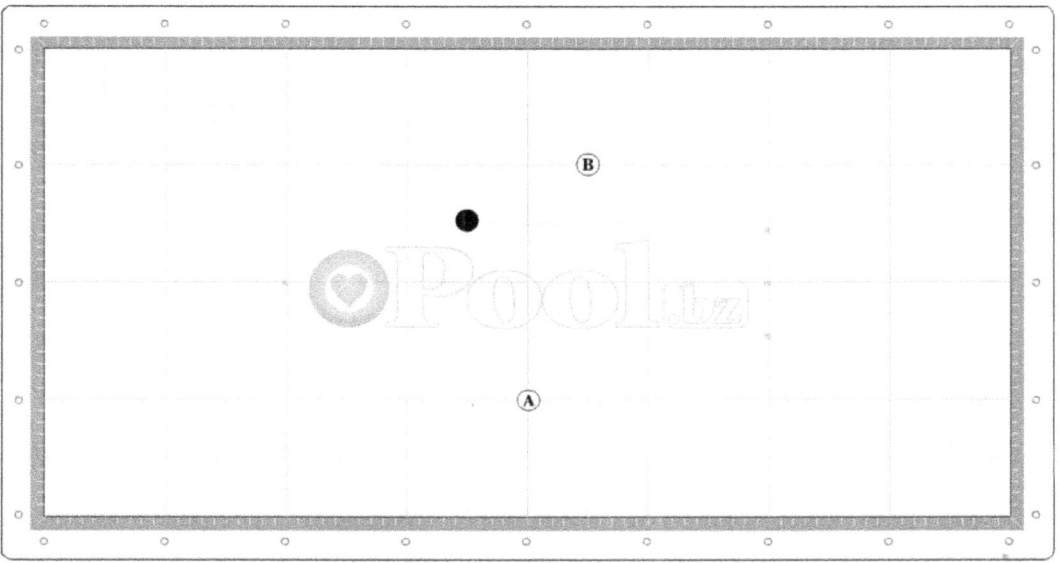

NOTAS VIR JOU IDEES:

Carambole Biljart: Meer raaisels en legkaarte

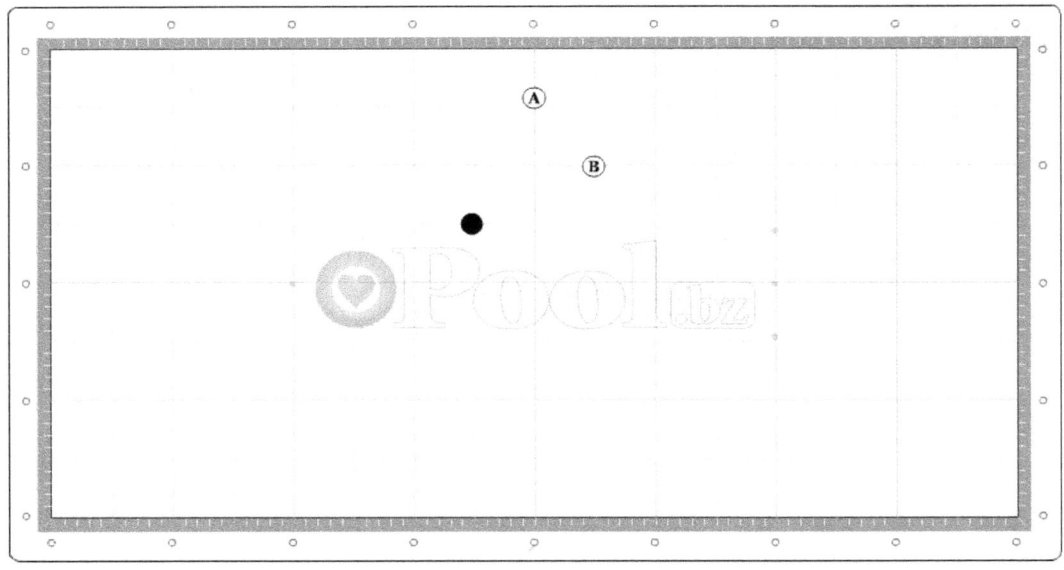

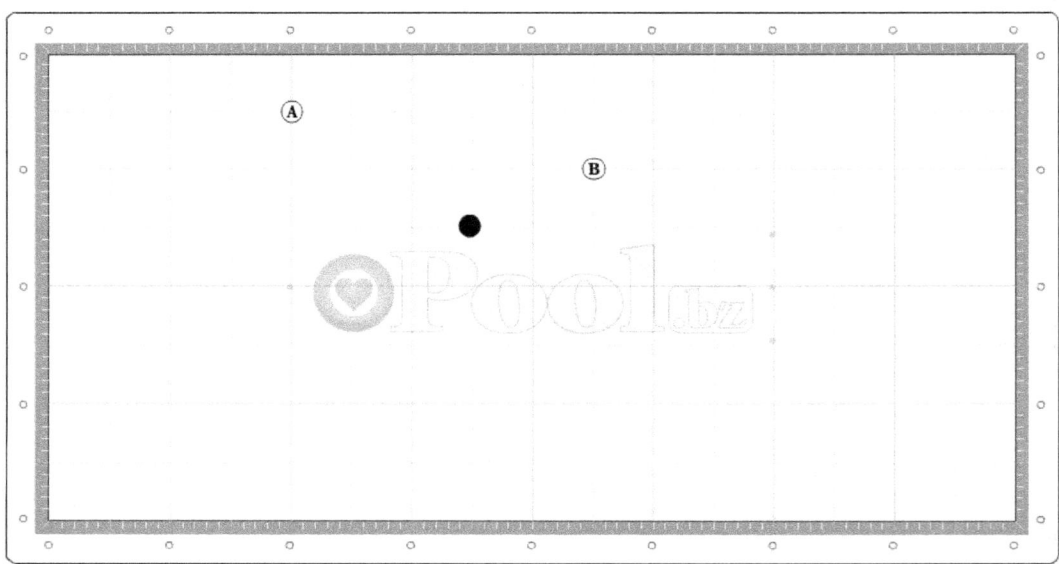

NOTAS VIR JOU IDEES:

Groep 6, stel 3

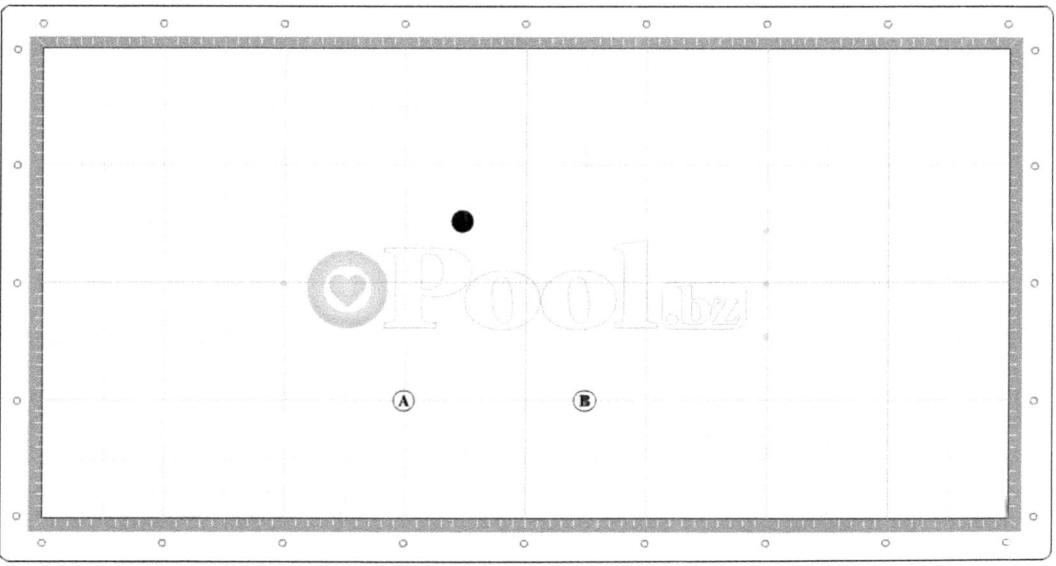

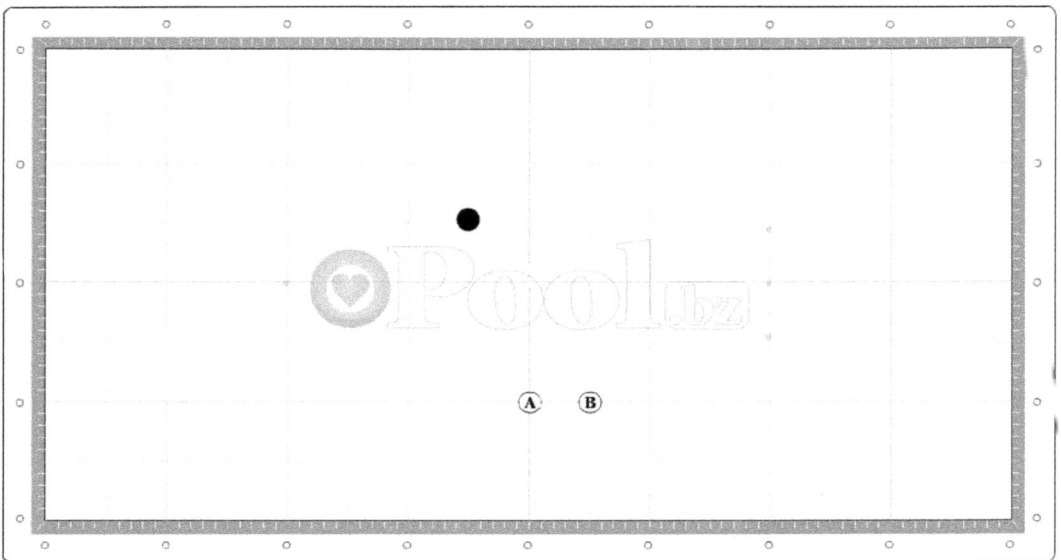

NOTAS VIR JOU IDEES:

Carambole Biljart: Meer raaisels en legkaarte

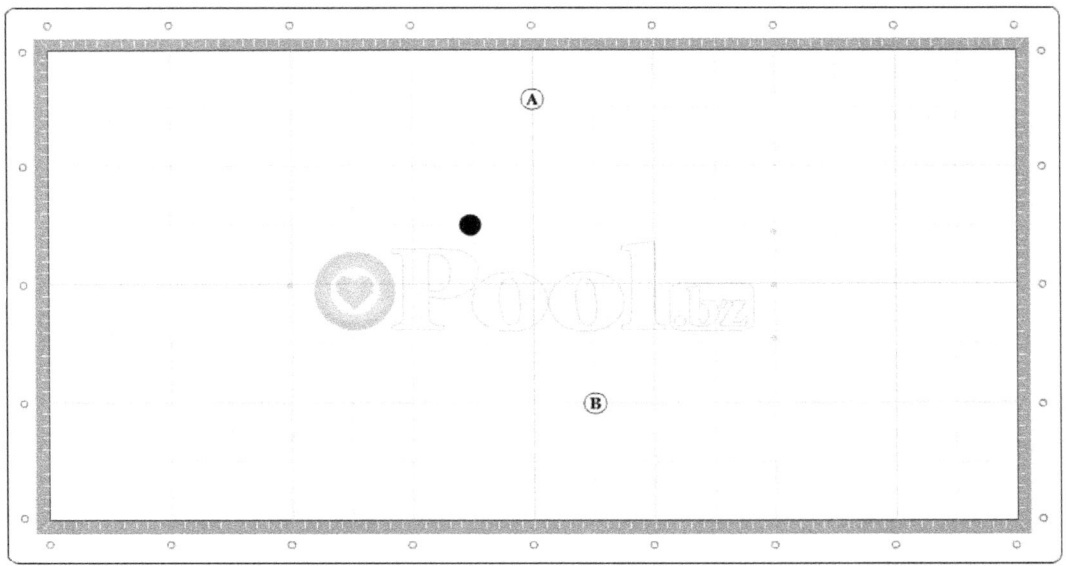

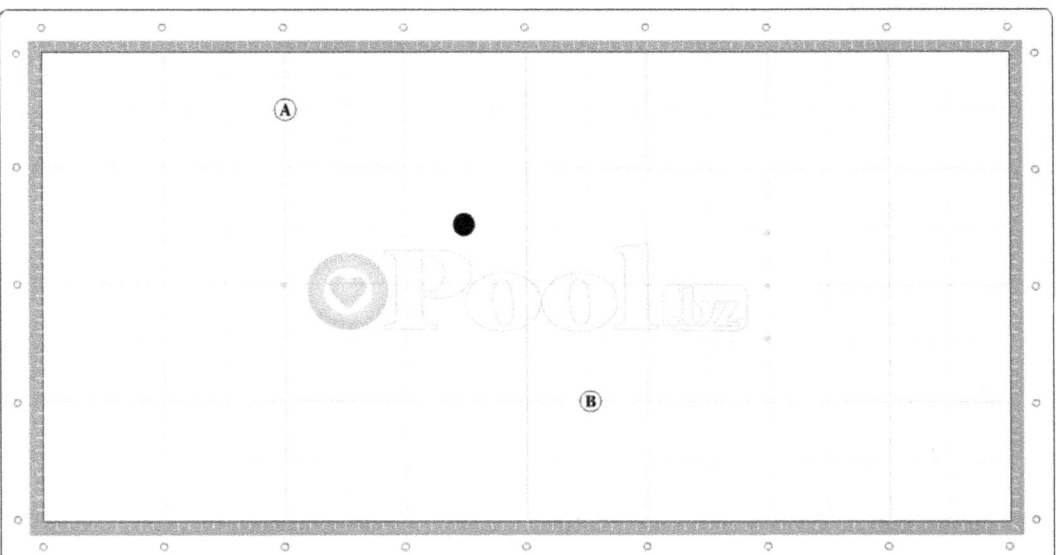

NOTAS VIR JOU IDEES:

Groep 6, stel 4

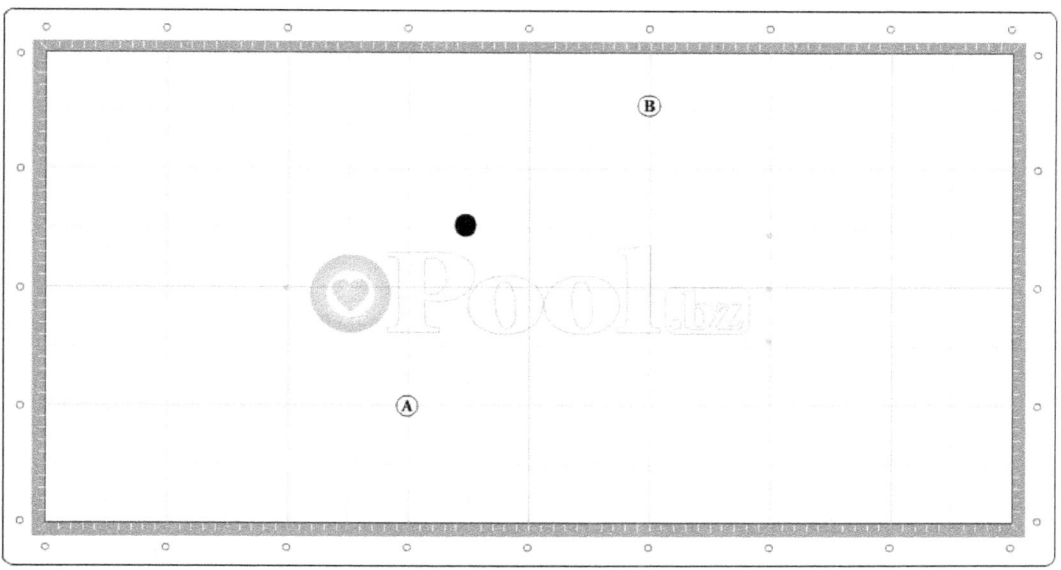

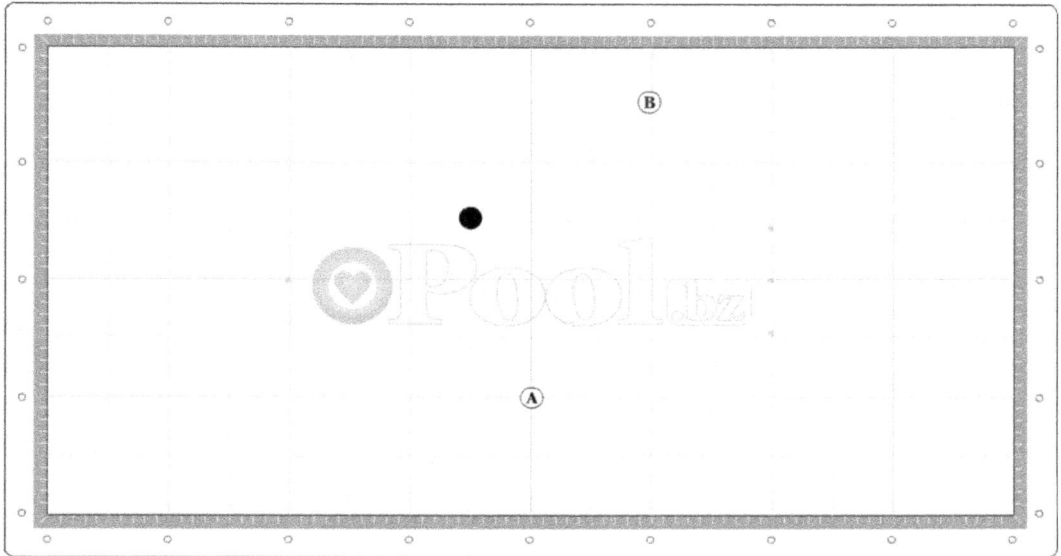

NOTAS VIR JOU IDEES:

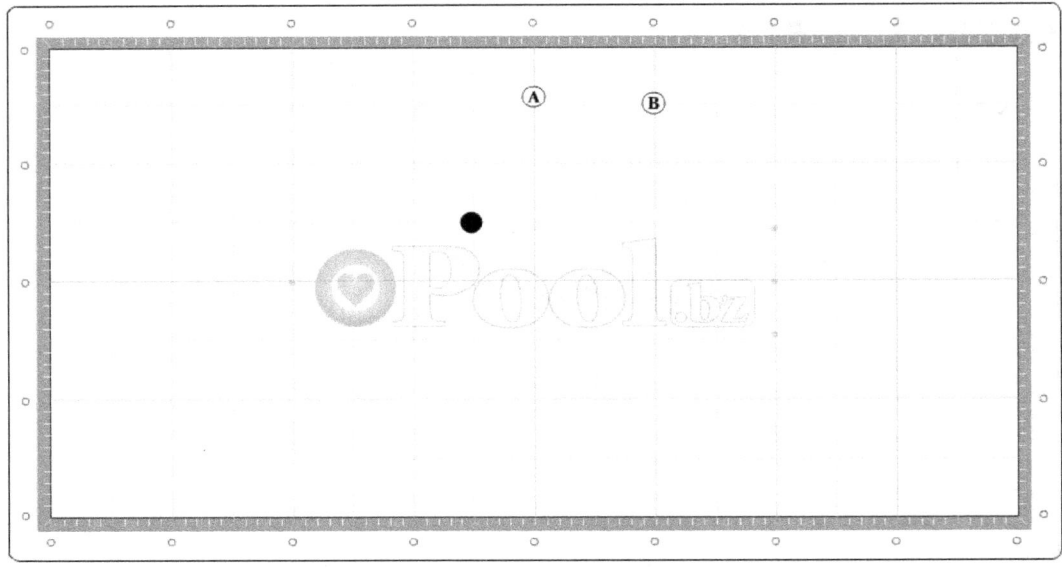

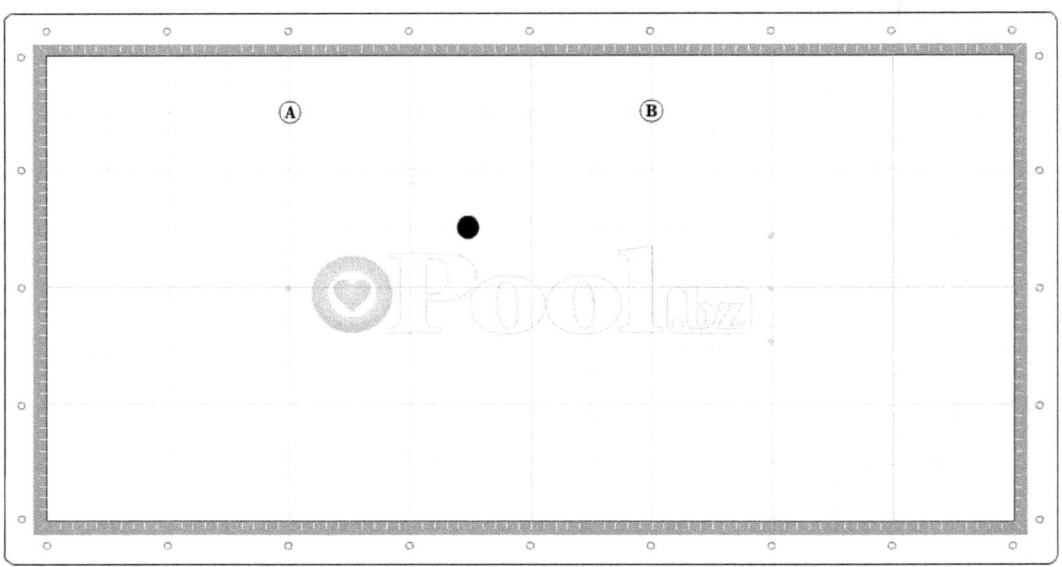

NOTAS VIR JOU IDEES:

Groep 6, stel 5

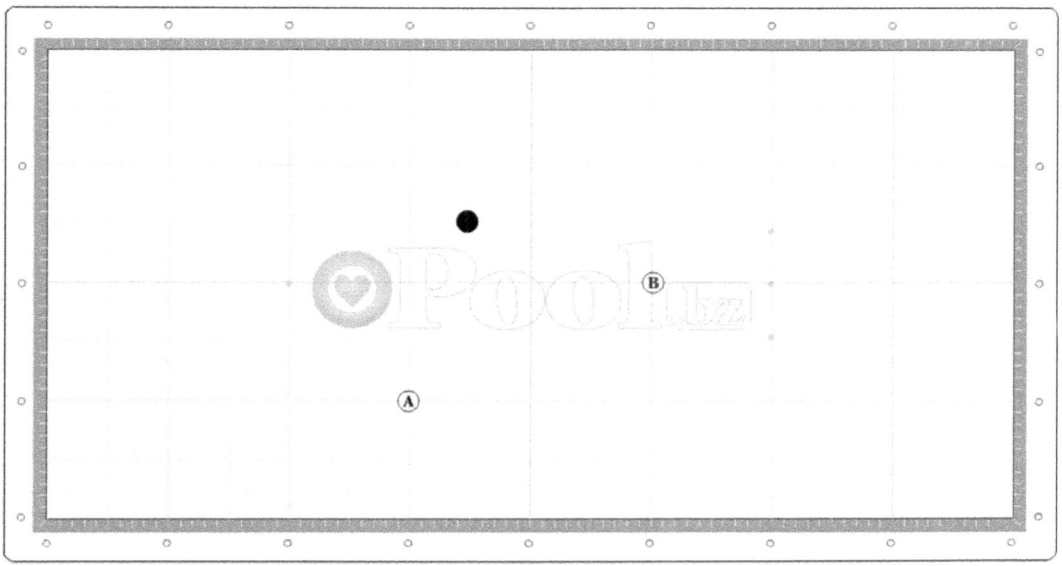

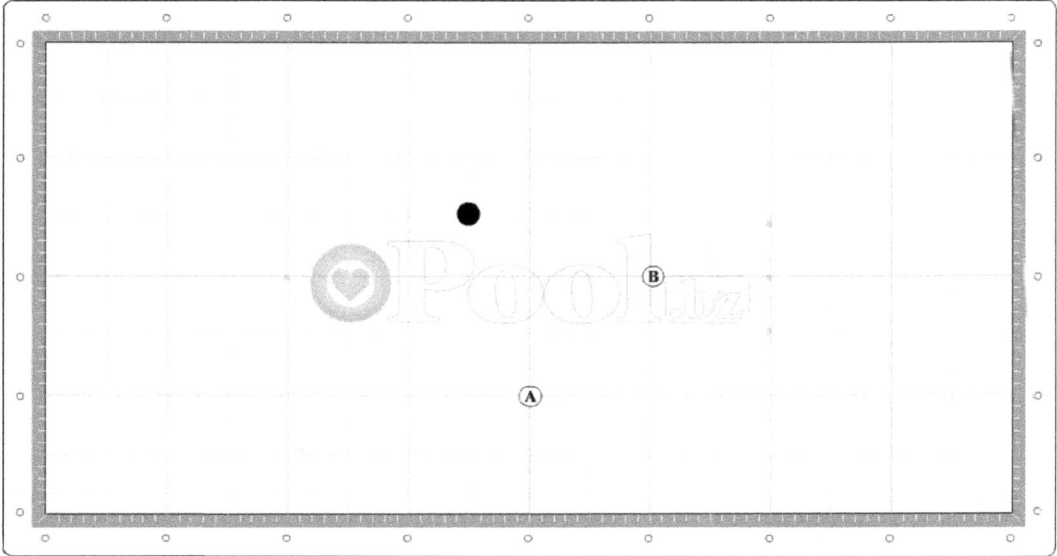

NOTAS VIR JOU IDEES:

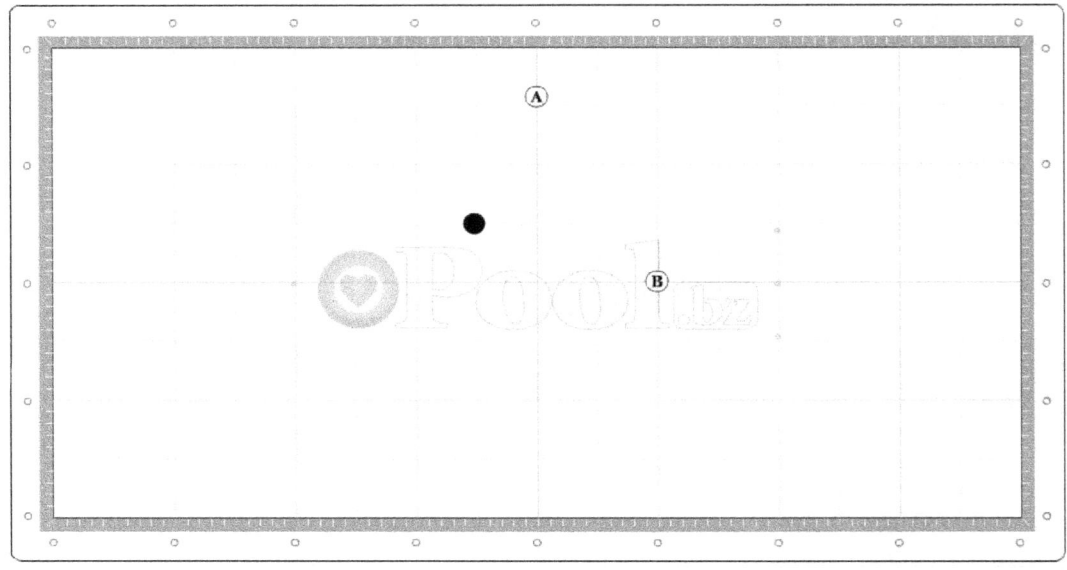

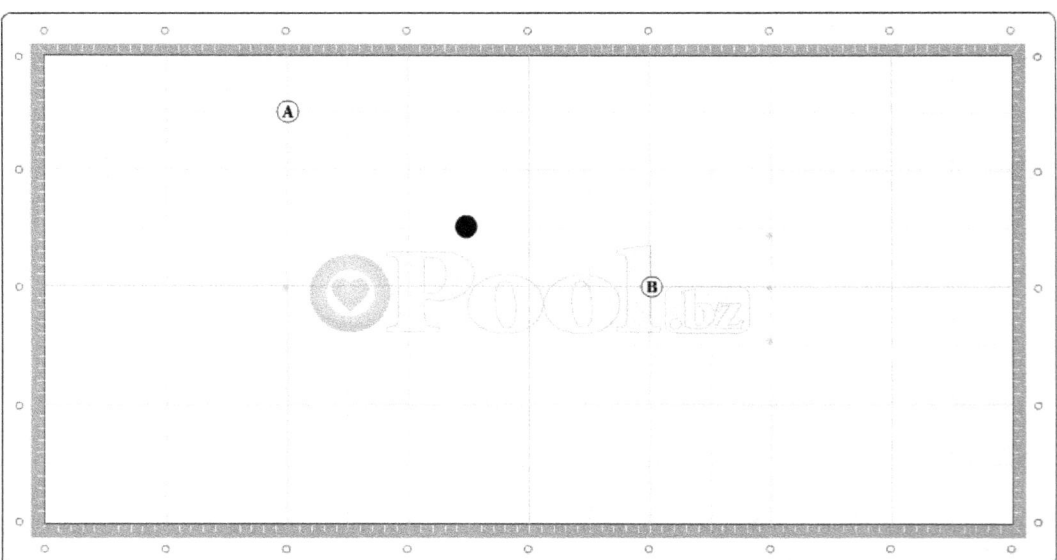

NOTAS VIR JOU IDEES:

Groep 6, stel 6

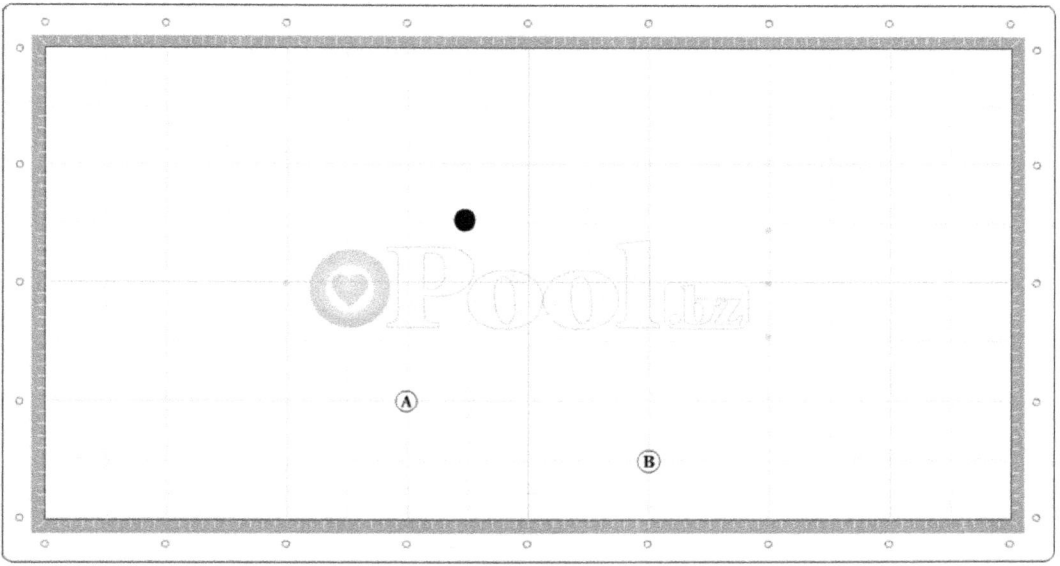

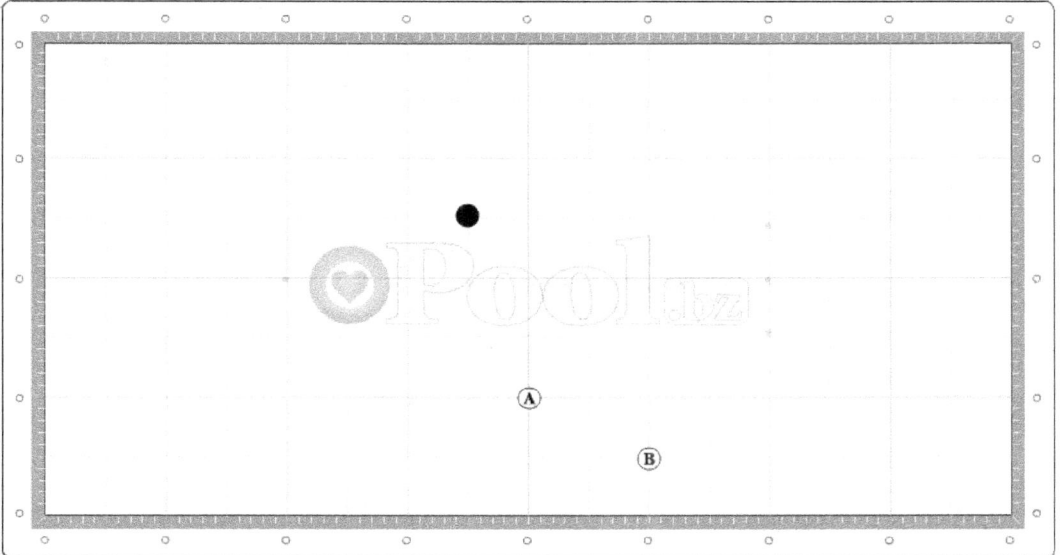

NOTAS VIR JOU IDEES:

Carambole Biljart: Meer raaisels en legkaarte

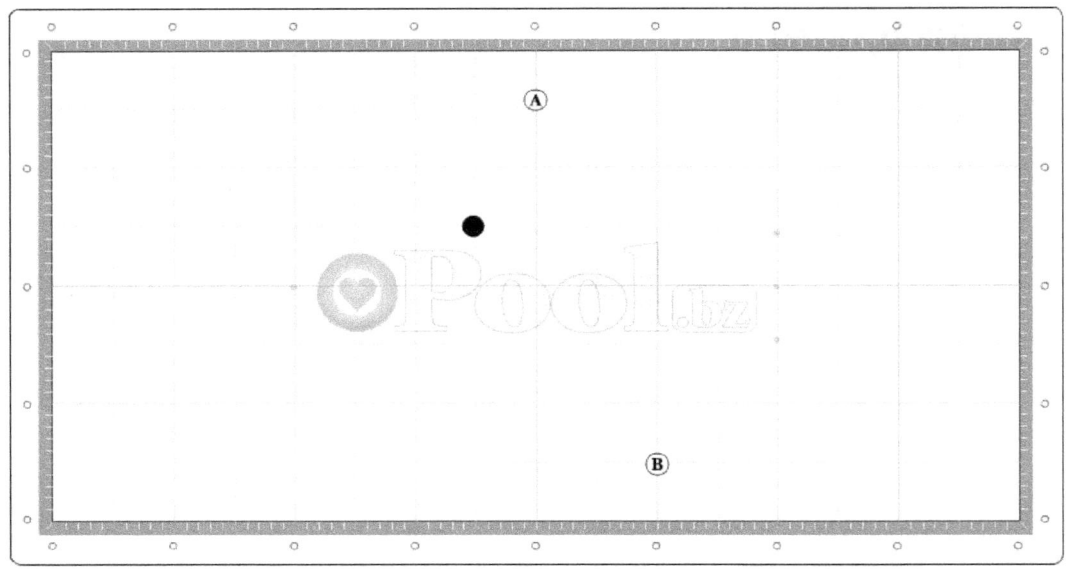

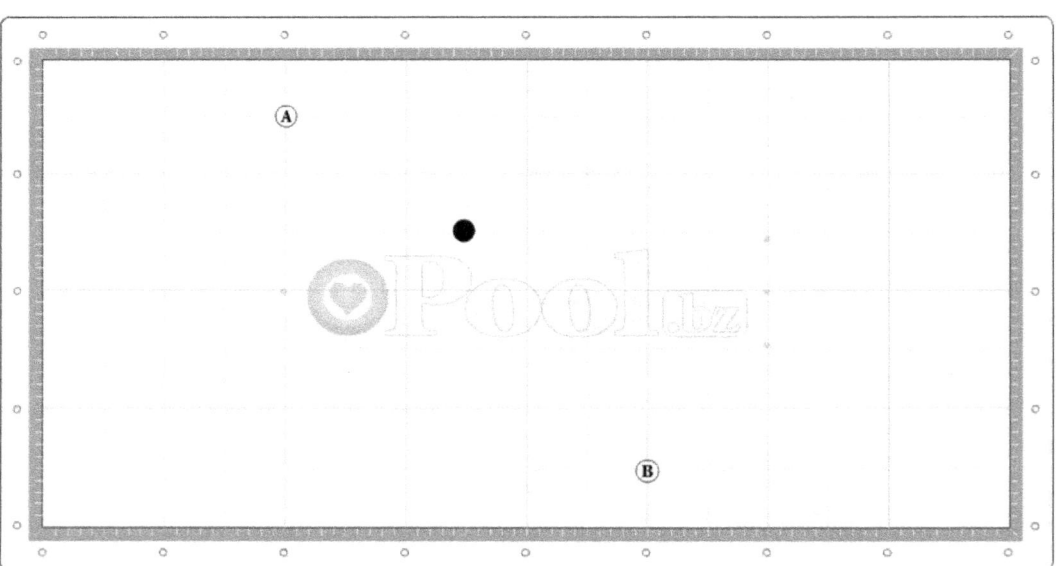

NOTAS VIR JOU IDEES:

Groep 6, stel 7

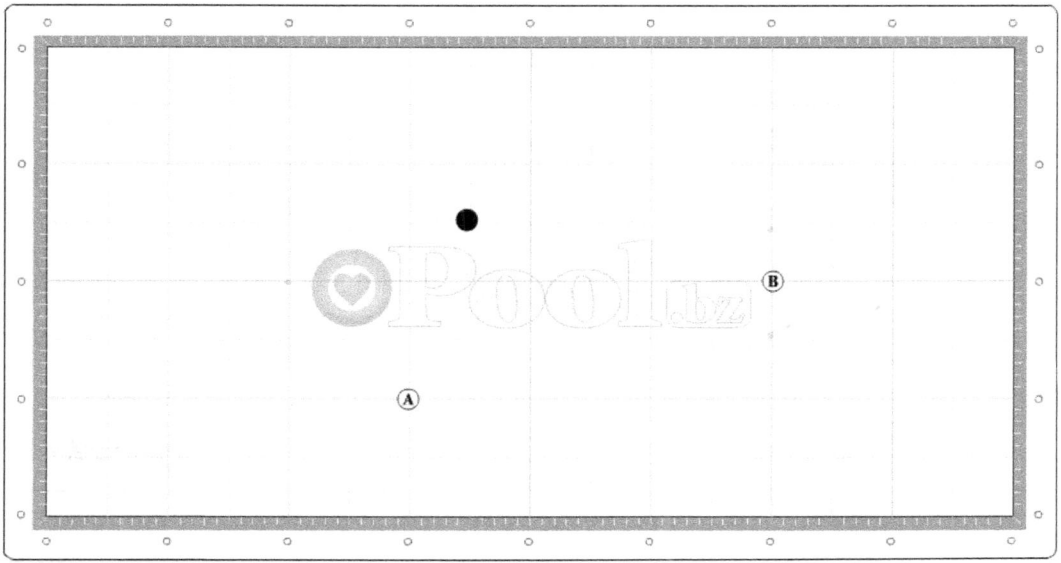

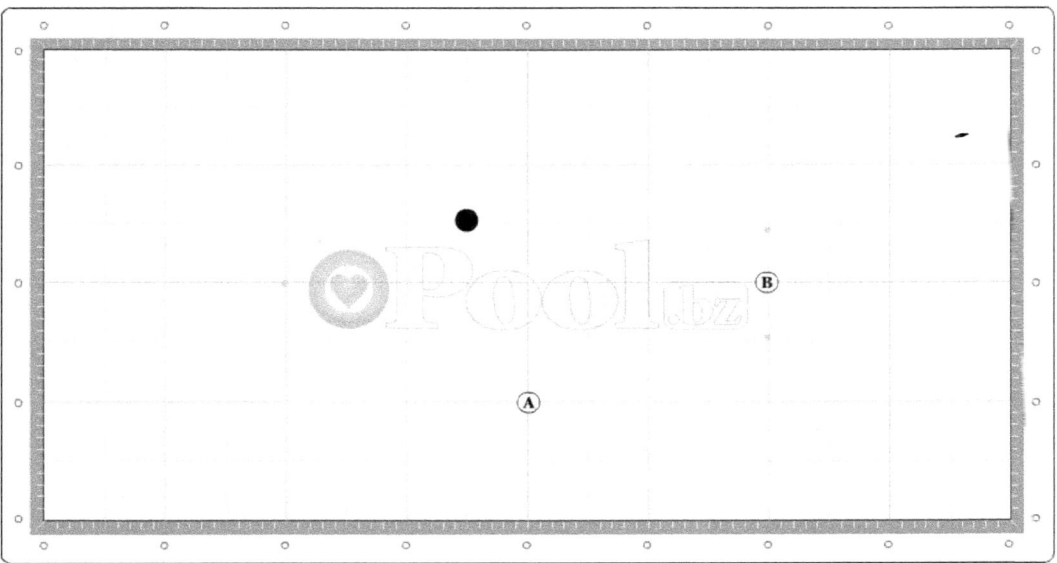

NOTAS VIR JOU IDEES:

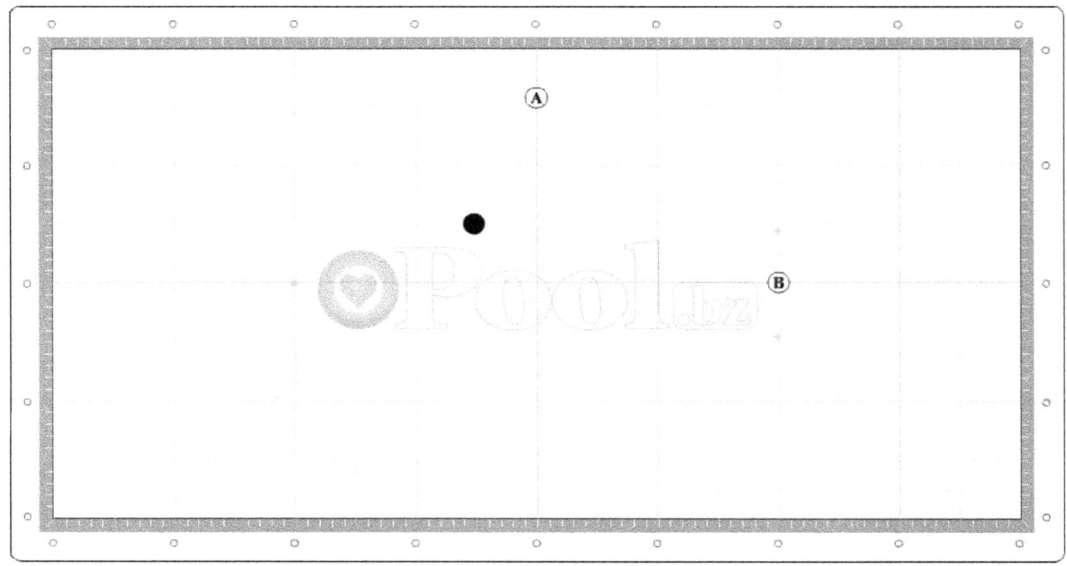

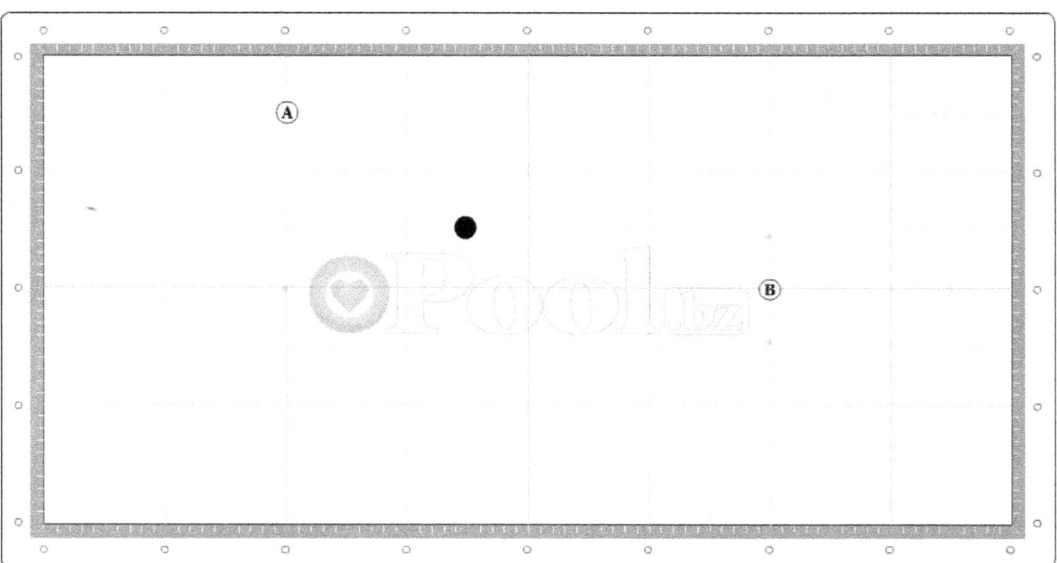

NOTAS VIR JOU IDEES:

Groep 6, stel 8

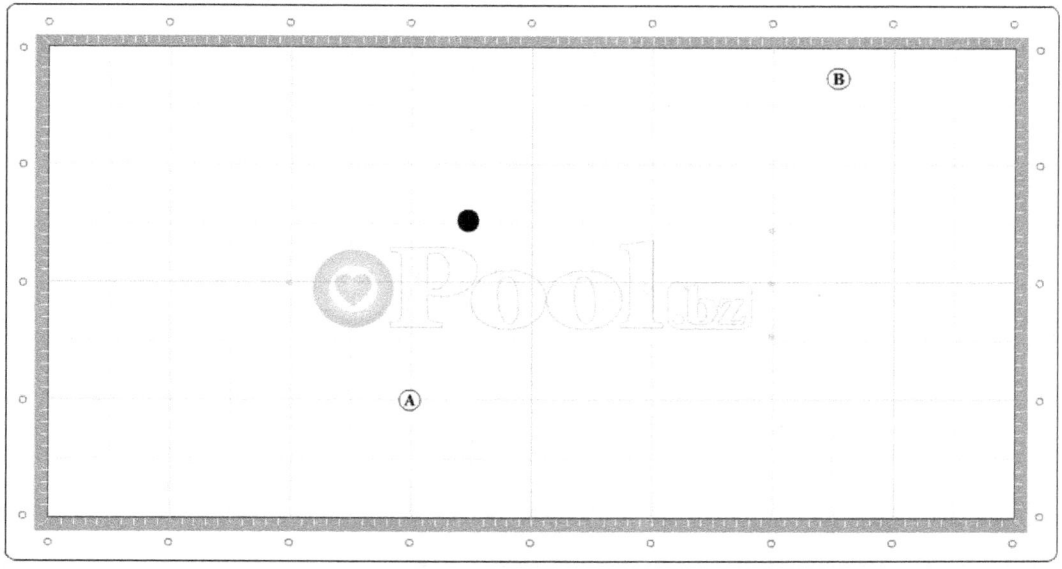

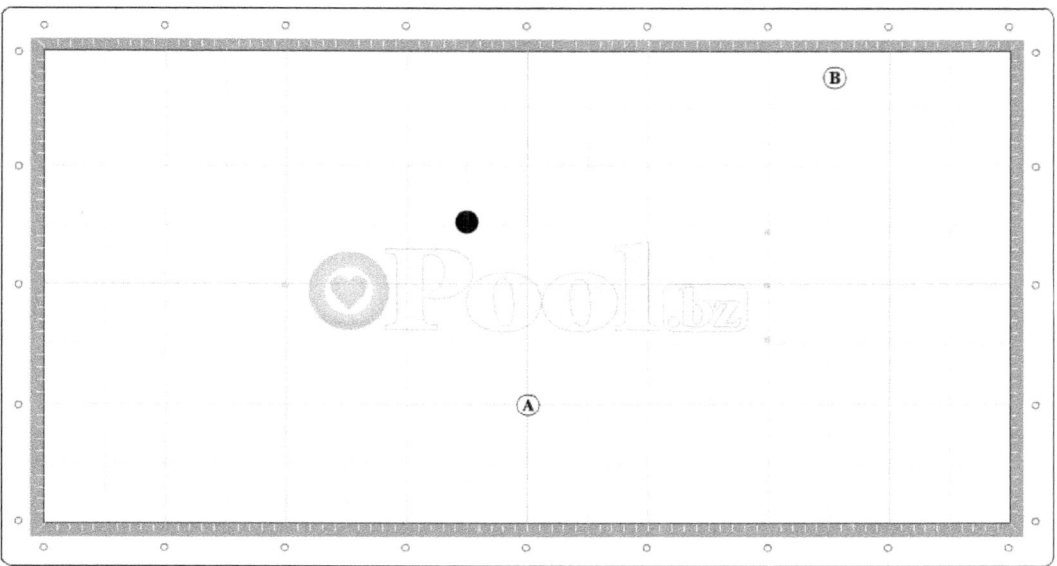

NOTAS VIR JOU IDEES:

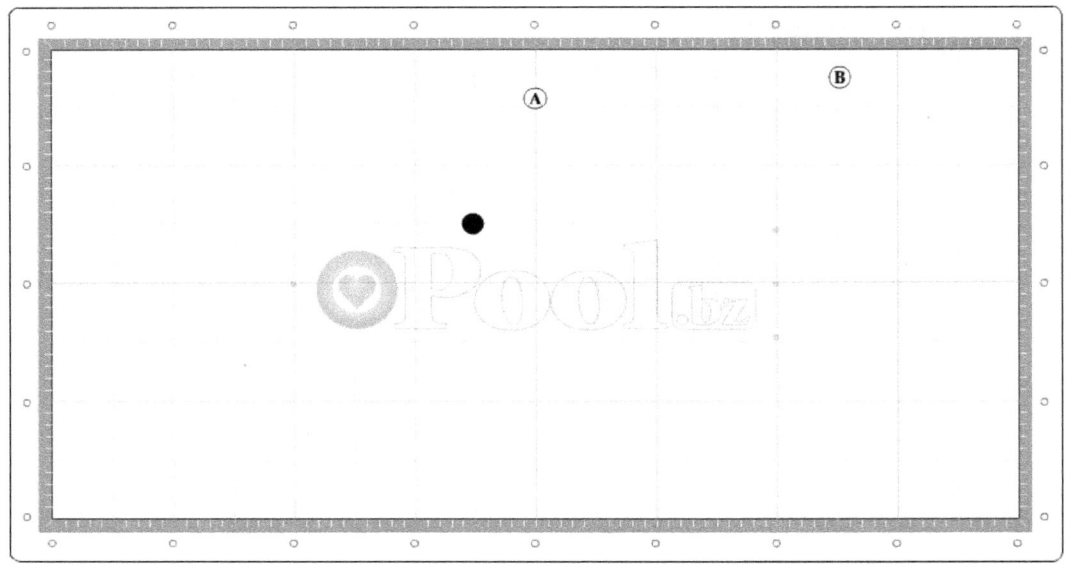

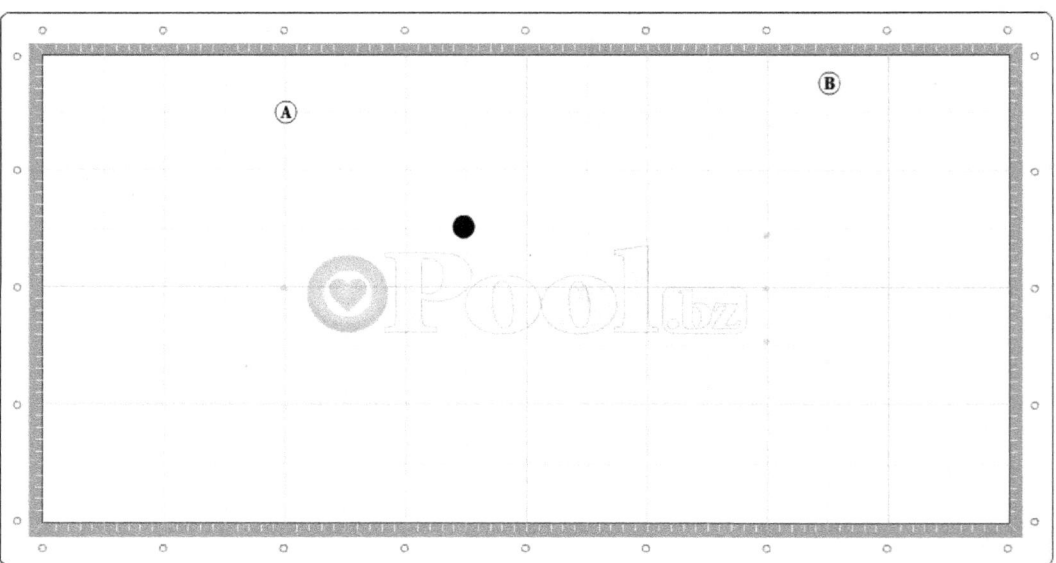

NOTAS VIR JOU IDEES:

Groep 6, stel 9

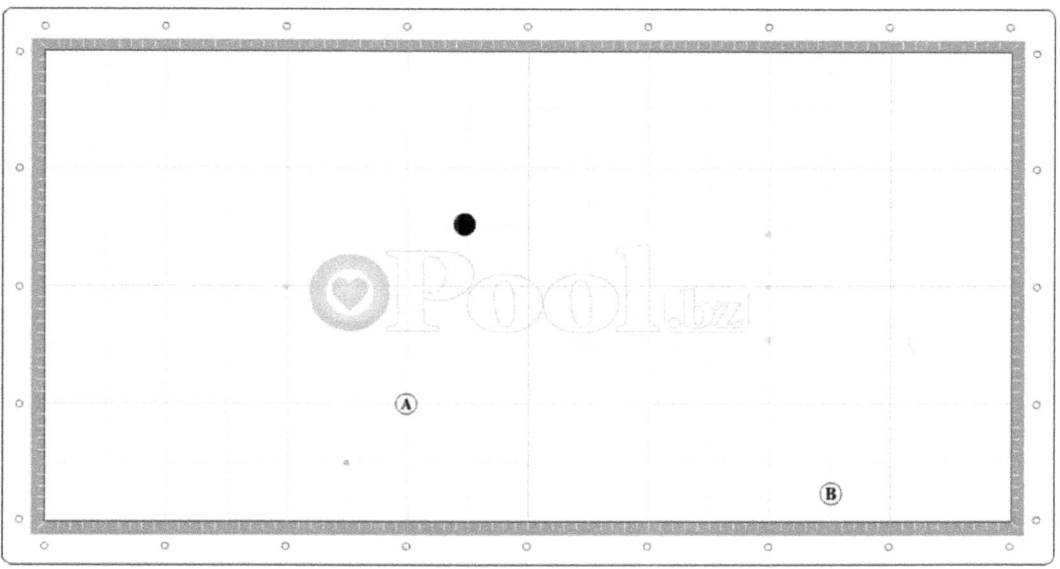

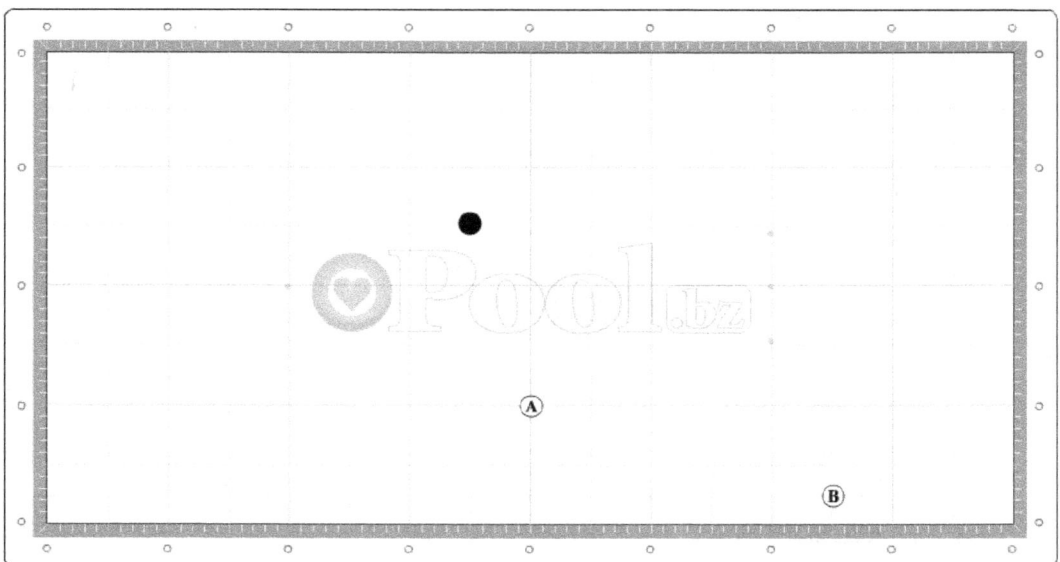

NOTAS VIR JOU IDEES:

Carambole Biljart: Meer raaisels en legkaarte

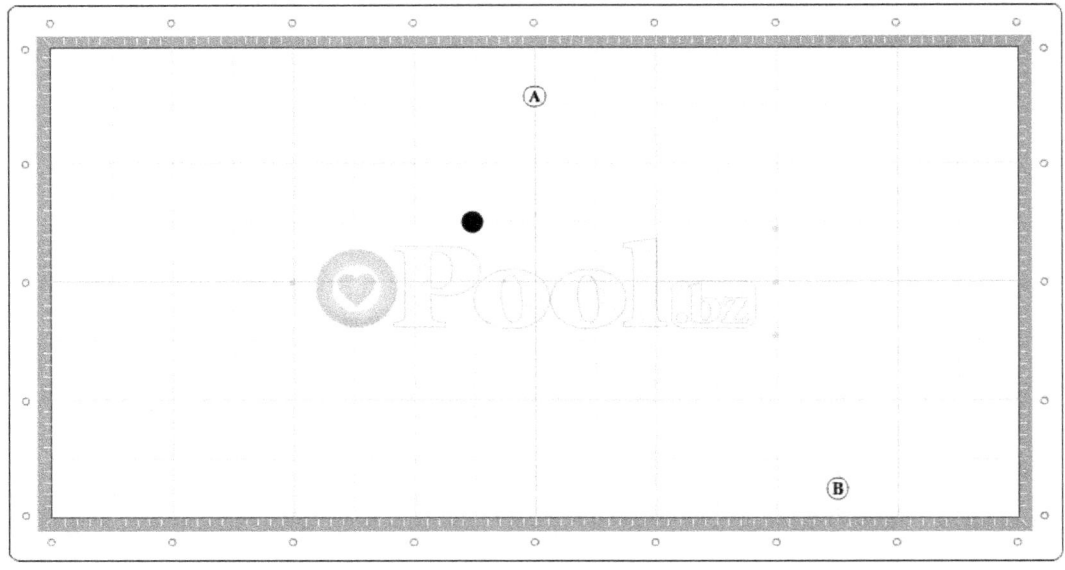

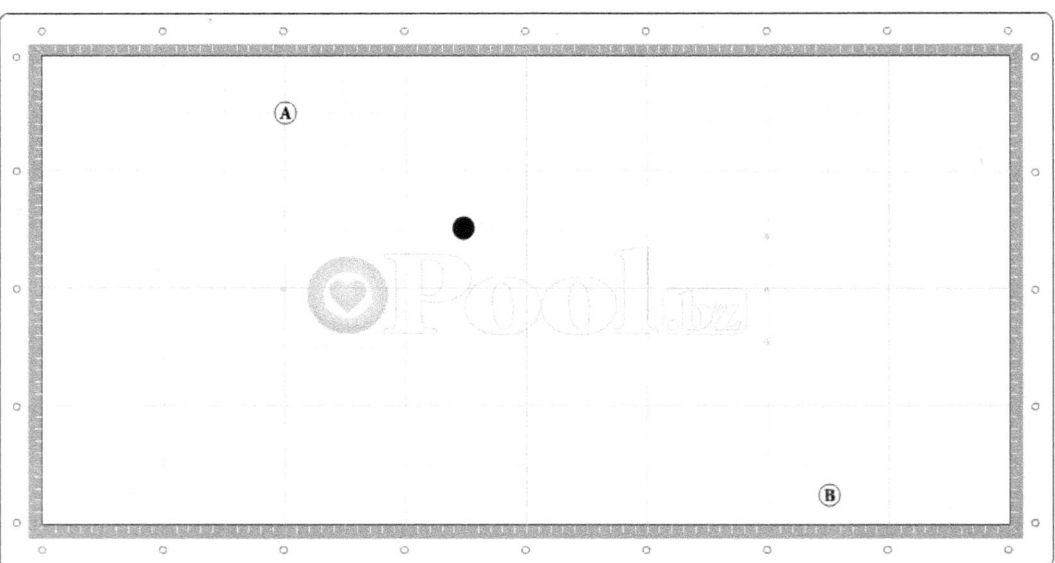

NOTAS VIR JOU IDEES:

Groep 6, stel 10

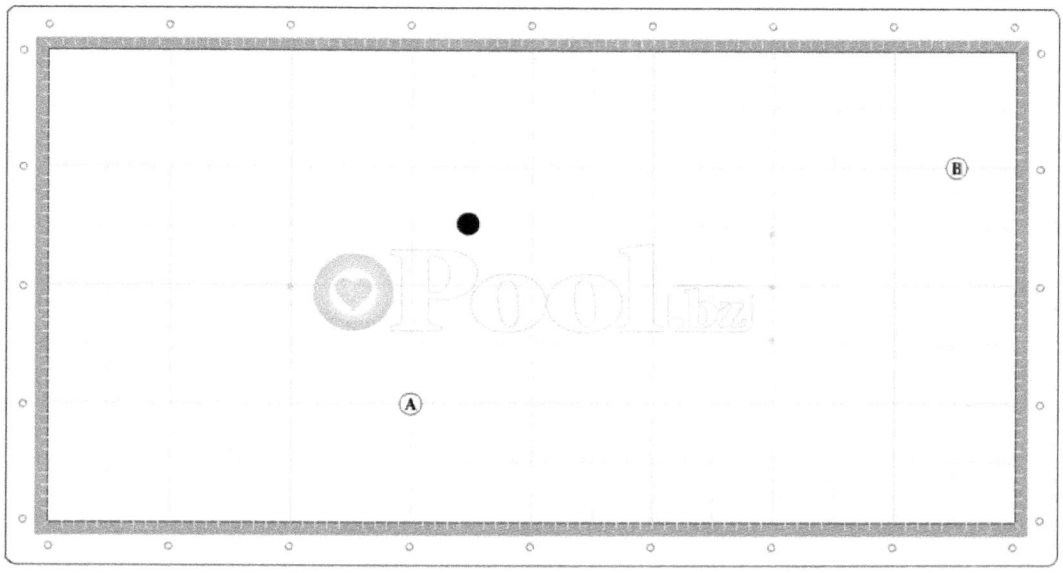

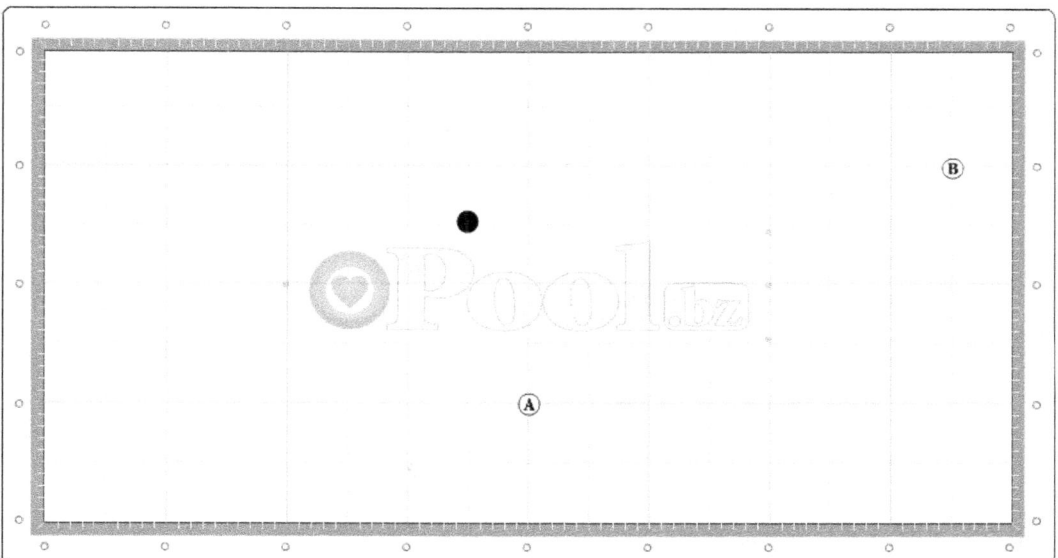

NOTAS VIR JOU IDEES:

Carambole Biljart: Meer raaisels en legkaarte

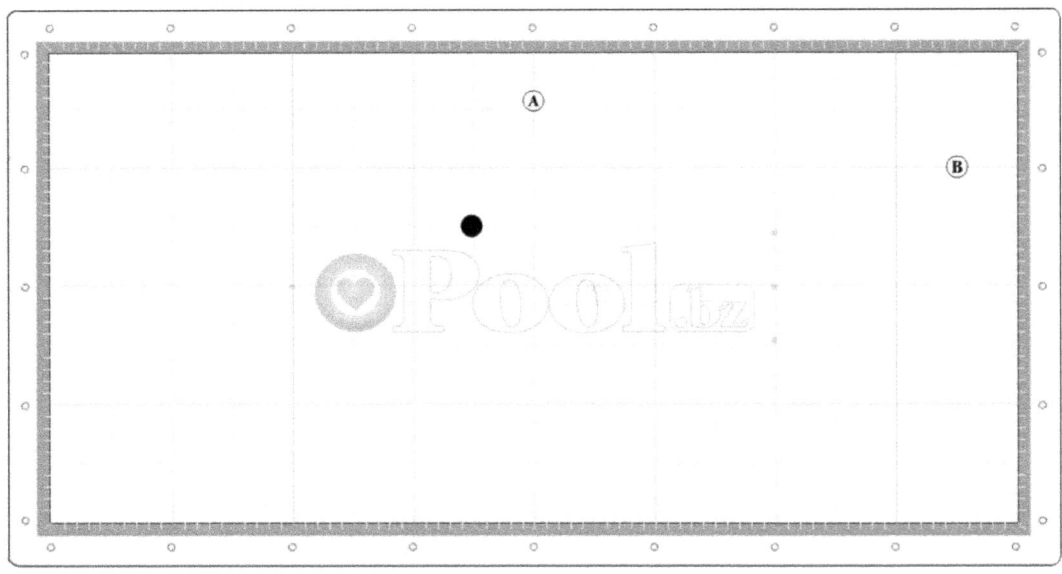

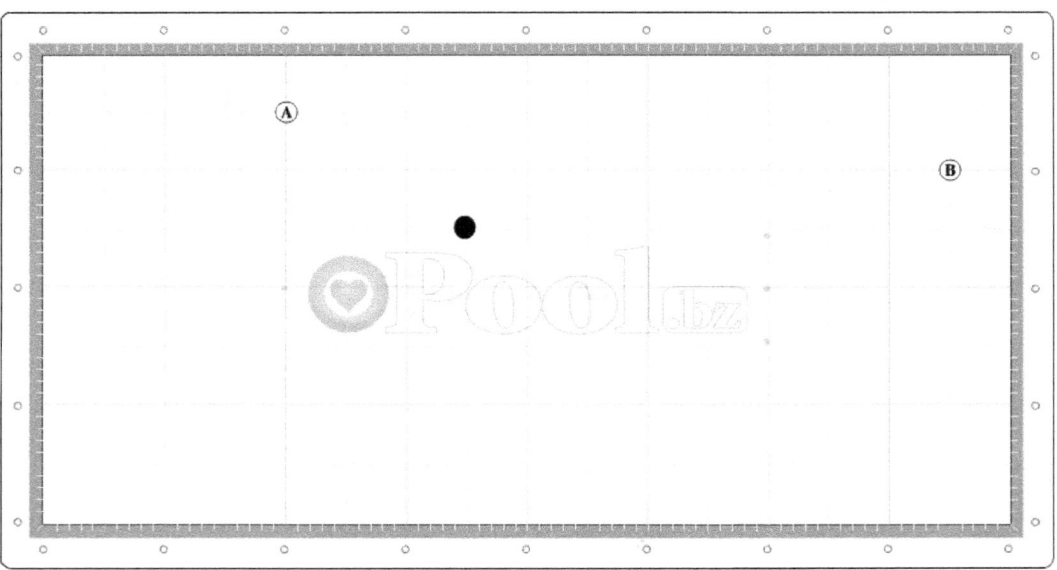

NOTAS VIR JOU IDEES:

Groep 6, stel 11

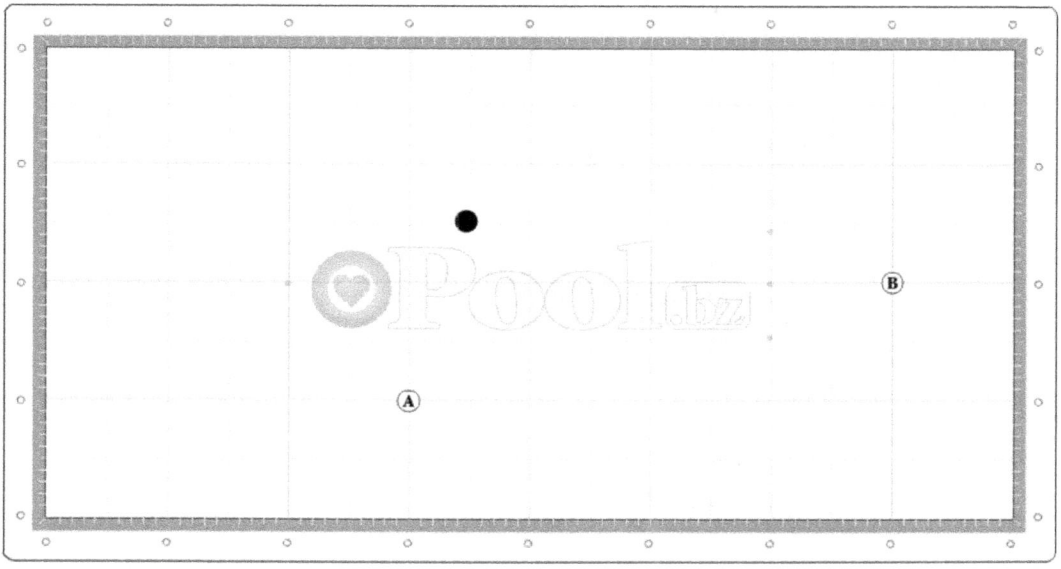

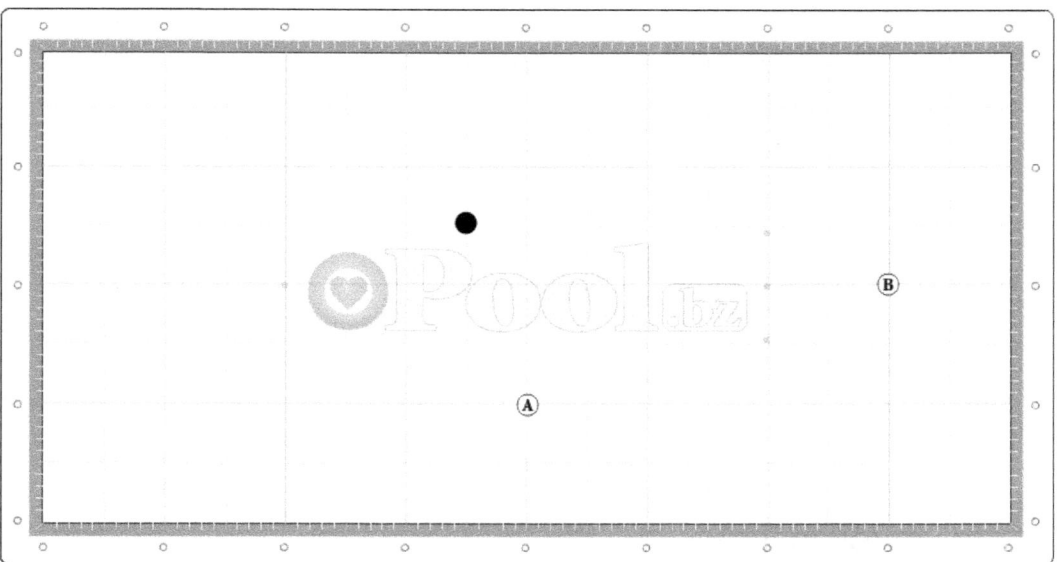

NOTAS VIR JOU IDEES:

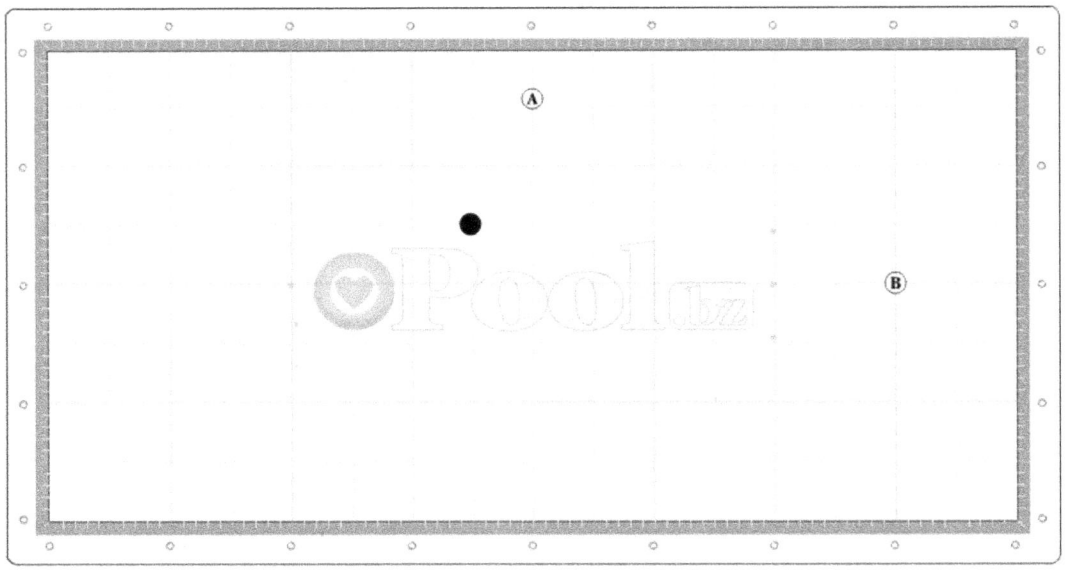

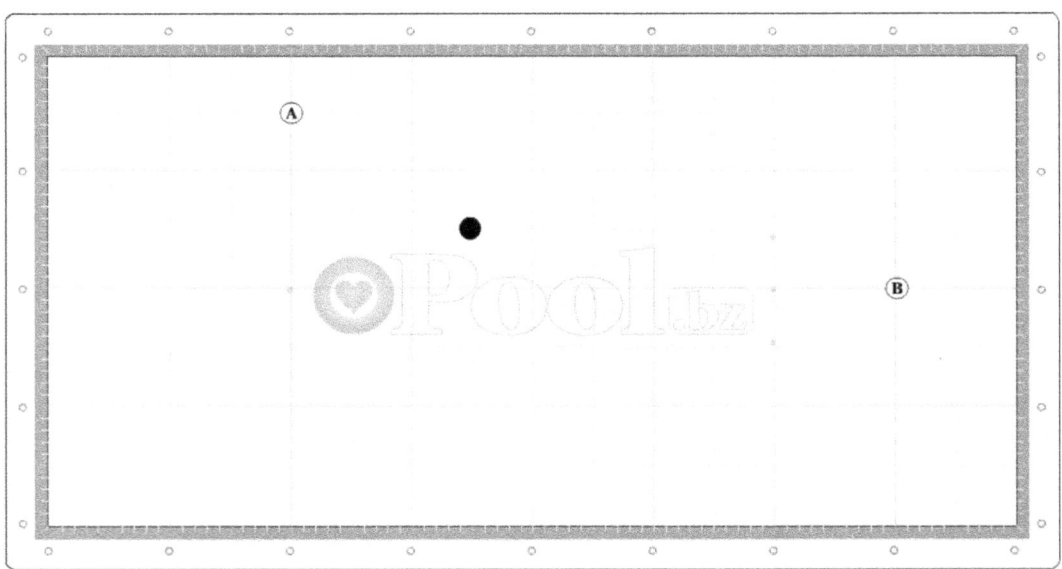

NOTAS VIR JOU IDEES:

Groep 6, stel 12

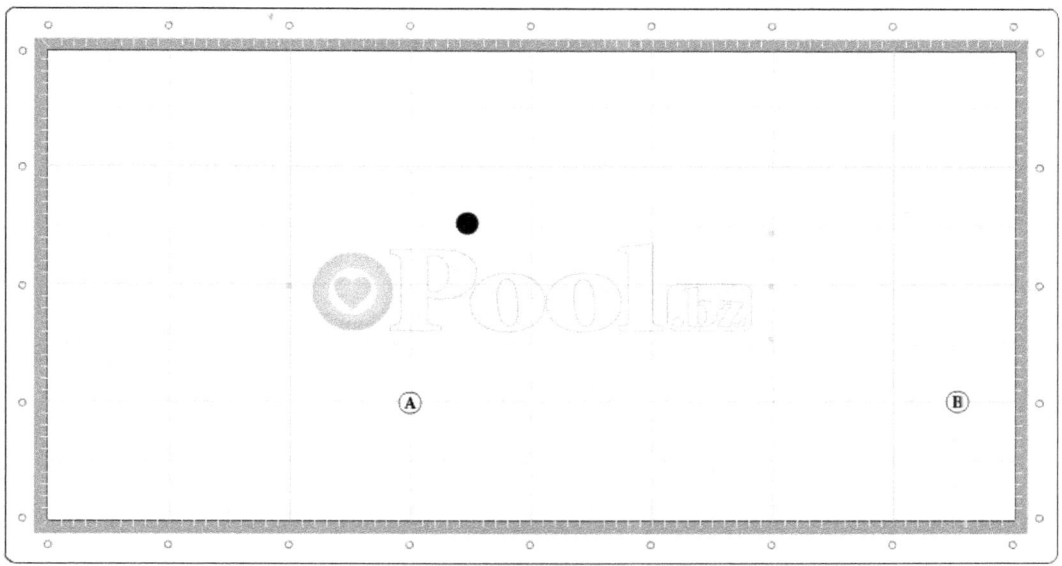

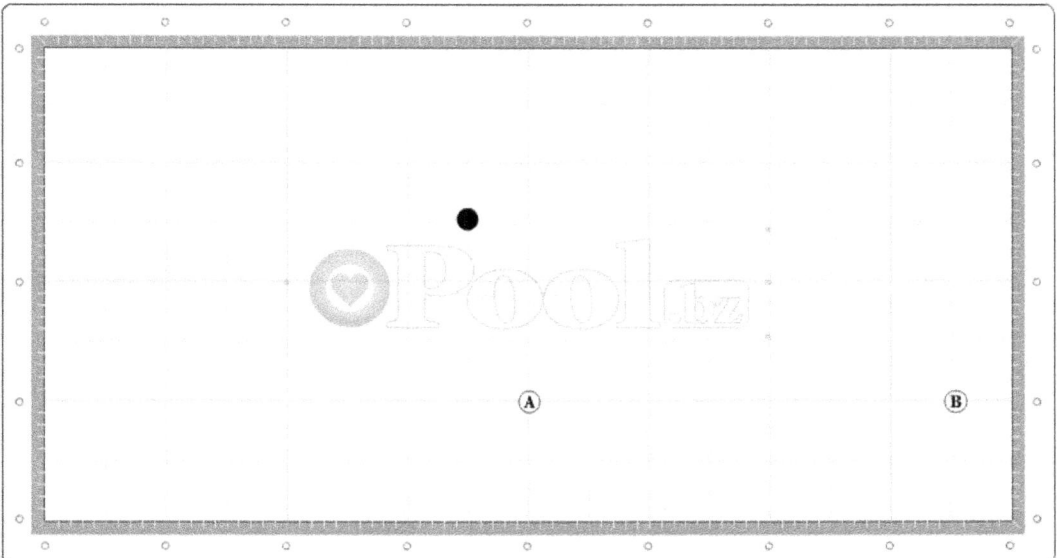

NOTAS VIR JOU IDEES:

Carambole Biljart: Meer raaisels en legkaarte

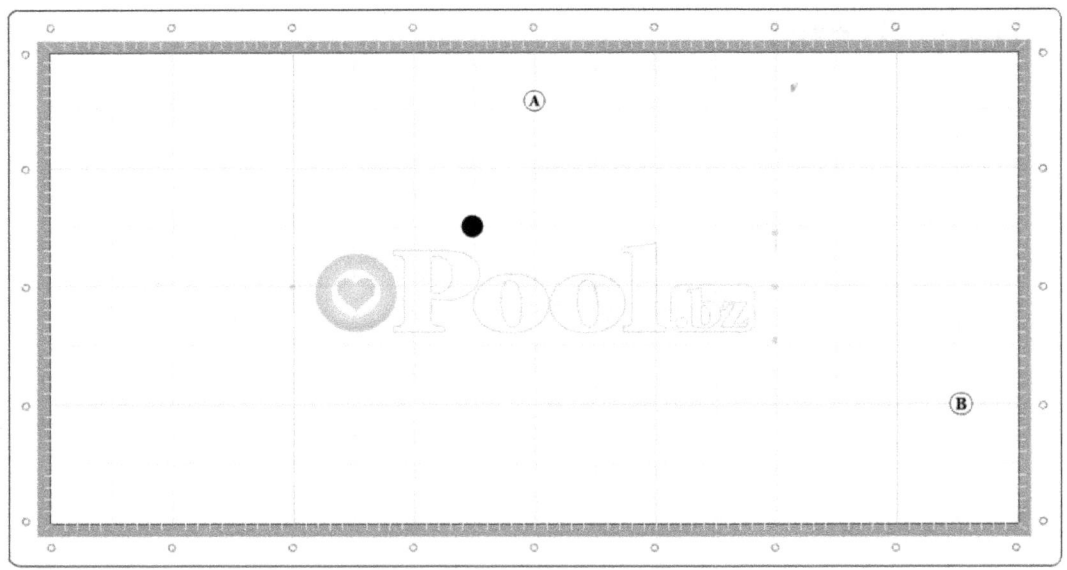

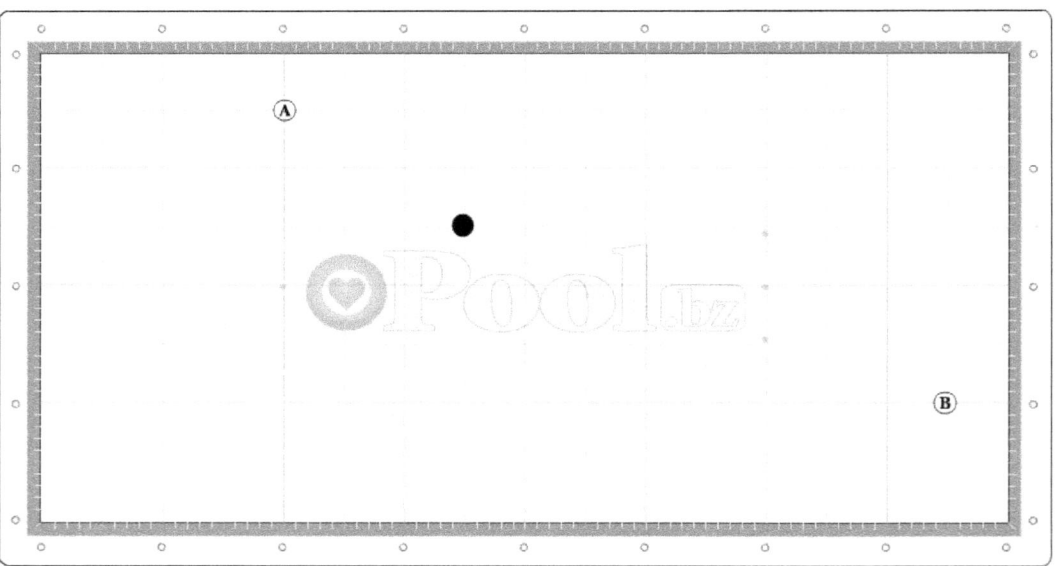

NOTAS VIR JOU IDEES:

Leë tafels vir voorbeelde

(Druk hierdie om interessante uitlegte vas te lê en te oefen.)

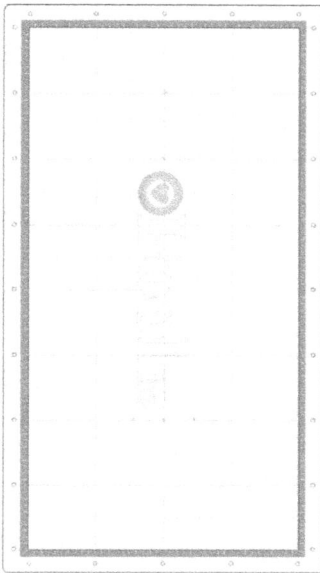

(Druk hierdie om interessante uitlegte vas te lê en te oefen.)

www.ingramcontent.com/pod-product-compliance
Lightning Source LLC
Chambersburg PA
CBHW081921170426
43200CB00014B/2792